KB119448

여행과 영화

여행과 영화

초 판 1쇄 2023년 08월 30일

지은이 이영철
펴낸이 류종렬

펴낸곳 미다스북스
본부장 임종익
편집장 이다경
책임진행 김가영, 신은서, 박유진, 윤가희, 정보미

등록 2001년 3월 21일 제2001-000040호
주소 서울시 마포구 양화로 133 서교타워 711호
전화 02) 322-7802~3
팩스 02) 6007-1845
블로그 http://blog.naver.com/midasbooks
전자주소 midasbooks@hanmail.net
페이스북 https://www.facebook.com/midasbooks425
인스타그램 https://www.instagram/midasbooks

© 이영철, 미다스북스 2023, *Printed in Korea*.

ISBN 979-11-6910-320-6 03680

값 **22,000원**

미다스북스는 다음세대에게 필요한 지혜와 교양을 생각합니다.

스크린 50편에 담긴 삶과 힐링

여행과 영화

이영철 지음

미다스북스

한 달 넘겨 남미 여행을 마친 귀국 비행기에서 왕가위 감독의 〈해피 투게더〉를 다시 보았다. 영화 속 장국영과 양조위가 어긋나던 탱고 카페 바 수르(Bar Sur) 장면에서 리플레이 버튼이 자꾸 눌러졌다. 부에노스아이레스에서 우리가 몇 시간 머물렀던 카페 토르토니(Café Tortoni)와는 2km도 안 되는 거리였다. 오래전 극장에서 만났던 영화 속 풍경들은 왜 하필 아르헨티나 현지를 떠나고 나서야 한발 늦게 기억에 떠오른 걸까? 이과수 폭포가 2분 넘게 등장하는 피날레 장면에선 같은 폭포가 배경인 〈미션〉의 엔딩 자막을 떠올리자 우울한 분위기에 다소간 희망이 섞여 들었다.

'어둠 속에 한 줄기 빛이 있다. 어둠은 빛을 이겨본 적이 없다.'

두 작품 모두 밝지 않은 결말이지만 새로운 시작이 엿보이는 것이다.

동해안을 오래 걷던 어느 날은 고성 화진포 해변을 거닐며 이곳에서 외롭게 살다간 중국 여인 '파이란'을 생각했다. 바로 이어진 대진항에선 삼류 건달 강재가 담배 한 대 피우려다 말고 혼자 꺼이꺼이 울어대던 모습을 떠올리며 방파제에 오래 앉아 있었다. 부산 오륙도 앞에서 고성 통일전망대까지 이어진 해파랑길 50개 코스 중 막바지 49코스에서의 추억이다.

여행이란 혼자 하거나 함께하는 경우가 전부는 아니다. '스크린 속 누군가들'과 함께하는 여행은 공간 이동은 없지만 시공을 초월한다. 가성비도 월등하고 반복 여행도 쉽다.

산드라 블록 주연의 〈그래비티〉를 극장 개봉관에서 봤을 때는 아름답고 스펙터클한 아이맥스 영상에 홀려 90분 시간이 찰나처럼 흘렀다. 얼마 후 집에서 혼자 노트북 모니터로 다시 봤을 때는 우주여행에서 만난 역동적 재난 상황보다는 주인공 라이언 박사의 상처받은 내면에 동질화되어 보는 내내 눈물이 났다. 하늘나라 딸에게 '엄마가 절대로 포기하지 않을 거라고 전해주세요.'라던 박사의 읊조림도 심금을 울렸다.

지난 10여 년 나와 여행을 함께했던 영화 50편을 세 개의 카테고리로 묶어 한데 모아봤다. 1부 '그곳에 가고 싶다'에는 영화 속 배경지나 여행 경로를 강조하고 싶은 작품들, 2부 '인생은 아름다워'에는 등장인물들의 심리나 감정 또는 삶과 인생이 녹아 있는 작품들. 그리고 3부 '세상의 로드무비'에는 일반적으로 로드무비 범주에 속하는 작품들을 한데 모았다. 편의상 세 부류로 나누긴 했지만 구분이 애매한 경우에는 큰 의미를 부여하지 않고 직관으로 나누기도 하였다.

외딴섬 모래사막에서 여행을 시작하는 영화 〈가을로〉에서, 하늘나라 민주는 홀로 남겨진 현우에게 이렇게 다독인다.

'사막에서부터 여행을 시작하는 게 이상하다구? 그럼 이런 주문을 한 번 외워 보는 건 어떨까? 지금 우리 마음은 사막처럼 황량하다. 하지만 이 여행이 끝날 때쯤이면 우리 마음속에 나무숲이 가득할 것이다.'

남해 우이도의 오프닝 장면에서 몹시도 어두웠던 현우의 표정은 담양 메타세쿼이어길 엔딩 장면에선 더없이 편안해 보인다. 사막처럼 황량했던 그의 마음속에 어느새 울창한 나무숲이 들어차 있음을 알 수 있다.

두 시간 동안 영화 속 인물들을 따라가며 함께 여행한 관객들 내면에도 작은 나무 몇 그루쯤은 소담스럽게 자라고 있을 것이다. 영화와 함께 떠나는 여행을 통해서 우리는 다른 이들의 삶을 들여다보며 우리 자신을 돌아다본다.

2023년 8월, 여행작가 이영철

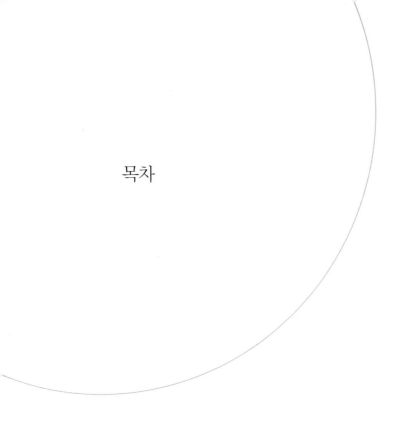

목차

1부

그곳에 가고 싶다

여행과 영화

부토(舞踏) 춤과 벚꽃의 나라에서

사랑 후에 남겨진 것들

Cherry Blossoms – Hanami, 2008 / 독일 / 도리스 도리 감독 / 엘마 웨퍼, 한넬로르 엘스너

'일본에 가보고 싶었다. 후지산과 벚꽃을 그와 함께 보고 싶었다. 남편 없이 구경하는 건 상상할 수가 없다. 혼자서 보는 건 의미가 없다. 그 사람 없이 어떻게 살아갈 수 있을까?'

남편이 말기 암 시한부란다. 눈앞에 보이는 X-ray 사진이 그 믿을 수 없는 사실을 묵묵히 입증하고 있다.

"함께 여행이나 지금까지 못 해본 것을 같이 해보는 것이 좋을 듯합니다."

의사의 무심한 말은 그녀에게 비수와 같았다.

조용하고 한적한 이 시골에서 남편과 함께 평생을 살았다. 매일 아침 7시에 출근하는 남편이 성실하게 일해 준 덕택에 자식 셋을 낳아 잘 키워 모두 대도시로 보냈다. 이제 얼마 남지 않은 인생의 시간, 둘이서 뭘 해야 좋을까?

여행을 떠나기로 했다.

아내는 막내아들이 사는 일본 도쿄를 가보고 싶었지만 남매가 사는 가까운 베를린을 다녀오자는 남편 뜻에 따른다. 비용이 많이 들어서 그렇다지만 모험을 싫어하고 편안한 일상에 익숙해진 남편이고, 그런 남편을 군말 없이 따르는 데 익숙해진 아내이기도 했다. 자신이 시한부임을 모르는 남편, 다리미 밑에서 다려지는 남편 손수건 위로 아내의 무심한 눈물 한 방울 뚝.

여행과 영화

"뭐 먹을 거 없어?"

기차가 출발한 지 5분밖에 안 됐는데 남편은 아이처럼 먹을 걸 달라고 보챈다. 눈을 흘기면서도 아내는 기다렸다는 듯 가방 속 음식을 꺼내 놓는다. 인생 마지막 여행일 수도 있는 자신의 처지를 모른 채 태평스럽게 음식을 집어 드는 남편의 모습을 보고 있자니 계속 눈물이 나온다. 선글라스를 꺼내어 쓰고 창밖으로 고개를 돌린다.

베를린에서 만난 아들과 딸은 어릴 때 부모님이 일본에 사는 막내아들만 예뻐했다고 투정을 부린다. 오랜만에 상봉한 네 식구는 어색하고 서먹하기만 하다.

"우리 애들 모습이 낯설어. 그렇지만 착한 아이들이야."

잠자리에 든 노년 부부의 대화는 쓸쓸하다.

워낙 일상에 바쁜 두 자식은 부모를 시내 관광시킬 여유조차 없다. 딸 친구의 안내로 베를린 시내를 투어하고 아내가 좋아하는 일본 부토 춤 공연장으로 간다. 아내의 취미에 무감각한 남편은 공연 동안 할 일 없이 극장 밖을 서성인다.

'죽음의 춤' 혹은 '어둠의 춤'으로 일컬어지는 부토(舞踏)는 처음 대하는 관객들에게도 극장 밖 남편처럼 생소하고 섬뜩하다. 핏빛 같은 빨간 가운 속에서 얼굴 전체를 하얗게 회칠한 무용수는 죽음의 세계에 속한 망자의 모습이다. 음산한 사미센 가락에 맞춰 움직이는 표정 하나, 몸짓 하나에 삶과 죽음의 경계에 서 있는 극장 밖 남편이 겹쳐 보여, 아내는 눈물과 함께 고개를 떨군다.

영화 〈사랑 후에 남겨진 것들〉의 초반은 이렇듯, 정해진 죽음 앞에서 이별을 준비하는 노부부의 여행 풍경을 담았다. 얼마 남지 않은 남편의 시간을 절망 속에서 바라보는 아내의 시각으로 전개된다.

자신들의 일상에 바쁜, 다 커버린 자식들과의 거리감과 온 세상에 둘만 남겨진 듯한 노부부의 외로움이 사실적이고 가슴 아프게 그려진다. 자신의 죽음을 전혀 예견하지 못하는 남편과 생의 마지막 여행을 함께하는 아내의 모습이 처연하고 쓸쓸하다.

영화 클라이맥스는 남편의 죽음일 것이고, 그때까지 노부부의 사랑과 여행 풍경이 아름답게 그려질 것이라는 관객의 예상은 아내의 갑작스러운 죽음으로 여지없이 무너지고 만다. 전날 저녁 남편과 함께 춤을 춘 후 잠자리에 들었던 아내가 다음 날 아침 숨을 거둔 채 발견된 것이다. 가족 누구에게도 얘기 않고 혼자 감내해야 했던 마음속 고통이 그녀를 이른 죽음으로 몰고 갔을 것이다.

여기까지의 영화 전반부가 온전히 남편 그림자로서의 아내의 시각이었다면, 이어지는 후반부는 죽은 아내의 그림자를 따라가는 남편의 시각으로 그려진다. 죽은 아내의 꿈과 소망에 대하여 너무나 무감각하고 무관심했음을 뒤늦게야 하나씩 깨달아가는 것이다.

한적한 독일 마을의 일상 그리고 베를린과 발트해로 이어지는 부부 여정의 전반부는 화면 가득 서정적인 아름다움으로 넘치나 아내의 죽음 이후 홀로 일본에 남겨진 남편의 일상은 강렬한 일본풍 분위기로 하여 고립감과 외로움이 더해진다. 아내의 하늘색 스웨터를 자신의 두터운 코트 속에 껴입고 도쿄 시내를 거닐며 남편은 비로소 깨닫는다. 남편과 자식들을 위해 그녀가 포기해야 했던 꿈과 열정이 어떤 것이었는지를.

벚꽃 가득한 공원을 거닐다 호숫가에서 홀로 부토 춤을 추는 어린 소녀에 눈길이 멈춘다. 아내를 통해 무심코 자주 접했던 그 부토 춤. 어린 소녀의 몸짓과 표정 하나하나에 집중할수록 아내의 환생이라는 착각에 빠진다.

"부토는 그림자의 춤이죠. 내가 아니라 그림자가 추는 춤. 누구나 그림자가 있죠. 누구든 죽고 동시에 살아 있어요. 난 죽은 이와 춤을 춰요. 1년 전 죽은 엄마와 난 항상 통화 중이에요."

아내의 부토 춤에 대한 열정을 이해 못 했던 그는 소녀의 설명으로 아내를 더 이해하게 된다. 죽은 엄마를 그리워하는 18세 소녀와 죽은 아내를 그리워하는 노년 남자의 교감이 영화 종반을 이어간다. 아내가 생전에 그토록 가보고 싶어 했던 후지산으로 남편은 소녀의 안내를 받아 함께 여행을 떠난다. 구름 속에 숨은 채 며칠째 모습을 보여주지 않던 후지산이 드디어 웅장한 자태를 드러내던 날 새벽, 남편은 어떤 힘에 이끌리듯 아내가 자주 했던 부토 춤 화장을 하고 아내가 입었던 잠옷을 입고는 밖으로 나온다.

새벽 호수에 청아하게 비친 후지산 앞에서 남자는 평생 춰 본 적이 없는 부토 춤의 세계로 빠져든다. 하늘나라에서 아내가 내려와 남편 손을 잡고 함께 춤을 추다가 이윽고 남편도 아내와 함께 세상을 떠난다.

그리곤 남은 자들에 대한 마지막 이야기.

　살아생전 아내를 이해 못 했던 남자는 일본 소녀의 도움으로 아내를 온전히 이해했다. 짧은 만남 동안 소녀는 노년 남자를 온전히 이해했지만 부부의 세 자식들은 죽은 부모를 전혀 이해하지 못한다.

　곧 다가올 남편의 부재를 고민하다 자신도 모르는 사이에 먼저 떠나버린 아내, 갑작스러운 아내의 부재로 삶의 동력을 잃어버린 남편, 그리고 엄마의 부재를 나름의 방법으로 극복해가는 소녀.

　영화 〈사랑 후에 남겨진 것들〉은 누구나 언젠가는 만나게 되는, 익숙한 것 또는 사랑하는 이와의 이별에 대한 준비를 이야기한다.

르네상스의 도시 피렌체에서

냉정과 열정 사이

冷靜と情熱のあいだ, 2001 / 일본 / 나카에 이사무 감독 / 다케노우치 유타카, 진혜림

"피렌체의 두오모는 연인들의 성지래. 영원한 사랑을 맹세하는 곳, 언젠가 함께 올라가 주지 않겠어?"

갓 20대를 맞은 남녀의 달달한 밀어와 함께 화면이 열린다. 나지막하게 이어지는 대화 속에서 10년 뒤 어느 날로 무심코 약속 날짜가 잡힌다. 둘이 사랑을 나눴을 도쿄의 여느 실내를 기웃거리던 카메라가 멀리 이탈리아 하늘 아래 아름다운 도시 전경을 비추며 두 남녀의 오랜 세월 만남과 헤어짐의 이야기가 시작된다.

　대학 졸업과 함께 피렌체로 유학 온 준세이, 국문과를 전공했지만 뒤늦게 미술 쪽으로 인생의 방향을 틀었다. 유명 화가인 할아버지의 DNA를 이어받았고, 이탈리아 유학은 재력가 할아버지의 무한한 손자 사랑 덕이다.

　피렌체의 톱클래스 공방에서 3년간 그림 복원 기술을 배웠고 나름대로 실력을 인정받는 중이다. 미술품 복원 분야에선 당대 최고의 전문가들이 모여 있는 곳에서 준세이는 평화롭고 희망에 찬 일상을 보내고 있다. 아침 서둘러 고물 자전거를 타고 숙소를 나서면 고풍스러운 건물들 사이 좁은 골목길을 지나 탁 트인 아르노강과 맞닥트린다. 단테와 베아트리체가 처음 만났다는 베키오 다리 위를 매일 아침 시원한 강바람 맞으며 달려 공방으로 출근해서는 어두워진 골목길 가로등 불빛 맞으며 숙소로 돌아오는 일상이다.

　유화 복원의 일인자인 조반나 선생의 가르침 덕에 복원 전문가 자격증도 여러 개 딸 수 있었다. 어머니를 일찍 여읜 그에게 조반나 선생은 모성애를 느끼게 해주는 스승이었다. 가끔은 누드화를 그리는 스승의 요청에 따라 기꺼이 전라 모델이 되어 주기도 한다.

　이런 평온했던 일상에 균열이 일기 시작한 건, 첫사랑 연인 아오이가 밀라노에 살고 있다는 뜻밖의 소식을 듣고 나서부터다. 10년 후 서른 번째 생일날 피렌체 두오모에서 만나자던 약속을 정작 그녀는 잊었을지 모르지만 준세이는 그렇지 않다. 오히려 그날을 손꼽으며 하루하루 살아왔는지도 모른다. 헤어지던 날 분노의 감정을 추스르지 못해 너무도 매몰차게 그녀를 떠나보냈던 준세이다. 그런 그에게 지난날들은 후회와 번민의 내면을 미술에 대한 열정으로 꼭꼭 억누르며 살아온 세월이다.

아오이를 향한 막연한 기대와 설렘 속에 밀라노행 기차에 올랐지만 돌아오는 길은 허탈과 실망뿐이다. 7년 만에 만난 아오이 곁에는 준세이로선 넘사벽인 남자가 함께 있었던 것. 홍콩 기업의 밀라노 지점장에 재력까지 갖춘 스마트한 파트너 옆에서 아오이는 과거 따윈 다 잊었다는 듯 마냥 행복해 보였다. 참담해지는 자신을 추스르며 준세이는 서둘러 헤어져 돌아올 수밖에 없었다.

혹시나 하며 기대해왔던 아오이를 향한 꿈이 혼자만의 헛된 환상이었음을 처절하게 깨달으며 피렌체로 돌아온 그에게는 설상가상 이해할 수 없는 사건이 기다리고 있었다. 그 충격적 사건은 그에게 또 하나의 씻을 수 없는 상처를 안겼고, 그가 속한 공방의 명성과 존폐에도 위기를 몰고 왔다.

갑작스레 찾아온 이중의 고통을 이기지 못한 준세이는 결국 피렌체 생활을 청산하고 낙담과 실의 속에 도쿄로 돌아온다. 대학 시절 아오이를 처음 만났던 강의실부터 둘이 함께 보냈던 추억의 장소들을 하나하나 찾아보지만 예전의 흔적들은 별로 남아 있지 않다. 이제 자신의 마음과 과거를 완전히 정리하는 의미에서 밀라노의 아오이에게 마지막 긴 편지를 보내 작별을 고한다.

도쿄에 있는 동안 준세이는 7년 전 아오이와의 이별 원인이 아오이 때문이 아니었다는 새로운 사실을 알게 되면서 다시 괴로워하게 된다. 아오이에 대한 그간의 원망의 마음이 미안함과 죄책감으로 바뀌는 것이다. 거기에,

스승인 조반나 선생의 자살과 또 다른 충격적 사실에 직면하면서 준세이는 다시 피렌체로 돌아와 고미술 복원 일에 매달린다.

'복원사는 죽어가는 걸 되살리고 잃어버린 시간을 되돌리는 유일한 직업'이라고 믿는 그였다. 다시 시작한 1년간의 그림 복원 작업은 그에게 잃어버린 지난 시간을 '재생'하는 기회가 되었다. 그리고 맞이한 새천년 5월 25일 아오이의 서른 번째 생일날에 준세이는 아무런 기대 없이 10년 전 약속했던 그 장소, 두오모로 향한다.

2001년 개봉된 일본 영화 〈냉정과 열정 사이〉는 전형적인 멜로물이지만 왠지 고품격 이미지를 강하게 풍기는 작품이다. 미술과 음악, 그리고 피렌체라는 분위기 있는 3박자가 묘한 조화를 이루기 때문이다.

1966년 피렌체에선 폭우로 인한 아르노강 범람으로 시내 전체가 물에 잠기는 대참사가 있었다. 르네상스 이래의 고급 문화재들이 대량 유실되거나 손상되면서 향후 유사 재해에 대비하여 특히 고미술품에 대한 정교한 복원 기술이 도시 재생의 중요 화두로 떠올랐다. 영화에선 준세이가 16세기 화가 루도비코 치골리의 '참회하는 막달라 마리아' 등 그림 두 점을 복원해내는 과정이 그려진다.

아일랜드 가수 엔야의 음악 또한 전체 분위기를 우아하게 끌어가는 핵심 요소다. 아이리스 향기 나는 조반나 선생 화실에서의 〈Caribbean Blue〉를 시작으로 고물 자전거로 아르노 강변을 누비고 베키오 다리를 건널 때의 〈The Celts〉, 아오이와의 첫 만남 회상 장면에서의 〈Orinoco Flow〉 그리고 엔딩 타이틀과 함께 흐르는 〈Wild child〉 등 무려 14곡의 엔야 목소리가 영화 전편을 수놓는다.

르네상스의 도시 피렌체는 〈냉정과 열정 사이〉의 대표 이미지이다. 피렌체 중앙역 인근 산타마리아 노벨라 성당, 두 연인이 마주 선 포스터 속의 산티시마 안눈치아타 광장, 절망하는 준세이가 새벽에 나와 서성이던 리퍼블리카 광장, 10년 전 약속의 장소 두오모와 돔 지붕이 내려다보이는 지오토 종탑, 그리고 오프닝 장면에서 도시 전체를 비춰주던 미켈란젤로 언덕까지 피렌체 명소 곳곳이 아름다운 화면에 실린다.

피렌체 미켈란젤로 언덕의 다비드상. 작지만 강한 도시 피렌체를 상징한다.

첼로 음악이 둘 사이 마음을 다시 이어주는 아르노강 남쪽 강변, 그리고 조반나 선생과 마지막으로 이야기 나누던 산 니콜로 다리 등 피렌체는 직경

3km 이내의 도심 구간만 천천히 누비고 다니면 영화 속 그곳들은 물론 일반 관광 명소들까지 두루 섭렵할 수 있는 아담한 도시다.

원래 두오모는 이탈리아 여러 도시마다 있는 대표 성당을 뜻한다. 고유명사가 아닌 일반명사인 것이다. 그러나 영화 속 두오모는 '꽃의 성모 마리아(Santa Maria del Fiore)'를 뜻하는 '산타마리아 델 피오레 대성당'이 정식 이름인 피렌체 대성당을 말한다. 463개의 좁은 계단을 올라야만 이를 수 있는 팔각형의 돔 지붕은 이 영화 이후 '연인들의 성지'로 유명세를 치러왔다.

〈냉정과 열정 사이〉 피렌체 촬영 명소

〈첨밀밀〉이나 〈비포 선라이즈〉처럼, 만나야 할 사람은 꼭 만나게 됨을 일깨워주는 멜로 영화 한 편으로, 스크린 속 르네상스 도시를 여행하며 각자의 지난 10년 세월을 추억해 보는 것도 좋겠다. 혹시나 잃어버렸거나 놓쳤다고 절실하게 후회되는 것들이 있다면, 10년의 시간과 사랑을 기어코 재생시켜낸 복원사 준세이의 삶이 반면교사가 될 수도 있을 것이다.

3

고향 집이 일궈준 내 마음속 작은 숲

리틀 포레스트

Little Forest, 2018 / 한국 / 임순례 감독 / 김태리, 류준열, 문소리

온 세상이 하얗던 겨울날, 흰 눈 사각사각 밟으며 집으로 왔다. 읍내 역에 내려 집까지는 한 시간 반이 걸렸다. 버스는 하루 몇 번 없고, 취업도 못한 백수 주제에 콜택시는 사치였다. 간간이 만나는 길 옆 나무숲은 여전히 울창했고, 시원하게 펼쳐진 논밭길, 철길, 천변길 다 예전 그대로였다. 마당넓은 시골 외딴집은 지난 방학 때 잠시 다녀간 흔적 그대로다. 창고에 남아있던 땔감으로 난로에 불붙이니, 얼었던 몸이 금세 사르르 녹는다. 마루와

방 먼지 대충 걷어내고 재래식 난로 앞에 주저앉았다. 사막을 헤매다 오아시스에 닿은 기분이다.

나른하게 졸려오지만 배에서 꼬르륵 신호를 보내온다. 열차 타기 전 편의점 김밥 하나 먹은 게 오늘 끼니 전부다. 아점으로 점심 거르는 일상이야 다반사라 익숙했지만 오늘은 다르다. 달동네 자취집에서 짐 싸 들고 출발해 서울역 거쳐 지금까지 긴긴 하루였다.

어두워진 뒤뜰에 나가 양배추 한 포기와 파 한쪽을 찾아냈다. 눈밭 속에서 눈 알갱이 흠뻑 묻히고 나온 배춧잎은 아삭아삭 싱싱했다. 좀 전에 안친 돌솥에선, 쌀독 바닥을 박박 긁어 퍼낸 쌀 한 줌이 요란한 소리를 내며 기분 좋게 부풀어 오르고 있다. 밥 한 공기는 넉넉하겠다. 냄비 속에선 배추 듬뿍에 파 몇 조각 들어간 된장국이 보글보글 끓는다.

밥 한 톨, 국물 한 방울 남김없이 싹 비우고 큰대자로 드러누웠다. 입가에 미소가 절로 번진다. 서울에 있었으면 바람 들어오는 2층 자취방에서 인스턴트식품으로 저녁 때우고 있을 시간이다. 천국이 따로 없다. 온몸이 나른하게 녹아든다. 엄마가 다녀간 흔적이 없는 게 아쉽긴 하지만, 역시나 집에 오길 잘했다.

미성리는 쌀과 사과가 유명한 작고 외진 시골 마을이다. 혜원이 네 살 때 세 식구는 아빠의 고향인 이곳으로 내려왔다. 병든 아빠의 요양 때문이었지만, 아빠가 세상을 떠난 다음에도 엄마는 왠지 도시로 돌아가려 하지 않았다. 학교까지 등하굣길도 멀어 지긋지긋했던 혜원은 공부 열심히 해서 시골을 벗어나려 했지만, 정작 엄마가 먼저 떠났다. 혜원의 수능이 끝나고 어느 날 엄마는 편지 한 통 남기고 혼자 훌쩍 집을 나가버린 것이다.

얼마 후 합격 통지받은 혜원도 혼자 서울로 가 어렵게 대학 4년을 마쳤다. 엄마가 두고 간 통장 잔고는 등록금에 2년 학비 정도였으니, 내내 아르바이트를 전전해야 했던 혜원의 학업 생활은 줄곧 험난했다. 시골에서 상상했던 낭만적 서울 생활과는 영 딴판이었다. 차분하게 커피 한 잔 마실 여유도 없었고, 인스턴트로 때우는 매 끼니는 먹어도 먹어도 늘 허기가 졌다. 아르바이트로 맞이하는 손님들 앞에선 영혼마저 내려놔야만 했다.

졸업은 했지만 취업도 안 되고 여전히 알바 신세를 면할 수 없었다. 설상가상, 얼마 전에 본 교사 임용고시에 남자 친구는 붙고 혜원은 떨어졌다. 더 이상 견디기 힘든 나락으로 빠져드는 듯했다. 우선은 살고 보자는 절박한 심정으로 도망치듯 고향 집으로 내려왔다. 그렇다고 시골에 눌러살 생각은 조금도 없었다. 뭐하나 뜻대로 되는 게 없는 일상을 잠시 멈추고 혼자 숨어 있을 공간이 필요했을 뿐이다.

고향에선 소꿉친구 재하와 은숙이 혜원을 반긴다. 지방대학 졸업 후 취업 했다가 사표 내고 귀농한 재하는 부모님 과수원을 함께 일구며 견실하게 자기 삶을 꾸려가고 있다. 전문대 졸업하고 농협은행에 취직한 은숙은 촌스럽고 답답한 이곳을 어서 빨리 탈출해 도시로 가는 게 꿈이라며 넋두리하지만 자기 삶에 어느 정도 만족해하는 듯 보인다.

서울로 대학 갔으나 취업도 연애도 다 실패해 낙향한 혜원에게 고향은 따뜻했다. 두 친구가 틈만 나면 놀러 오니 외로울 틈이 없었다. 음식 바리바리 싸주는 고모 집도 가까웠다. 이웃집 아저씨가 키우라며 놓고 간 암탉에게선 매일매일 따뜻한 계란도 몇 개씩 생겨난다. 도끼로 장작 패 땔감 만드는 일도 몇 번 해보니 익숙해졌고, 뒤뜰로 밭으로 뒷산으로 몸만 조금 움직이면 배추나 밤이나 양파 등 자연 속에 숨 쉬고 있던 온갖 것들이 싱싱한 먹거리다.

김밥 한 줄, 우유 한 병에도 마음 졸이며 주머니 사정을 의식해야 했던 서울 생활에 비하면 너무나 마음 편하고 풍요로운 나날이다. 허기지고 방전됐던 몸과 마음이 하루가 다르게 다시 채워지는 느낌이다. 두 친구와 또는 혼자서 만들어 먹는 제철 음식들은 도시에서 꾸역꾸역 씹어 삼키던 인스턴트와는 차원이 달랐다. 배추전에 수제비, 시루떡 케이크, 꽃 파스타, 양배추 빈대떡, 감자떡, 아카시아와 쑥갓 튀김, 갓 따낸 토마토, 오이 콩국수, 집에서 만든 막걸리, 양파 통구이, 밤 조림…, 하나같이 손과 마음으로 정성을 기울인 먹거리들은 혜원의 온몸을 다시 생기로 차오르게 해줬다. 봄나물과 고사리를 캐 한 바구니 듬뿍 담다 보니, '날 풀리면 올라가리라'던 마음은 어느덧 '겨울만 보내고 가기엔 아깝지'로 바뀐다. 봄의 정령들로 가득 차오른 대지에 혜원은 감자도 심고 고추도 심는다. 다음 계절까지도 기약하는 것이다.

〈와이키키 브라더스〉로 많이 알려진 임순례 감독의 영화 〈리틀 포레스트〉는 우리 주변 청춘들의 안타까운 성장통을 다루지만 세대 불문, 잠시 쉬어 가고 싶은 이라면 누구나 공감할 만한 이야기다. 힘든 길을 달려왔거나 마음의 위로가 필요한 이들을 포근하게 안아주는 잔잔한 힐링 영화라고 할까. 인물들의 사연 외에 영화 속 배경지인 경북 군위군 우보면 미성리 일대의 아름다운 사계절 영상 또한 관객의 눈과 마음을 오롯이 정화시켜준다.

'굿바이 미스터 선샤인, 독립된 조국에서 씨유 어게인!'이라고 읊조리며 2018년 한 종편 드라마의 대미를 장식했던 배우 김태리의 또 다른 면모가 돋보이는 작품이다. 등장 빈도는 적었지만 명배우 문소리의 엄마 역할도 영화 내내 큰 비중을 차지한다. 고향에 돌아와 온전하게 사계절을 보낸 혜원은 다시 새로운 출발점에 서서 엄마의 예전 편지글을 다시 읽어본다.

'…혜원이가 힘들 때마다 이곳의 흙냄새와 바람과 햇볕을 기억한다면 언제든 다시 털고 일어날 수 있을 거라는 걸 엄마는 믿어, 지금 우리 두 사람, 잘 돌아오기 위한 긴 여행의 출발선에 서 있다고 생각하자.'

곧 대학생이 될 딸을 고향 집에 혼자 두고 떠나면서 남긴 편지였다. 엄마가 너무 야속해서 제대로 읽어보지도 않았던 문장들이 인제 또렷이 두 눈에 들어왔다. 아빠와의 결혼으로 포기해야 했던 일들을 시도해보며 자신만의 인생을 가꿔보고 싶어 한 엄마의 마음이 비로소 이해가 된다.

엄마에게는 자연과 요리, 그리고 혜원에 대한 사랑이 그녀만의 '작은 숲, 리틀 포레스트(Little Forest)'였던 것이다. 이제 혜원도 자신만의 작은 숲을 찾을 거라고 뇌까리지만, 관객의 눈에는 이미 그녀 안에 풍성해진 나무숲이 보인다. 지난겨울 집에 왔을 때의 그 황량했던 표정과는 달리, 여유롭고 평온해진 모습이다. 사계절 동안 그녀의 내면에 온전한 치유와 성장이 있었음을 읽을 수 있다.

어두웠던 코로나 터널이 끝나고 다시 새로운 시절이 열렸다. 각자 어딘가로 떠나보자. 사계절이 아니고 한 계절이면 어떤가? 한 달 또는 일주일 살아보기도 좋겠다. 익숙했던 일상을 잠시라도 벗어난다면 우리 안에 각자의 작은 숲이 소담스럽게 자랄 것이다.

오래된 유럽 도시에서 나를 만나다

리스본행 야간열차

Night Train to Lisbon, 2013 / 독일, 스위스, 포르투갈 / 빌 어거스트 감독 / 제레미 아이언스

'신명숙, 39세. 형기 20년, 재감 17년, 출감 3년을 앞두고 병사. 스물두 살의 처녀로 수감되어 서른아홉에 시체가 되어 나오다.'

이병주 작가의 소설 『쥘부채』의 여주인공 이야기다. '하아얀 눈 위에 검은 나비가 앉아 있었다.'로 시작된다. 그러나 그것은 나비가 아니었다. 길이 7cm, 두께 2cm 남짓의 자그만 부채, 부채라기보다는 부채를 닮은 완구, 완구라기보다는 마스코트의 의미가 짙은 그런 것이었다. 섬세하고 정교한 그

조그만 쥘부채엔 음습한 요기마저 감도는 신비감이 있었다.

불문학을 전공하는 대학생 동식이 어느 날 서대문 구치소 부근을 걷다가 우연히, 정교하게 만들어진 조그만 쥘부채 하나를 주웠다. 어떤 운명처럼 이상한 힘에 이끌려 쥘부채의 주인을 찾아 나서게 되고, 근원을 추적해 가 보는 끝 언저리에서 두 남녀의 가슴 아픈 사연과 맞닥뜨린다.

'당신은 죽어서 나비가 되고, 나는 죽어서 꽃이 되리라.'

장기수로 함께 복역하다 15년 전 사형당한 남자를 향한 서른아홉 수감 여성의 염원을 담은, 그런 부채였다. 안온하게 공부하며 현실에 함몰되어 살아온 동식, 부채 속 남녀의 삶을 통해 자신을 돌아보고 회한에 빠진다.

'내가 살아온 세상! 이건 장난이 아니었던가!'

이상과 신념에 살다 희생되어간 사람들, 우연한 기회에 그런 이들의 족적을 따라가며 회한에 젖는 이런 플롯은, 독일 작가 원작 소설의 영화 〈리스본행 야간열차〉에서도 은은한 빛을 낸다. 주인공 그레고리우스는 고전문헌학을 가르치는 교사이다. 5년 전 아내와 이혼한 후 홀로 무료한 일상을 살고 있다. 어느 날 아침 우연한 사건을 계기로 조그만 책 한 권을 손에 넣는다. 오래전에 죽은 한 젊은이가 남긴 책이다.

거부할 수 없는 마력에 이끌려 그 젊은이가 살았던 도시 리스본으로의 여행이 시작된다. 열차에서 책장을 넘기자마자 한 줄 한 줄 강렬한 흡인력으로 빠져들고, 리스본에 내려서부터 책 속 인물들의 족적을 꿈꾸듯 더듬어 가는 여정이 이어진다. 비극 속 여러 인물들의 삶과 죽음이 어지러이 교차한다.

어느 순간, 흩어져 있던 퍼즐 조각들이 촘촘하게 짜 맞춰지는 결말에 이른다. 주인공 그레고리우스는 비로소, 자신이 살아온 삶의 모습을 그들과 대비하며 차갑게 뒤돌아보게 된다. 그리곤 뇌까린다. '그들 인생엔 활력과 강렬함이 가득했어. 내 인생은 뭐였지?'

소설 『쥘부채』의 신명숙은 좌익 빨치산(Partisan)이었다. 연인이었던 남자의 신념을 쫓아 지리산에 들어갔고, 이후 함께 체포되어 남자는 바로 처형되고 그녀는 수감되었다. 전향을 거부한 채 감옥생활 17년째인 1970년쯤에 만기 3년을 남겨두고 옥사하였다.

영화 〈리스본행 야간열차〉의 아마데우는 포르투갈 독재정권에 맞선 레지스탕스였다. 안락한 의사의 삶을 거부하고 친구와 연인의 신념을 쫓아 혁명 대열에 참여하였다. 비밀경찰에 쫓겨 사랑하는 여인과 함께 스페인으로 탈출했으나, 사랑을 잃고 외로운 삶을 살다가 1974년에 지병으로 죽었다.

『쥘부채』 속의 여자와 남자, 영화 속 리스본의 남과 여, 그들 모두 반세기 전의 치열한 세계사를 숭고하게 살았던 젊은이들이다. 그런 이들의 희생 위에 역사는 진보해왔고, 덕택에 현대의 우리는 더 안온하고 인간다운 삶을 살고 있다. 그들의 족적 앞에서 자신을 돌아보며 안락과 나태의 일상을 부끄러워하는 건 비단 소설과 영화 속 내레이터만이 아닐 것이다.

영화 〈리스본행 야간열차〉의 오프닝은 혼자 사는 남자의 아침 출근 전 무료한 일상을 보여준다. 스위스 베른에서 학생들을 가르치는 교사 그레고리우스, 별 할 일도 없이 새벽 일찍 일어나 혼자 2인극으로 체스 놀이를 한다. 쓰레기통을 뒤져 엊저녁 사용한 일회용 티를 꺼내 차를 만들어 마시곤 빵 한 조각으로 아침을 때우며 출근 준비를 서두른다.

폭우 쏟아지는 출근길에 우산 쓰고 다리를 건너다 강가로 막 투신하려는 젊은 여자를 발견하곤 무의식적으로 달려가 붙잡아 세웠다. 완전히 얼이 빠진 듯 멍한 표정의 젊은 여자를 추슬러 우선은 학교 교실로 데려가 쉬게 했다.

경황없이 첫 교시 수업을 마치고 와보니 그녀는 어디론가 사라지고 없었고, 그녀가 입었던 빨간색 외투만 덩그러니 남아 있다. 외투 주머니에서 『언어의 연금술사』라는 제목의 조그만 책 한 권이 나왔고, 책갈피 속에는 리스본행 야간열차 티켓 한 장이 끼워져 있다. 알 수 없는 강렬한 힘에 이끌려 역으로 향하게 되고 결국은 그 열차에 올라타면서 중년 남자 생애 최초의 일탈 여행이 시작된다. 열차에서 읽어가는 책『언어의 연금술사』는 첫 페이지부터 그의 영혼을 완전히 매료시켜갔고, 책의 저자와 의문의 빨간 코트 여인에 대한 궁금증은 커져만 갔다.

영화 속 과거의 배경인 70년대 초는 포르투갈 40년 독재정권이 막을 내리던 시기였다. 1970년 독재자 살라자르가 질병으로 사망하고 같은 당 이인자가 정권을 인수하면서 독재 장기집권에 대한 국민들 반감이 최고조에 달한 결과다. 수많은 젊은이들이 비밀경찰의 손에 희생되며 반체제 운동이 정점에 이르렀던 1974년 4월 25일, 마침내 젊은 지식인들의 응원을 받는 군부 소장파 장교들에 의해 무혈 쿠데타가 성공하고 40년 독재정권은 무너진다.

이런 역사의 도시 포르투갈 리스본은 스페인 내륙에서 발원하여

1,000km를 이어온 테주강이 북대서양과 만나는 하류 쪽에 자리 잡고 있다. 일곱 개의 높고 낮은 언덕으로 이뤄진, 기복이 심한 강변 도시다. 대개의 여행자들은 대개 시내 중심의 고지대인 바이루 알투 지구와 저지대인 바이샤 지구, 동쪽의 구시가지 알파마 지구와 시내 서남단 벨렘 지구. 이들 4개 지구로 모여드는데, 영화 속 주인공의 여정은 숙소가 있는 바이샤 지구를 중심으로 주변을 오가며 이루어진다.

리스본 테주강을 가로지르는 현수교 4월 25일 다리(Ponte 25 de Abril)

로시우 광장과 코메르시우 광장을 잇는 바이샤 거리, 아마데우의 옛 동지 주앙이 있는 양로원으로 오가며 건너는 테주강 정경, 그 테주강을 가로지르는 현수교 4월 25일 다리, 울퉁불퉁 돌이 깔린 언덕길, 골목 언덕을 한가로이 오가는 노란색 트램, 언덕에서 내려다보이는 리스본 야경, 그 야경을 배경으로 가로등 불빛 아래 벤치에서 아마데우의 글귀에 몰입해 있는 그레고리우스.

한 권의 책을 읽으며 유럽의 오래된 도시로 여행을 떠나고 싶게 만드는 영화 〈리스본행 야간열차〉.

달라이 라마와의 우정, 라싸의 슬픔

티베트에서의 7년

Seven Years In Tibet, 1997 / 미국 / 장 자크 아노 감독 / 브래드 피트

　지구상 해발 8,000m가 넘는 고봉은 모두 14개다. 네팔을 중심으로 티베
트 고원과 인도 대륙 사이에 포진된 이들은 히말라야 14좌로 묶여 불린다.
아시아 7개국에 걸쳐 있고 그 길이가 장장 2,400km에 이른다. 20세기 들
어서며 이들 고봉들은 인류의 특별한 관심을 받아 왔고 또한 정복의 대상이
기도 하였다. 1953년 5월 에드먼드 힐러리가 최고봉 에베레스트에 처음 오
르기까지 히말라야 정복을 향한 유럽 열강의 물밑 경쟁은 치열했다. 식민지

쟁탈전에 못지않았다.

히말라야 고봉들 중 가장 먼저 인간의 발길을 허용한 건 안나푸르나였다. 1950년 프랑스인 모리스 에르조그가 올랐고 그는 지구상 8,000m 이상 봉우리에 발을 디딘 최초의 인간이 되었다. 이보다 오래전, 유럽 최고봉 알프스 몽블랑을 최초 정복한 것도 프랑스인이었다. 1783년 샤모니 사람 자크 발마가 몽블랑에 오른 이날부터, '알프스에 오르다'란 뜻의 '알피니즘'은 '고봉 설산을 오른다'는 일반명사로 전 세계에 통용되기 시작했다. 이렇듯 인류 등반 역사를 선도한 건 프랑스인들이었지만, 히말라야 정복에 가장 애착을 보인 건 독일의 히틀러였다.

그 시발은 1933년 인기를 끌던 제임스 힐튼의 소설 『잃어버린 지평선(The Lost Horizon)』으로 보인다. 1차 세계대전 후유증이 어느 정도 치유되는가 싶더니 경제 대공황이 터지면서 세상이 다시 암흑에 휩싸이던 시절이다. 이 소설이 인기를 끌면서 소설 속 지상낙원으로 묘사된 샹그릴라가 서방세계 사람들에게 꿈의 이상향이 되었다. 암울한 현실에서 도피하고픈 이들이 히말라야 어딘가에 있다는 그 낙원을 찾아 동방으로 떠났다. 독일 총통 히틀러는 다른 이유 때문에 동방으로 원정대를 보냈다. 히틀러는 중앙아시아로부터 인도, 이란 등지로 흘러 들어온 아리안족을 게르만족의 조상으로 보았기에 조상의 근원을 탐구한다는 명분이었고, 아리안족 순혈주의에 대한 이론 체계를 마련하려는 의도도 있었겠다.

나치가 우선 관심을 둔 곳이 히말라야 14좌 중 가장 서남쪽에 위치한 낭가파르밧이었다. 인도 북부와 티베트 고원이 맞닿으면서 서구 유럽에선 가장 접근성이 좋은 위치였고, 무엇보다도 히틀러 집권 이전의 독일 원정대가 2차에 걸친 등정 실패로 목숨을 잃은 역사가 있었다. 때문에 히틀러의 독일 원정대가 낭가파르밧 등정에 성공하면 이는 태초 이래 인간의 발길이 닿지 않은 고봉 설산을 독일이 최초로 정복하는 셈이 되었다. 신생 나치 정권과 게르만족의 우월성을 세상에 과시하고 홍보하기에 이보다 더 좋은 소재는 없었다.

1937년 6월 히틀러의 특별 지원을 받은 등반대가 낭가파르밧 3차 도전에 나섰다. 그러나 이들 모두는 해발 6,200m 지점에서 거대한 눈사태를 만나 순식간에 설산에 묻혔다. 셰르파 포함 16명 전원이 희생되는 참담한 실패로 끝난 것이다. 이듬해 4차 원정대가 도전했으나 역시 악천후 때문에 실패한다. 나치 독일로선 낭가파르밧 정복은 이제 국가적 자존심이 걸린 중대한 과제가 되어버렸다.

1939년 히틀러의 특별한 관심 속에 5차 등반대가 출발한다. 대원 4인 속에는 28세의 오스트리아인 하인리히 하러(1912-2006)가 포함되어 있었다. 바로 지난해 아이거 북벽을 정복하여 위대한 등반가로 유명해진 인물이었다. 아이거 북벽은 마터호른, 그랑드조라스와 함께 많은 이들이 초등에 실패한, 알프스의 고난도 등반 코스로 악명이 높았다. 더욱이 그는 2년 전 동계올림픽에서 스키 금메달을 딴 스타였기에, 당시 오스트리아를 점령 중이던 독일은 그를 정권 홍보에 이용하려 나치 당원에 가입시켜 둔 터였다. 엄격히 선발된 등반대 4인에 독일인이 아니면서도 그가 포함될 수 있었던 이유다.

그러나 이번 5차 역시 낭가파르밧 등정은 실패로 끝나고, 그는 실종된 채 잊혔다가 10년 후 고향으로 돌아온다. 그간의 그의 행적은 『티벳에서의 7년』이란 그의 자전적 소설을 통해 비로소 세상에 알려졌고, 1997년 같은 제목의 영화로 만들어지며 더 유명세를 타고 된다.

대배우 브래드 피트가 분한 하인리히 하러가 등반대의 일원으로 기차에 오르면서 영화는 시작된다. 역에 배웅 나온 만삭의 아내 표정을 보아 부부 간에 이번 원정을 두고 얼마나 갈등이 심했는지를 알 수 있다. 오스트리아 그랏츠 역을 출발한 기차는 벨기에 안트베르펜에서 멈추며 여정은 뱃길로 바뀐다. 도버 해협—지브롤터 해협—지중해—수에즈 운하—홍해—아덴만—아라비아해를 거쳐 인도 대륙 북서부의 파키스탄 카라치를 경유하는 멀고 먼 길을 돌아 낭가파르밧에 도착하지만 초기에 순탄했던 등정길은 정상 근처에서 멈춰야만 했다. 거대한 산사태를 만나며 더 이상의 등반은 불가능해졌기 때문이다. 설상가상으로 그들은 영국군에게 붙잡혀 포로의 신세가 되어버린다. 때가 마침 2차 대전 발발 직후였고, 하산 지역이 영국령 인도 땅이었기 때문이다.

인도 북부의 데라둔 수용소에 대원들과 함께 갇힌 그는 4번의 탈옥이 실패한 끝에 5번째 시도가 성공하면서 3년 만에 자유의 몸이 된다. 동료 대원과 함께 국경을 넘어 티베트 땅으로 들어선 둘은 영산(靈山) 카일라스를 넘고 황량한 고원 1,500km를 걸어 성도(聖都) 라싸에 도착한다. 아내로부터는 수용소에 있는 동안 이미 이혼을 통보받았기에 마땅히 고국으로 돌아갈 의욕도 상실한 그였다.

티베트 수도 라싸의 상징 포탈라궁. 역대 달라이 라마들이 머물렀다.

새로 만난 세상 라싸에 머물며 티베트인들에 동화되어 살아가던 그는 마침 티베트 왕인 달라이 라마의 관심을 받아 그 옆에서 서양의 과학과 문물을 가르쳐 주는 친구 겸 교사가 된다. 라싸에서의 평온한 일상은 중국을 통일한 마오쩌둥 군이 티베트를 침공해 들어오면서 깨진다. 티베트인 1백만 명이 죽고 6천여 사원이 불타버린 참사와 함께 티베트는 다시 중국의 지배 하에 놓이게 되고, 하인리히 하러는 어린 달라이 라마의 안위를 걱정하며 그와 헤어져 귀국길에 오른다.

이 영화를 제작까지 맡은 장 자크 아노 감독은 독특한 소재를 특이하고 신선하게 묘사하는 것으로 정평이 나 있다. 〈불을 찾아서〉, 〈장미의 이름〉, 〈연인〉, 〈베어〉, 〈에너미 앳 더 게이트〉 등, 많지 않은 그의 작품 모두가 나올 때마다 명작의 반열에 오르거나 화제작이 되곤 하였다. 〈티베트에서의 7년〉 역시 1997년 당시로선 금단의 땅이었던 티베트 지역의 역사와 문화를 적나라하게 파헤쳐 소개했다는 측면에서 큰 화제가 됐다. 같은 해 개봉된 마틴 스코세지 감독의 영화 〈쿤둔〉과 함께 현대 티베트의 실상을 가장 생생하게 보여주는 작품으로 평가된다.

티베트는 예나 지금이나 자유여행이 어렵거나 금지되어 왔다. 서방세계의 문물로부터 철저하게 차단하려는 중국 공안의 통제 때문이다. 때문에 티베트 현장을 눈으로 보여주는 대중영화는 두 작품 외에는 거의 없었던 셈이다. 하인리히 하러가 수용소를 탈출해 68km 북쪽으로 이동하면서 만나는 티베트 고원 전경은 한 폭의 그림들을 슬라이드로 연이어 보여주듯 극적이다. 티베트의 오지 중 오지인 아리(阿里) 지구의 성산(聖山) 카일라스(수미산)와 성호(聖湖) 마나사로바 모습도 잠깐씩 보여준다.

'중세의 요새처럼 우뚝 솟은 곳. 아시아의 한가운데 가장 높고 가장 고립된 나라.'

하러의 내레이션이 말해주듯 서방인의 눈에 비치는 이역(異域) 땅의 풍광은 관객의 눈에도 벅찬 감동으로 다가온다. 삼보일배 오체투지로 느리게 나아가는 순례자들 모습에선 '먼 길을 걸어 성소까지 다다르면 자신들의 죄가 정화되고, 힘들게 닿을수록 더 정화된다'는 티베트인들의 믿음이 엿보이기도 한다.

주인공 하러는 라싸에서 한 티베트 여인의 환심을 사고 싶어서, 자신의 아이거 북벽 정복과 올림픽 금메달 뉴스를 크게 다룬 신문기사를 자랑삼아 펼쳐 보인다. 그러나 여인이 보여주는 반응은 이외다. '이런 걸 보면 두 나라의 인식이 얼마나 다른가를 알 수 있어요. 당신들은 모든 수단을 동원해 자신들의 야망을 실현하려 하고, 우리 티베트인들은 어떻게 해서든 그런 자아(自我)를 버리려 한답니다.' 하러가 티베트인들의 내면을 좀 더 이해하게 되며 자신의 내면까지도 돌아보게 만드는 대답이었다.

영화 후반은 어린 달라이 라마와 주인공 하러의 만남과 우정과 교감의 과정이 다뤄진다. 10대의 호기심 많은 달라이 라마는 서방세계의 문물과 과학에 대해 끊임없이 하러에게 물으며 알아가고, 하러는 자신도 모르는 사이에 어린 군주에게서 영적인 감화를 받아가며 차츰 티베트 정서에 동화되어 간다. 하러가 라싸를 떠나며 둘이 헤어지고 9년 뒤인 1959년, 달라이 라마는

중국 공안을 피해 인도로 망명한다. 그때는 하러도 서방세계에서 원래의 산
악인보다는 자전적 소설 『티벳에서의 7년』의 작가로 더 유명해져 있었다.

라싸의 세라사원 승려들의 교리문답인 최라(chora, 措瑞經) 현장

둘은 이후 서로 인도와 유럽을 오가며 라싸에서의 우정을 이어갔고, 서
로를 응원했다. 하러는 2006년 93세 나이로 세상을 떠났고, 달라이 라마는
2023년 현재 아흔을 눈앞에 두고 여전히 인도에서 티베트 망명정부를 이끌
고 있다. 라싸를 떠난 지 64년째이지만 티베트의 독립은 요원해 보인다. 오
늘날 보이는 시진핑 중국의 행태나 위상으로 보아 달라이 라마 14세가 살아
생전 티베트 땅을 밟을 가능성은 거의 없어 보인다.

두 시간 20분짜리 영화 한 편이 낯선 땅 티베트로의 랜선 여행을 떠나게
해주고, 지구상 가장 척박한 땅에서 삶을 영위해가는 사람들에 대해서도 한
번쯤은 생각해 보게 만든다.

환생이 이어지는 땅, 격변의 시대

쿤둔

Kundun, 1997 / 미국 / 마틴 스코세지 감독 / 텐진 듀톱 차롤, 규메 테통

세상 사람들의 장례 문화는 매장(埋葬)과 화장(火葬)이 일반적일 것이다. 티베트 고원에서는 '천장(天葬)'이라는 방식이 통용된다. 하늘에 장례 지낸다? 흙으로 돌아가는 것도 아니요, 불타 없어지는 것도 아닌, '하늘로 올라간다'는 의미다. 육신을 독수리나 까마귀 등 새의 먹이로 바친다 하여 조장(鳥葬)으로도 불린다.

1997년 개봉된 미국 영화 〈쿤둔〉에서 티베트인들의 이런 풍습이 적나라하게 그려진다. 달라이 라마의 부친이 죽어 장례를 치르는 장면에서다. 넓은 고원 들판에서 붉은 옷을 입은 승려들이 경건하게 염불을 외고, 큰 칼을 든 인부들이 사체를 토막 내고 살점들을 잘라내 주변에 던진다. 하늘에서 내려와 기다리던 수십 마리의 독수리 떼가 무섭게 달려들어 살점들을 먹어 치운다. 작업자들이 시신 뼈에 남아 있는 살점들도 하나하나 발라내고, 남은 뼈마저도 모두 잘게 분쇄한 후에 양념을 묻혀 뿌려주면 주변 독수리들이 다시 몰려들어 금세 먹어 치운다.

육신을 독수리 먹이로 바치면 영혼이 하늘나라로 올라간다는 믿음 때문에 천 년을 이어온 티베트인들의 전통 장례 방식이다. 건조한 티베트 고원에선 시신을 묻어도 잘 썩지 않기 때문에 이런 풍습이 생겨났다. 시신이 썩지 않으면 영혼이 하늘로 올라갈 수도 없고, 그러면 내세를 기약할 수도 없다는 믿음 때문이다. 라싸의 세라 사원 뒤나 수미산 카일라스 입구 등 티베트 전역에 천장터가 많다.

마틴 스코세지 감독의 〈쿤둔〉은 같은 해 개봉된 장 자크 아노 감독의 〈티벳에서의 7년〉과 함께 현대 티베트의 모습을 리얼하게 묘사한 서방세계 영화로 꼽힌다. 〈티벳에서의 7년〉이 오락적 요소를 가미한 전형적인 극영화라면 〈쿤둔〉은 담담하고 정적인 기록영화에 가깝다. 두 작품 모두 픽션이 거의 가미되지 않은 실제 이야기에 기반한다. 전자는 달라이 라마와 그의 서방인 친구에 관한 이야기이고, 후자는 달라이 라마의 탄생과 삶을 보여주는 전기 영화이면서 티베트 역사와 문화를 가장 사실적으로 담아낸 작품으로 평가된다. 두 작품 모두 세계적 명장 감독이 수려하게 빚어냈다는 공통점이 있지만, 〈쿤둔〉은 티베트 역사와 문화에 별 관심이 없는 이들에겐 다소 지루할 수도 있다는 단점이 있다.

장차 달라이 라마 14세가 될 어린아이의 환생을 확인하는 영화 속 장면

티베트인들에겐 육신을 아낌없이 보시해야 다음 생에서 더 나은 삶으로 환생할 수 있다는 믿음이 있다. 영화 〈쿤둔〉은 오프닝부터 환생에 대한 이야기로 시작된다. 1933년 달라이 라마 13세는 눈을 감기 전, 자신의 환생에 대한 몇 가지 단서를 유언으로 남긴다. 티베트 조정은 이 유언을 바탕으로 승려들 여러 팀을 지방으로 풀어 보냈다. 티베트를 이끌어갈, 갓 태어난 달라이 라마 환생 아기를 찾아내기 위해서였다. 그리곤 4년 고생 끝에 드디어 티베트 동북단, 중국과의 국경 지대에서 한 아기를 찾아낸다.

태어날 당시의 여러 정황을 부모에게 들어보고 아이에 대한 여러 테스트를 거치는 과정에서 승려 일행은 이 아기가 달라이 라마의 환생임을 확신하게 된다. 선대 달라이 라마가 아니라면 절대 알 수 없는 질문들에 아기가 스스럼없이 답하거나, 바닥에 펼쳐 놓은 여러 물건들 중에서 선대의 유품들만을 자기 것이라며 용케 골라내는 것이다. 영화 속에선 아기가 결정적인 답변과 선택을 하는 순간, 감동에 찬 승려의 표정이 인상 깊게 그려진다. 신앞에 마주한 듯 차마 두 눈을 크게 뜨지 못하고 꿈속처럼 몽롱하게 취한 채자신도 모르게 '쿤둔~' 하며 읊조리는 것이다.

'쿤둔(Kundun)'은 티베트인들이 달라이 라마를 지칭할 때 쓰는 말이다. '살아 있는 신'이란 의미다. 이렇게 해서 몇 년 후 아이는 라싸의 포탈라궁으로 모셔지고 '톈진 갸초'라는 법명을 받아 달라이 라마 14세로 등극하게 된다. 이때가 1940년 그의 나이 6살 때였다. 기구한 운명이 시작되는 것이다. 때는 격변의 20세기, 세계가 두 번째의 세계대전 소용돌이에 휘말려든 때였다. 티베트 땅이라고 예외일 순 없었다.

역사상 티베트의 전성기는 7세기 때 손첸감포가 라싸를 수도로 삼아 토번 왕국을 건립한 시기였다. 당나라 수도 장안을 위협할 정도로 그 위세가 대단했기에 당 태종 이세민은 문성공주를 시집보내어 토번국과의 화친을 도모했다. 이때 다량의 혼수품과 함께 수많은 시녀들이 공주를 따라 라싸로 이주해왔다. 중국 문화가 최초로 티베트에 유입된 시점이다.

이 혼인의 가장 중요한 의미는 불교의 전래였다. 독실한 불자였던 문성공주는 토번으로 시집가면서 다수의 불상과 경전과 불탑 등을 가져갔고, 토번국 왕비로 사는 동안 많은 사찰을 지으며 불교 전파에 힘을 쏟았던 것이다. 문성공주 이후 1,400여 년이 지난 오늘날까지도 티베트인들에게 불교는 의식주만큼이나 중요한 삶의 일부가 되어 있다.

티베트가 중국에 처음 점령된 건 13세기 초 몽골에 의해서였다. 이후 원-명-청에 이르기까지 700여 년간 중국의 직간접 지배를 받아오다가, 1911년 청나라가 멸망하면서 자연스럽게 독립을 선언할 수 있었다. 그러나 40년도 못 되어 티베트는 다시 중국에 합병되고 만다. 2차 대전 후 중국을 통일한 마오쩌둥이 예전 청나라 시대의 중국 영토를 회복한다는 명분으로 쳐들어온 것이다. 백만의 티베트인들이 학살되고 수천의 사원들이 불태워지지만 어린 군주가 할 수 있는 일은 없었다.

영화 〈쿤둔〉에서는 이런 격변의 시대를 맞은 절체절명 티베트의 무기력한 모습이 안타깝게 그려진다.

'종교는 독이오. 마약처럼 정신과 사회를 흐리게 하고 인민을 미혹케 하오. 티베트인들은 종교에 절어서 열등 국민이 되었소.'

달라이 라마가 베이징을 방문할 때 노회한 마오쩌둥이 막판에 뱉어내는 이 말 속에 티베트의 운명의 담겨 있었다. 영화는 25세의 달라이 라마가 라싸를 탈출하여 인도 땅으로 망명하는 것으로 끝이 난다. 1959년 티베트인들의 대대적 반중국 봉기가 실패로 끝난 직후였다. 설산을 넘어 먼 길을 오느라 탈진한 그에게 국경의 인도군이 '당신이 부처시옵니까?'라고 묻고 달라이 라마는 답한다.

'나는 그림자일 뿐이오. 물 위에 비친 달처럼 나를 통해서 그대들 자신의 선한 그림자를 보길 원할 뿐.'

달라이 라마가 라싸를 탈출하고 6년 후 중국 정부는 티베트 땅에 대대적 행정 조치를 취한다. 원래의 티베트 영토는 중국대륙의 4분의 1에 해당될 정도로 넓었다. 서쪽 절반이 우창, 나머지 절반인 동쪽은 다시 북부와 남부로 나뉘어 암도와 캄으로 불렸다. 1965년 중국 정부는 우창 지역만 '서쪽 티베트인들의 땅'을 뜻하는 '시짱(西藏) 자치구'란 새로운 지명을 부여했고, 동부의 암도와 캄 지역은 칭하이, 깐쑤, 쓰촨, 윈난, 4개 성의 일부로 분할 합병시켜 버린다. 원래 영토의 서쪽 절반에만 장족(藏族)인 '티베트' 지명을 부여한 것이고, 나머지 절반인 동쪽 암도와 캄 지역의 티베트인들은 한족 틈바구니에 끼어 사는 소수민족으로 격하시켜버리는 조치였다.

티베트 여행에선 가장 많이 눈에 띄는 게 붉은 옷을 입은 승려들이다. 현지 가이드의 말에 의하면 '승려보다는 눈에 안 보이는 공안 요원 숫자가 더 많다'고 한다. 농담 반 진담 반의 말이지만 그만큼 중국 공안의 감시와 통제가 사회 구석구석에 미치고 있다는 뜻이다. 티베트 여행에서 가장 눈에 띄는 또 한 가지는 중국 국기이다. 외딴 시골이건 여느 도시이건 집집마다 오성홍기(五星紅旗)가 게양되어 펄럭이는 걸 볼 수 있다. 티베트인들의 중국에 대한 충성도가 많이 높아진 모양이라는 여행자의 말에 현지 가이드는 그게 아니라고 한다. 저런 집들 대부분이 정부 지원금 혜택을 받았기 때문이라고 한다. 그만큼 중국 정부는 티베트인들 개인 개인들에게도 스펀지 속 물처럼 침투해 있다는 뜻이다. 중국 정부의 치밀한 계산에 따른 회유책이 수십 년 동안 펼쳐져 왔고, 티베트의 독립은 그만큼 멀어지는 것이다.

2021년 4월 미국 아카데미 시상식 무대에 오른 우리의 봉준호 감독은 '가장 개인적인 것이 가장 창의적'이라면서 객석의 마틴 스코세지 감독에게 특별한 경의를 표했다. 〈택시 드라이버〉, 〈좋은 친구들〉 등 무수한 명작을 만들어낸 거장이 티베트에 대한 특별한 사랑을 담아 만든 작품이 〈쿤둔〉이다. 티베트는 자유여행이 변함없이 어려운 지역이다. 영화 〈쿤둔〉은 그런 티베트의 자연과 문화와 역사를 가장 리얼하게 간접 체험, 간접 여행해볼 수 있게 만들어주는 작품이다.

7

고대 도시의 부활, 여행자의 로망

로마의 휴일

Roman Holiday, 1953 / 미국 / 윌리엄 와일러 감독 / 그레고리 펙, 오드리 헵번

여성 부츠 모양의 이탈리아 반도는 그 옛날 고대 로마제국 영토의 극히 일부였을 뿐이다. 유럽을 넘어 중동과 아프리카까지 잇는 대제국이었던 로마는 오늘날 이탈리아의 수도만으로 쪼그라들었으니 둘의 처지는 뒤바뀐 셈이다. 이탈리아 반도가 지금처럼 통일된 건 1870년이다. 서기 476년 서로마제국이 멸망하고 분열된 이후 처음 이룬 통일이다. 거의 1400년 동안 분열되어 있던 반도는 다시 하나의 국가 체제로 뭉쳤고, 쇠락한 고대 도시 로

마는 이때부터 신생 이탈리아의 수도가 되었다.

　제1, 2차 세계대전의 혼란 속에서 무솔리니의 등장과 몰락을 거치며 이탈리아 반도는 서방세계 공공의 적으로서 집중포화를 받았다. 종전 몇 개월 전까지도 로마는 독일군의 탄탄한 방어벽 안에 있었기에 연합군과의 교전 또한 치열했다. 그만큼 종전 후 복구작업에도 엄청난 땀과 에너지가 쏟아져야 했다. 이탈리아가 패전국의 상처를 씻어내며 점차 서방세계와 한 몸이 되어가던 어느 날, 로마를 배경으로 한 미국 영화 한 편이 개봉되며 큰 인기를 끌었다. 유럽의 수많은 도시들 중 하나에 불과했던 패전국 수도 로마는 이 영화 한 편으로 인해 단숨에 낭만적 분위기의 도시로 세상의 주목을 받게 된다.

　1953년 개봉된 〈로마의 휴일〉은 이렇듯 쇠락한 도시 로마의 위상을 일거에 바꿔 놓았다. 오늘날까지도 로마는 영화 속 그대로 많이 남아 있으면서 세계인들이 선호하는 여행지로 변함이 없다. 영화의 배경지가 무려 70년 동안이나 변함없는 모습으로 남으며 사랑을 받는 일은 극히 드물다. 〈로마의 휴일〉과 함께 로마로 떠나보자.

　로마를 국빈 방문 중인 앤 공주는 빡빡한 일정과 엄격한 예법에 점차 질려간다. 겉으론 우아한 미소로 귀빈들을 맞거나 대중 앞에 서지만 속으론 따분하고 지루해 미칠 지경이다. 자유롭게 이 도시를 이리 기웃 저리 기웃해보고 싶지만 그럴 수 있는 신분이 아니다. 저녁 식사 끝나고 자야 할 시간, 시종들이 나가자 공주는 창밖 야경을 바라보다가 충동적으로 숙소를 탈출(?)해 나온다.

난생처음 맛보는 밤거리 자유 행보, 공주는 일반인들 속에 묻혀 신나게 여기저기를 휘젓고 다닌다. 그러다 잠깐 쉬려고 앉은자리에서 깜빡 졸다 스르르 잠이 들어버렸다. 조금 전 방에서 맞은 신경안정제 주사에 수면제도 들어 있었기 때문이다. 귀하디 귀한 공주가 밤새 길거리에서 노숙하면 안 될 일, 당연히 백마 탄 기사가 멋지게 등장한다. 당시 이미 스타 반열에 올라 있던 배우 그레고리 펙이 로마에서 앤 공주 방문을 취재하는 미국 기자 조 브래들리를 연기한다.

그는 딱해 보이는 젊은 여성을 깨워보는데 술에 취한 건지 횡설수설하며 도무지 정신을 못 차린다. 어쩔 도리 없이 자기 하숙집에 데려가 재웠고, 아침이 되어서야 그녀가 조간신문에 나온 바로 그 앤 공주임을 알게 된다. 특종에 목말라 있던 기자로선 횡재를 만난 셈. 내심으로 이게 웬 떡이냐 하며 기자 신분을 숨기고 공주와 함께 여기저기 돌아다닐 궁리를 한다.

순진한 공주가 브래들리의 꼬임에 넘어가 따라나서며 둘의 로마 여행이 시작되는데, 영화는 이런 두 사람이 만나고 헤어지는 좌충우돌 24시간 동안의 이야기를 담고 있다. 로마를 여행했던 이들에겐 장면 하나하나가 다 눈에 익을 것이고, 아직 안 가본 이들에겐 영화 속 동선을 따라가 보는 것만으로도 충분한 로마 간접 여행이 될 것이다.

영화 화면이 열리면 오프닝 자막과 함께 로마 명소들 여러 곳이 잠깐씩 소개되는데, 타이틀 자막 뒤로는 성 베드로 광장이 멋지게 펼쳐진다. 광장

한가운데 우뚝 솟은 오벨리스크를 중심으로 반원 두 개가 대칭이 되어 하나의 거대 타원을 이루고 있다. 세계에서 가장 작지만 영향력은 최고인 나라 바티칸 시국(市國)의 중심인 성 베드로 대성당 돔에서 내려다보는 광장 정경이다.

이어서 광장 동쪽으로 산탄젤로 성을 통해 테베레강을 건너는 산탄젤로 다리 정경도 비춘다. 포폴로 광장의 유명한 라이온스 분수와 함께 윌리엄 와일러 감독의 이름이 마지막으로 뜨고 나면, 앤 공주의 유럽 주요국 방문을 알리는 요란한 TV 뉴스로 본 영화가 시작된다. 유럽 지배 가문의 일원이라고만 나오고 어느 나라 왕녀인지는 언급이 없다. 런던, 암스테르담, 파리를 거쳐 로마로 왔다고 하는 걸로 보아 이들 지역 왕가는 아니겠다.

로마 시내 명소들은 영화 중반부터 다시 등장하는데 가장 먼저 나오는 곳이 트레비 분수다. 브래들리의 하숙집을 나온 공주가 거리를 배회하다 헤어숍 앞에 이르기 직전에 분수 전경이 화면 가득 실린다. 긴 머리를 과감하게 잘라낸 단발머리 공주가 만족한 모습으로 헤어숍을 나오고 나면 이 영화 중 가장 유명한 장면이 이어진다.

바르카차 분수 바로 앞 스페인 계단에 걸터앉은 공주가 맛있게 젤라토를 핥아 먹는 도중에 기자 브래들리가 우연을 가장해 접근해오는 장면이다. 오늘날까지 얼마나 많은 관광객들이 스페인 계단을 방문했는지, 2019년 여름엔 '앤 공주가 걸터앉았던 그 계단은 문화재 보호 대상에 포함시켜 눕거나 앉으면 벌금 400유로를 부과한다'는 기사도 있었다.

함께 시내 구경 다니자는 브래들리의 제안에 따라 둘이 들러 샴페인을 마시던 카페 로코는 지금은 옷 가게로 바뀌었다고 한다. 로마의 '모든(pan) 신(theon)'들에게 봉헌된 신전인 판테온과는 로톤다 거리를 사이에 두고 있는 위치다. 영화 속에선 두 사람이 앉은 노상 카페 바로 앞으로 거대한 판테온 기둥들이 보이고 대각선 쪽으론 판테온 오벨리스크도 보인다. 영화의 포스터는 두 사람이 스쿠터를 타고 거리를 달리는 모습을 담았다. 베네치아 광장에서 테베레 강변 마르셀루스 극장까지 500m 이어진 마르셀루스 극장 거리도 이 스쿠터 장면으로 많이 유명해졌다.

공주와 기자가 콜로세움을 둘러보고 나오면 소란스러운 스쿠터 질주 에피소드가 이어진다. 흉물스럽게 생긴 진실의 입 또한 이 영화로 가장 유명해진 명소가 되었다. 산타 마리아 인 코스메딘 성당 입구 벽의 대리석 가면 은 거짓말쟁이가 손을 집어넣으면 손이 잘려나간다는 전설이 있었는가 보 다. 로마시대엔 하수구 뚜껑으로 쓰였다는 이 대리석 가면 앞에서 앤 공주 가 브래들리의 장난에 화들짝 놀라며 품에 안기는 장면 때문에, 우리나라 관광객들도 로마에 가면 꼭 찾아가 보는 명소가 되었다. 산탄젤로 성 앞의 테베레강 바지선에서 일어나는 댄스 파티장 해프닝은 영화의 하이라이트 이다. 엄격한 왕가의 공주로선 평생 경험할 수도, 잊을 수도 없는 경험이 될 것이었다.

24시간 동안에 생겨나는 두 사람 사이의 특별한 감정은 과장 없이 절제된 모습으로 묘사된다. 마지막 기자회견장에서야 브래들리가 기자임을 알아차 린 공주의 표정엔 안타까움과 애절함이 가득하다. 모두가 나간 현장을 마지 막으로 터벅터벅 걸어 나오는 브래들리의 무거운 발걸음도 깊은 여운을 남긴다. 영화가 상영된 이래 무려 70여 년 동안 세계의 관객들에게 로마 여행의 로망을 심어준 최고의 라스트신이다.

중견 배우 그레고리 펙과 신인 오드리 헵번 그리고 거장 윌리엄 와일러 감독이 완벽한 호흡을 이뤄 그해 아카데미 10개 부문 후보에 오르고 3개 부문을 수상하는 명작으로 남았다. 특히 윌리엄 와일러 감독은 6년 후 다시 로마를 배경으로 하는 또 하나의 명작 〈벤허〉를 남긴다.

영화 속 배경인 스페인 계단과 바르카차 분수

8

찬란했던 제국으로의 시간 여행

글래디에이터

Gladiator, 2000 / 미국, 영국 / 리들리 스콧 감독 / 러셀 크로우, 호아킨 피닉스, 리처드 해리스

　인류 역사상 가장 찬란했던 제국은 고대 로마일 것이다. 클레오파트라와 카이사르 등 흥미로운 역사의 스토리들은 기원전 로마 시대에 많았으나, 제국의 영토가 가장 방대하면서 위대했던 시기는 팍스 로마나(Pax Romana)로 대변되는 기원후 200여 년 동안이다. 초대 아우구스투스부터 16대 마르쿠스 아우렐리우스에 이르기까지 위대한 다섯 황제 5현제가 있었고, 3대 폭군으로 평가되는 칼리굴라, 네로, 콤모두스 황제의 통치도 모두 이 시기에

해당된다.

오늘날 로마를 여행하는 건 일개의 도시 여행이 아니다. 인류사의 찬란했던 대제국을 둘러보는 여정이 된다. 로마를 둘러보면서 여행자들이 가장 압도되는 순간은 아마 콜로세움에 막 들어설 때일 것이다. 2,000년 전 제국의 도시에 살았던 5만 시민의 함성이 거대한 원형경기장을 뒤흔드는 이명(耳鳴)을 느낄 수도 있다. 상대를 죽여야 자신이 살아남는 검투사들의 피범벅이 잠시 환영으로 나타날 수도 있다. 서로 살아남으려 마지막 안간힘을 쏟아내고, VIP석 황제의 엄지손가락이 향하는 방향에 따라 누군가의 운명이 교차되는 순간의 정적, 그리고 다시 이어지는 함성…….

로마 콜로세움 내부 전경

2001년 아카데미 최우수 작품상 등 5관왕을 휩쓸었던 영화 〈글래디에이터〉는 최전성기 때의 로마제국 현장을 우리에게 리얼하게 보여준다. 제국의 영토를 지켜내려는 위대한 황제의 고뇌와 폭군 황제의 대비, 원로원 등

지배자와 이민족 피지배자들의 극단적 차이 그리고 야만적이며 생생한 콜로세움 현장에서의 혈투 등 극적 요소들이 이 영화 한 편에 오롯이 녹아 있다.

로마는 늑대 젖을 먹고 자란 로물루스 형제에 의해 BC 8세기에 창건됐다. 처음엔 로마 일곱 언덕의 한 귀퉁이에서 자그마한 도시국가로 시작했으나, BC 3세기가 되자 전 이탈리아 반도를 통일하기에 이르렀고, 카르타고의 명장 한니발과의 싸움으로 시작된 포에니 전쟁에서 결국은 승리하면서 아프리카 북부까지 그 세력을 넓혀 나가게 된다. 로마 부흥의 초석을 다진 카이사르가 죽자 양아들 옥타비아누스가 후계를 이어받아 초대 황제 아우구스투스로 등극한 것이 BC 27년이다. 비로소 제국의 길을 열게 됐고 이후 200여 년 동안이 장구한 로마 역사의 최전성기인 팍스 로마나에 해당한다.

당시 제국의 영토는 워낙 넓었다. 영화 오프닝 내레이션처럼 '전 세계 인구의 4분의 1이 로마 황제의 지배 아래에서 살고 죽었다'. 북쪽으로는 이베리아 반도와 갈리아 그리고 브리타니아 섬까지, 서쪽으로는 다뉴브강을 넘어 루마니아, 그리곤 흑해 너머 아르메니아와 메소포타미아까지 망라된 광대한 면적이었다. 제국의 땅으로 둘러싸인 지중해는 로마의 안방이나 다름없는 '내해(內海)'로 불릴 정도였다. AD 180년, 16대 황제 아우렐리우스가 죽으며 내리막을 달리던 제국은 이후 동로마와 서로마로 분열 및 북방 게르만족의 대이동과 함께 AD 476년 서로마제국이 멸망하며 1200년 역사의 종말을 맞게 된다. 아울러 인류 역사도 '고대사' 페이지가 닫히며 '중세' 암흑시

대로 접어들게 되는 것이다.

영화 〈글래디에이터〉는 아우렐리우스 황제가 마지막 전투를 마치고 사망한 AD 180년부터 다음 황제 콤모두스가 폭정을 일삼다 암살되는 AD 192년까지를 배경으로 하고 있다. 부자지간 두 황제의 모습이 극과 극으로 대비된다. 팍스 로마나를 이끈 오현제(五賢帝)의 다섯 번째 성군이었던 부친에 비해 아들은 칼리굴라와 네로를 잇는 세 번째 폭군으로 평가된다.

영화 초반 10분간 전개되는 게르만족과의 전투 장면은 2차 대전 영화 〈라이언 일병 구하기〉와 함께 영화사 최고의 오프닝 명장면으로 기록될 것이다. 전장의 마상에서 직접 전투를 지켜보다가 로마군의 최종 승리가 확인되는 순간 깊게 안도의 한숨을 내쉬는 늙은 황제의 모습은, 마르쿠스 아우렐리우스의 〈명상록〉을 읽은 이들에겐 깊은 감동으로 다가온다. 안락한 로마 궁전이 아니라 국경지대인 도나우 강변 최전선에서 병사들과 동고동락하는 철인(哲人) 황제의 면모를 여실히 확인하기 때문이다.

스토리는 단순한 편이다. 게르만족과의 전투를 매번 승리로 이끌며 황제의 신뢰와 총애를 한 몸에 받아온 가상의 인물 막시무스의 일대기가 중심을 이룬다. 아우렐리우스가 죽은 후 새로 즉위한 황제 콤모두스로부터 질시와 견제를 받아 가족을 잃고 노예로 전락하지만 검투사(gladiator)로 재기하여 결국은 복수한다는 내용이다. 전형적인 권선징악 구도이지만 아카데미 최우수 작품상 등 5관왕이 증명하듯 장면 장면들이 워낙 짜임새 있고 스펙터클 하다. 시공간을 뛰어넘어 옛 로마제국의 역사적 현장들을 두루두루 여행하는 느낌에 젖어들게 해준다.

여러 명배우들의 열연 또한 영화의 몰입도를 높여준다. 콤모두스 황제 역의 호아킨 피닉스는 지난 2019년 작품 〈조커〉에서의 열연으로 미국 아카데미는 물론 각종 영화제에서 남우주연상을 휩쓸었다. 두 작품에서의 두 악인 연기를 통해 한 배우의 20년 연기 변천을 비교해보는 것도 재미있다. 1981년 작 〈사막의 라이온〉에서 앤서니 퀸과 함께 주연을 맡았던 올리버 리드의 노회한 연기도 일품이다.

아카데미 남우주연상의 러셀 크로우의 연기야 말할 것도 없지만 리처드 해리스가 연기한 황제의 모습은 특히 인상적이다. 제국의 일인자라지만 호의호식과는 거리가 멀게 20년 재위 동안 전쟁터에서 늙어버린 철학자의 고뇌와 회한의 모습을 잘 담고 있다. 게르만족과의 마지막 전투의 승리로 제국을 평화의 반석 위에 올려놓았다고 생각하지만, 자신의 아들이 제국의 역사를 내리막길로 내몰 것이라는 사실은 전혀 알지 못한 채 죽는다. 이 작품의 성공은 전적으로 지난 40여 년간 수많은 대작들을 쏟아낸 명감독 리들리 스콧의 연출과 지휘 덕분이다.

지금의 로마는 서울시 두 배 면적에 불과하다. 그 안에서도 초행길의 로마 여행은 테베레강 동쪽 직경 3km 범위의 역사 지구로 향하는 경우가 많다. 이 일대 일곱 언덕 주변에 주요 유적들이 몰려 있기 때문이다. 역사 지구 남쪽 콘스탄티누스 개선문 옆에 자리한 콜로세움을 둘러보는 데는 적지 않은 시간과 에너지가 필요하다. 원형경기장 3~4층에 올라 내려다볼 때는 영화 속 노예들의 혈투에 환호하는 수만 관중의 함성이 들리는 듯 오감이

긴장된다. 무엇보다도, 이런 거대한 구조물이 오랜 세월을 버티며 지금 상
태로 남아 있다는 자체가 신기하고 신비롭다. 2,000년 전 세상을 지배했던
제국의 역량에 대해 깊은 경외감을 느끼게 되는 것이다.

영화 속 게르만 전장의 마르쿠스 아우렐리우스 황제와 주인공 막시무스

9

잉글랜드의 황무지, 무어로의 여행

폭풍의 언덕

Wuthering Heights, 1992 / 영국 / 피터 코스민스키 감독 / 랄프 파인스, 줄리엣 비노쉬

170년 전 잉글랜드 북부 지역에선 영국 문학사에 길이 남을 중요한 일이 있었다. 시골 촌구석 출신의 자매가 거의 동시에 대단한 소설을 한 권씩 출간한 것이다. 언니인 샬롯 브론테가 『제인 에어』를 발표했고, 몇 달 후에는 동생 에밀리 브론테가 『폭풍의 언덕』을 발표했다. 언니의 작품은 출간과 동시에 호평을 받으며 성공했다. 동생 에밀리는 자신의 책 출간 반응이 시원치 않은 상태에서 폐결핵으로 이듬해 생을 마쳤다. 서른 살의 짧은 생이었

다. 두 자매의 문학적 토양은 어릴 적부터 살았던 황량한 벽촌 마을이었다. 요크셔의 황무지 땅, 헤더 꽃이 초원을 덮는 무어랜드(moorland)가 늘 작가와 함께 있었기에 두 권의 명작이 탄생할 수 있었다.

영화 〈폭풍의 언덕〉이 보여주는 이미지는 남녀가 말 달리고 사랑을 나누던 요크셔의 무어(moor)와 그 위에 찬란했던 보라색 헤더(heather) 꽃밭의 모습이다. 원제 '워더링 하이츠(Wuthering Heights)'는 황량한 들판의 언덕 위에 자리 잡은 외딴 저택의 이름을 일컫는다. 등장인물들의 3대에 걸친 사랑과 증오가 뒤엉켜온 삶의 현장이다.

'처음 이 집을 발견했을 때 누가 살았을까 궁금했다. 어떤 삶이었을까? 마음속으로 속삭임이 들려왔고 난 글을 쓰기 시작했다.'

1992년 개봉된 영화 〈폭풍의 언덕〉은 작가의 이런 내레이션으로 시작된다. 원작 소설의 시작도 비슷하다.

'영국을 통틀어도 세상의 소음으로부터 이렇게 완전히 동떨어진 곳을 찾을 수는 없을 것 같다. 사람을 싫어하는 자에겐 다시 없는 천국이다.'

폭풍의 언덕에 있는 저택 '워더링 하이츠'의 주인 토마스 언쇼에게는 어린 남매가 있다. 장남 힌들리와 여동생 캐시다. 언쇼는 리버풀에 갔다가 고아소년 히스클리프를 데려왔다. 소년이 불쌍하기도 했고 뭔가 모를 끌리는 점이 있어서였다. 언쇼의 장남 힌들리는 아버지의 사랑을 받는 히스클리프를 증오하지만, 여동생 캐시는 그를 친오빠 이상으로 좋아하고 운명처럼 서로는 사랑에 빠지게 된다.

아버지 언쇼가 죽고 재산을 상속받은 장남 힌들리는 히스클리프를 학대하기 시작하고 그를 하인처럼 다룬다. 그토록 사랑했던 캐시마저 근처의 대저택 상속자인 에드가 린튼과 결혼하게 되자 큰 상처를 입은 히스클리프는, 폭풍우가 몰아치던 어느 날 워더링 하이츠를 떠나버린다. 몇 년 후 부자가 되어 돌아온 히스클리프는, 알코올 중독에 빠진 힌들리의 빚을 갚아주면서 워더링 하이츠를 자기 소유로 접수하고 복수를 시작한다.

평생 동안 캐시만을 지고지순하게 사랑한 히스클리프의 집착은 광기가 되어 캐시가 죽은 후까지 이어진다. 그들 각자의 2세 아들과 딸들의 인생에까지 그 광기가 파급되어가고, 히스클리프의 죽음에 이르러서야 그 불행한 사랑은 끝이 난다.

복수의 화신, 사이코 정도로 독자들에게 각인돼 있던 히스클리프는 영화에선 평생 한 여성에게만 헌신한, 외롭고 가련한 영혼이나 다름없이 그려진다. 욕심을 쫓아 배반한 여인으로만 기억될 수 있는 캐시 또는 캐서린도 영화에선 그 반대로 그려진다. 사랑하는 사람을 향한 죄의식에 평생을 시달리며 살다 간 불행한 여인이다.

잉글랜드 북부 요크셔 지방의 황무지, 무어랜드를 직접 걸어본다는 건 영화 〈폭풍의 언덕〉 속 남녀 주인공의 일상을 직접 경험해보는 일이다. 불우한 삶을 살았던 브론테 자매의 인생을 훔쳐보는 일이기도 하다. 거친 바람과 폭우 속에 황량한 벌판을 말 달리던 히스클리프와 캐서린, 두 남녀의 모습이 환영으로 보일 수도 있다.

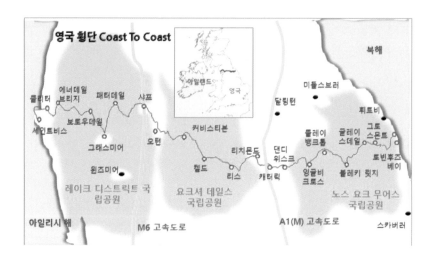

브론테 가문의 세 자매인 샬롯, 에밀리, 앤의 인생은『폭풍의 언덕』소설만큼이나 어둡고 불운한 삶이었다. 큰 언니 샬롯 브론테의『제인 에어』는 출판되자마자 돌풍을 일으켰지만, 동생 에밀리의『폭풍의 언덕』은 출판 직후부터 혹평을 받았다. 폐결핵을 앓던 에밀리는 출판 후 얼마 안 되어 30세의 나이로 사망했다. 막내 앤 브론테도 같은 병이었고 이듬해 29세의 나이로 세상을 떠났다.

동생들에 비해 행운이 따랐고 결혼까지 하여 행복하게 사는가 싶었던 큰 언니 샬롯도 임신 중 입덧이 악화되어 39세의 나이로 사망했다. 죽음의 그늘이 항상 세 자매 주위를 따라다녔나 보다.

에밀리가 두 살 때 부모와 함께 이사해 정착한 요크셔의 무어 지역은 자매에겐 문학적 상상력을 키워준 토양은 되었지만, 안온한 생활의 터전은 못

되었던 것 같다. 그럼에도 『폭풍의 언덕』을 쓰면서 에밀리는 황무지 무어를 무척이나 사랑했던 모양이다.

잉글랜드 북부에 광활하게 펼쳐지는 황무지인 무어(moor) 지역 전경

'내 동생 에밀리는 무어를 무척이나 사랑했어요. 동생은 무어에서 황량한 고독을 느끼면서도 진정한 자유를 맛보았어요.'

샬롯 브론테는 동생 에밀리가 죽은 후 그녀의 무어 사랑이 병처럼 깊었다고 어느 편지에서 술회한다. 요크셔의 무어 지역을 걸으며 느낄 수 있는 황량한 아름다움은, 오래전 살았던 불우한 여작가의 마음속에도 늘 가득 차 있었을 것이다. 자매가 살았던 당시나 지금이나 요크셔 무어의 정경은 별다른 차이가 없을 듯하다.

"아, 저 바람을 쐬게 해주세요. 황야를 건너 똑바로 불어오는 저 바람, 단 한 번만이라도 마시게 해줘요⋯."

1993년 이 작품에서 광기의 남주인공 히스클리프 역을 소화한 랄프 파인즈는 이듬해 스티븐 스필버그 감독의 〈쉰들러 리스트〉에서도 열연했다. 여주인공 캐서린과 딸까지 2인 역할을 훌륭하게 연기한 줄리엣 비노쉬는 〈프라하의 봄〉, 〈퐁네프의 연인들〉, 〈세 가지 색 블루〉 등으로 유명한 대배우다. 이 작품에서 호흡을 맞춘 두 남녀 배우는 몇 년 후 〈잉글리시 페이션트〉라는 명작에 두 주인공으로 연기하여, 이 작품을 아카데미 최우수 작품상으로 만들기도 하였다.

29세 젊은 나이에 눈을 감은 막내 앤 브론테는, 영국 횡단길 CTC가 끝나는 종착지 근처 도시 스카버러에 묻혀 있다. 사이먼 가펑클의 노래 〈스카버러의 추억〉에 나오는 그 도시다. 북해를 내려다보는 스카버러 언덕 위 교회에 그녀의 묘와 묘비가 있다.

10

아픔의 땅 아일랜드의 슬픈 역사

보리밭을 흔드는 바람

The Wind That Shakes The Barley, 2006 / 영국 등 5개국 / 켄 로치 감독 / 킬리언 머피

독립운동을 함께 했던 형제가 해방이 되자 엇갈린 운명을 맞는다. 형은 우선 남쪽만이라도 단독정부를 세우자는 편에 서고, 동생은 남북 간 민족 분열은 막아야 한다며 반대한다. 얼른 자치권을 갖고 독립 국가로서의 기틀을 다져 놓는 게 우선이라는 형의 생각과는 다르게 동생은 조금만 더 투쟁하여 남과 북이 통일된 조국으로 가야 맞다는 주장인 것이다. 거대한 파도처럼 휘몰아오는 대세 앞에서 각자의 신념에 충실했던 형제의 삶은 결국은

비극으로 치닫는다.

강제규 감독의 영화 〈태극기 휘날리며〉를 연상시키듯 우리 한반도에 살았을 어느 형제의 이야기 같지만 아니다. 아일랜드 현대사의 비극을 다룬 영화 〈보리밭을 흔드는 바람〉의 이야기다. 아일랜드 역사는 우리와 많이 닮았다. 영국과 일본이라는 강국을 이웃으로 둔 불운이 각자의 역사에 큰 불행을 안겼다. 세계대전의 와중에 독립은 되었으나 남과 북으로 두 동강 난 채 분단이 굳어졌다는 점 또한 닮았다.

아일랜드는 12세기 헨리 2세가 침공해오면서 영국의 지배가 시작됐다. 이후 영국 본토와 인접한 북아일랜드로 영국인들이 대거 이주해오면서 문제가 커졌다. 가톨릭인 아일랜드 원주민과 개신교인 영국 이주민 사이는 물과 기름의 관계였던 것이다. 이때부터 생긴 종교 갈등이 이후 아일랜드에 시련의 역사를 안겨줬다. 1922년 아일랜드는 750년 만에 영국으로부터 독립은 했지만 남쪽만의 반쪽짜리 독립이었다. 북아일랜드는 영국에서 이주해간 개신교도들이 수백 년 대를 이어오며 사회의 주류를 형성했기에 당연히 영국의 일부로 남기를 원했던 것이다. 그러나 비주류로 전락한 원주민 가톨릭교도들은 반대였다. 북아일랜드까지의 독립을 주장하며 IRA 무장대를 결성해 항쟁에 나섰다. 1972년 '피의 일요일(Bloody Sunday)' 사건 등 참혹한 분쟁으로 얼룩진 북아일랜드 문제는 2005년이 되어서야 영국과 IRA 간 평화협정으로 겨우 종결이 되었다.

〈보리밭을 흔드는 바람〉은 아일랜드가 영국으로부터 독립되는 1920년대 초반의 두 형제 이야기다. 녹색 들판에서 열댓 명의 젊은이들이 켈트족 전통 스포츠인 헐링(hurling)을 즐기는 장면으로 영화는 시작된다. 과격한 태클과 몸동작들로 서로 부딪히며 경쟁하지만 정겹고 평화로운 시골 풍경이다. 곧이어 영국군이 들이닥치며 분위기는 험악해진다. 모든 집회가 금지돼 있는데 스포츠 경기도 예외가 아니라는 것이다. 영국군과의 실랑이 과정에서 소심하게 반항했던 청년 한 명이 할머니와 누나가 보는 앞에서 구타당해 죽음에 이른다. 그러나 마을 사람들은 속수무책이다. 오랜 식민 지배하에 살아온 약소민족의 설움인 것이다.

주인공 데미언은 런던 유명 대학병원에 취업을 앞둔 예비 의사다. 의대 졸업 후 잠깐 고향에 돌아와 머물고 있다. 유일한 혈육인 친형 테디와 마을 선후배들이 IRA에 가입해 영국과 투쟁하는 모습을 지켜보며 응원은 하지만 끝내 영국을 이길 수는 없다고 생각한다. 혼자만 부귀영화를 좇아 고향을 떠난다는 죄책감 속에 런던행 기차에 오르려 하다가 작은 사건에 휘말리며 생각을 바꾸게 된다. 고향에 남아 친형 테디와 마을 동료들과 함께 영국에 맞서 무장투쟁을 벌이며 열혈 IRA 대원의 길을 걷게 되는 것이다.

곧이어 독립의 날은 오지만 형제의 비극은 이때부터 시작된다. 북아일랜드는 영국 땅으로 남겨둔 채 남쪽만 독립하는 조약에 찬반양론이 엇갈리며 동족끼리 내전이 불붙은 것이다. 현실과 대세를 따르는 형 테디와 이상과 원칙을 고수하는 동생 데미언의 운명도 원치 않던 방향으로 내몰리게 된다.

영화 〈보리밭을 흔드는 바람〉은 우리에게 아일랜드인들의 정서를 일깨워주는 작품이다. 그들이 거쳐 온 현대사의 아픔들이 너무나 안타깝게 다가오면서 우리네 역사를 돌아보게 한다. 묘한 동질감과 유대감을 불러일으키기에 충분하다. 여행지로서의 아일랜드는 아직까지 우리에겐 유럽의 다른 나라들처럼 그리 친숙하진 않은 듯하다. 영국에 인접한 섬나라이지만 머나먼 변방의 한 귀퉁이처럼 멀게 느껴지기도 한다. 영화 속에 비치는 아일랜드의 자연은 장엄하진 않지만 정겹고 아늑하다. 높지 않은 산과 야트막한 구릉들이 부드럽게 늘어섰고 사이사이 초록 벌판 한가운데에 꼬불꼬불 샛길들이 길게 이어진다. 굶주림에 지친 고단한 민초들의 한숨과 땀방울로 다져진 길들이다.

아일랜드를 도보 여행한다면 더블린 남부의 위클로웨이(Wiclow Way) 132㎞를 일주일 걸어보는 게 제격이다. 영화에서 보여주는 아픈 역사의 상흔들을 고스란히 느껴볼 수 있다. 영국군을 피해 산속으로 숨어든 IRA 대원들이 피땀을 쏟던 숲과 골짜기가 이어지고, 그들을 소탕하려 영국군들이 산길을 내고 군용 도로로 만든 밀리터리 로드(Military Road)가 곳곳에 산재해 있다.

1922년의 아일랜드 독립은 1916년 4월의 부활절 봉기로 촉발된 결과다. '이스터 라이징(Easter Rising)'으로 불리는 이 봉기 때 수많은 열사가 항쟁하다 붙잡혀 처형됐다. 이들의 대표 격인 인물 패트릭 피어스와 제임스 코널리를 영화 속에선 두 번에 걸쳐 환기시켜준다. IRA 대원들이 모여 전장을 이동하는 장면에서 그들은 전통 민요에 패트릭 피어스가 직접 가사를 붙인 노래 〈오로 쉐더 바 어왈라(Óró sé do bheatha abhaile)〉를 함께 부른다. 일제강점기의 우리 선조들이 만주 벌판에서 아리랑을 부르는 모습을 연상시킨다. 또 다른 장면은 주인공 데미언의 말을 통해서다. '영국군을 몰아내도 그들은 지주와 자본가와 상권을 통하여 아일랜드를 계속 지배할 수도 있으니 경계해야 한다'는 제임스 코널리의 연설 내용을 데미언이 인용하는 것이다.

아일랜드 더블린 남부의 도보여행길 위클로웨이(Wiclow Way) 전경

영국에 맞서 싸운 이들 아일랜드 독립 영웅들의 자취는 더블린 도심을 여행할 때 생생하게 접해볼 수 있다. 인파가 몰리는 전철역에도 이들의 이름이 녹아 있다. 더블린을 가로지르는 리피강을 사이에 두고 강 남쪽 피어스 역과 강 북쪽 코널리 역이 두 구간 떨어져 위치한다. 패트릭 피어스와 제임스 코널리의 이름에서 연유된 지명이다.

더블린 도심을 강북과 강남으로 가르는 리피강 전경

강북 중심가 오코넬 거리에 있는 중앙우체국(GPO)은 부활절 봉기 때 사령부 역할을 했던 건물이다. 총탄 자국 등 당시의 흔적들이 보존된, 아일랜드 독립의 성지로 간주된다. 강남의 서쪽 외곽에 위치한 킬 마이넘 감옥은 당시의 독립투사들이 수감되고 처형된 곳이다. 우리의 서대문형무소와 유사하다.

영화 제목 〈보리밭을 흔드는 바람〉은 아일랜드 민요 〈The Wind That Shakes the Barley〉에서 따왔다.

'골짜기에서 불어오는 바람이 금빛 보리밭을 흔들어도

분노에 찬 말들로 우리를 묶은 인연을 끊어 놓기는 힘들 거야.'

영국군 폭력에 희생된 청년의 시신 옆에서 마을 여인이 이 민요를 부르는 장면에서 흘러나온다.

'조국이란 게 분명 이렇게까지 할 가치가 있는 거겠죠?'

밀고죄로 어린 후배를 처형해야만 할 상황에 놓인 주인공 데미언의 이 말은 영화 속 인물들의 아픔과 고뇌를 대변한다.

신념에 따라 살다 간 사람들의 이야기는 언제나 깊은 여운을 남긴다. 영화 한 편으로 멀리 아일랜드라는 나라를 여행하고, 우리와 같은 아픔을 지녔던 사람들의 역사를 만나본다.

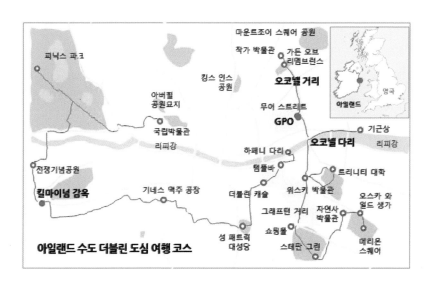

동과 서로 흩어진 인류, 최초의 만남

1492 콜럼버스

1492: The Conquest Of Paradise, 1992 / 영국 등 4개국 / 리들리 스콧 감독 / 제라르 드 빠르디유

스페인 바르셀로나 여행자들에겐 그라시아 거리와 람블라스 거리가 방문 우선순위 다섯 손가락 안에 들 것이다. 카탈루냐 광장을 사이에 두고 신시가와 구시가가 남북으로 길게 이어진다. 카사밀라와 구엘 저택 등 가우디 건축도 몰려 있고 오랜 역사의 고딕 지구도 바로 인근이다. 구시가 람블라스 거리가 끝나는 남쪽 해안 포르트 벨(Port Vell) 광장에 이르면 하늘로 솟아오른 거대한 탑 하나가 주변을 압도한다. 신대륙을 발견하고 이곳 바르셀

로나항으로 개선했던 크리스토퍼 콜럼버스의 기념탑이다.

높이 60m의 탑 꼭대기에 우뚝 서서 서쪽을 가리키는 이탈리아인 콜럼버스의 위용은 스페인 사람들이 그를 얼마나 사랑하는지, 그를 통해서 얼마나 큰 자부심을 느끼는지를 여실히 보여준다. 바로 인근 1km 거리에는 그의 강력한 후원자였던 이사벨 여왕이 금의환향한 영웅을 환영하며 맞았던 왕의 광장(Plaza del Rei)도 중세 유적 공간으로 남아 있다. 원래부터 있어온 인디언들의 땅이었는데 '신대륙의 발견' 운운하는 자체가 지극히 서구 중심적 표현이지만, 어쨌든 오늘날의 세계질서는 530년 전 서쪽 바다로 나가 대서양을 최초 횡단한 콜럼버스에게서 비롯되었음은 주지의 사실이다.

1992년 개봉된 〈1492 콜럼버스〉는 콜럼버스의 아메리카 대륙 발견 500주년에 맞추어 제작된 다국적 대작 영화다. 〈에이리언〉, 〈블레이드 러너〉, 〈델마와 루이스〉 등으로 이미 세계적 명성을 얻고 있던 명장 '리들리 스콧'이 제작과 감독을 맡았다. 미지의 세계로 향한 꿈과 열정에 인생 전체를 걸었던 한 몽상가의 성취와 몰락과 회한의 역사가 아름다운 영상과 웅장한 음악에 실려 두 시간 반 동안 펼쳐진다.

15세기 후반 유럽인들에게 서쪽 바다는 그야말로 미지의 세계였다. 마녀사냥으로 애꿎은 여인들을 화형시키는 광기에, 지구가 둥글다고 말하면 신을 모독하는 것이 되는 무지의 시대였다. 땅은 물론 바다도 평평하기에 배 저어 서쪽 멀리 가다 보면 바다 끝은 낭떠러지라 지옥으로 떨어질 수 있다는 믿음이 일반적이었다. 영화 속 대사처럼 '황혼이 지는 바다 저편은 누구도 엄두를 낼 수 없었다. 그곳은 바로 무한이었기 때문이다.' 바다 멀리 보이던 배 한 척이 수평선 아래로 서서히 사라지는 모습을 어린 아들에게 보여주는 장면으로 영화는 시작된다. 지구는 둥글다고 믿고 있던 선각자 콜럼버스가 이를 아들에게 실증으로 설명해 주는 장면이다.

당시 동양에서 어렵게 들여온 향료는 육류가 주식이던 서양인들에겐 비싸지만 매력적인 조미료였다. 마르코 폴로의 '동방견문록'이 나온 지 200년이 가까워지며 중국과 인도는 향료와 비단과 황금이 넘쳐나는 낙원으로 모두가 동경하는 땅이 되어 있었다. 하지만 동쪽으로 가는 길이 문제였다. 지중해를 건너 터키를 지나야 하는 육로는 강력한 오스만 제국이 기독교인들의 출입을 막고 있어 통과가 어려웠고, 아프리카 대륙의 희망봉을 돌아가야 하는 뱃길은 1년이 걸리는 너무 먼 거리라 엄두가 안 났다. 이런 시대에 항해술과 해상 지도에 밝았던 콜럼버스는 서쪽 바다로 가는 제3의 길로도 인도에 닿을 수 있다는 신념을 갖게 되었다. 이를 실행에 옮기려 포르투갈 등 여러 왕조 고위층을 만나 투자를 요청했지만 모두 거절당하다가 마지막으로 설득이 통한 이가 스페인 카스티야 왕국의 이사벨 여왕이었다.

이사벨은 아라곤 국왕 페르난도와 혼인해 연합왕국을 탄생시킨 이래 20년 넘게 두 왕국을 공통 통치해오던 중이었고, 콜럼버스의 후원 제의를 수락할 당시는 남쪽의 그라나다 왕국을 함락시켜 700년 만에 이슬람 무어인들을 몰아내고 스페인을 완전히 독립시킨 직후였다. 이웃인 포르투갈이 동양으로 향하는 아프리카 항로를 개척하여 해상무역을 선점해 가는 데에 자극을 받고 있던 터였다. 신항로를 개척하면 식민지 제국으로 번영을 이룰 수 있다는 기대감이 콜럼버스를 후원하게 된 계기로 작용했다.

세계사의 흐름을 바꿔 놓은 여왕과 몽상가의 만남 후 1492년 8월 3일 초저녁, 콜럼버스 일행이 스페인 남부 팔로스항을 출발하는 영화 속 장면은 반젤리스의 음악과 함께 상당히 성스럽고 웅장한 분위기의 영상으로 그려진다. 100여 명이 세 척의 배에 나눠 탔고, 그 속에는 선원 외에도 의사나 목수 또는 아랍어 통역사 등 다양한 부류의 전문가들이 포함되어 있었다.

망망대해를 바라보며 서쪽으로 서쪽으로 향해가던 콜럼버스는 당초 기대했던 한 달이 아닌 70일이 걸려 드디어 새로운 땅에 닿는다. 지금이야 우리가 아는 대로 북미대륙의 바로 턱밑인 바하마 제도의 자그마한 섬에 불과했지만, 콜럼버스는 자신이 발견한 그곳이 인도의 일부라는 믿음을 죽을 때까지 버리지 못했다. 당시 원주민들에겐 과나하니섬으로 불렸으나, 콜럼버스는 '성스러운 구세주'란 의미를 넣어 '산살바도르'란 새 이름을 붙였다. 그리곤 바로 인근 쿠바섬을 거쳐 지금의 히스파니올라섬의 아이티에 내려 이 일대를 식민지로 삼을 준비를 해 두고 이듬해 3월 스페인으로 금의환향한다.

근 8개월 만에 돌아온 콜럼버스가 이사벨과 페르난도 국왕 부부의 환대를 받으며 국가적 영웅이자 신세계의 부왕 지위를 부여받는 장면까지가 영화의 절반에 해당한다. 전반부가 미지의 세계를 향한 꿈과 희망과 설렘으로 충만했다면 영화 후반부는 냉혹한 현실 속에서 인간 군상들의 탐욕이 빚어내는 폭력과 야만이 스크린을 가득 메운다. 이어지는 두 번째 항해부터 콜럼버스가 원주민들을 대상으로 얼마나 잔인한 살육과 만행을 저질렀는지를 아는 이들은 영화 속 후반 전개가 다소 낯설 수도 있다. 역사적 사실과는 다르게 인디오들을 끝까지 감싸고 보듬으려 애쓰는 인도주의자의 모습으로 미화되기 때문이다.

그러나 영화 결말에 보여주는 콜럼버스의 말년은 그의 실제 모습 그대로였을 듯하다. 실패한 인생으로 판가름이 되어버린, 미련과 아쉬움과 회한으로 가득 찬 노년의 모습이다. 스페인 남부 세비아 대성당에 모셔져 있는 콜럼버스의 유해와 관은 네 명의 옛 스페인 왕들이 떠받치는 형태로 공중에 떠 있다. 든든한 후원자였던 이사벨 여왕이 죽고 난 후 왕실의 무심과 냉대 속에 모든 걸 잃고 떠돌다 눈을 감은 그다. '다시는 스페인 땅을 밟지 않겠다'는 원망 가득한 유언을 남긴 그를 후대의 스페인 사람들은 깍듯이 배려한 것이다.

당대에는 실패자의 신분으로 눈을 감았지만, 그가 원망했던 스페인은 그

가 마련해 놓은 신대륙 발판 덕택에 대서양과 중남미 대륙을 주름잡는 초강
대국으로 번영할 수 있었다. 물론 아메리카 대륙의 원주민들에겐 정반대의
비극을 가져왔지만 말이다. 영화를 통해서는 정의와 불의 또는 선과 악 같
은 역사의 다양한 면들에 너무 함몰되지 않아도 될 것이다. 몽상가로 불렸
던 한 인물이 평생의 꿈을 쫓아 미지의 세계로 향했던 그 여정을 우리는 그
저 스크린을 따라 함께 여행하면 된다. 그 과정에서 우리가 간과했던 인생
의 다양한 이면도 되돌아보는 계기가 될 것이다.

스페인 세비야대성당에 있는 콜럼버스의 유해가 담긴 관 (출처: 위키백과)

과라니족의 고향, 이과수 폭포의 아픔

미션

The Mission, 1986 / 영국 / 롤랑 조페 감독 / 로버트 드 니로, 제레미 아이언스

브라질 상파울루 버스터미널에서 초저녁 6시 반 장거리 우등 버스에 올랐다. 포즈 드 이과수까지 열다섯 시간을 달리는 밤샘 버스는 침대차만큼이나 안락했다. 다리를 쭉 펴고 뒷자리로 좌석을 거의 눕힐 수 있어 잠들기도 편했다. 남미에서의 장거리 이동에선 밤샘 야간 버스가 숙박비와 시간을 아끼는 일석이조 효과가 있다. 브라질 쪽 이과수 폭포 매표소로 입장하면 2층 버스에 올라타 잠시 이동한 뒤 내린다. 1차 전망대에 이를 때부터 거대 폭

포들이 멀리서 그 모습을 드러낸다. 첫 대면부터 충분히 압도적이다. 푸르른 밀림 한가운데에 칼로 무를 벤 듯 절벽들이 수직으로 잘린 형상이다. 베어진 단면에서 하얀 포말의 폭포수들이 여러 갈래로 밀림을 뚫고 나와 절벽 아래로 내리꽂히고 있다.

뭉게뭉게 피어난 뽀얀 물안개가 폭포 주변을 신비롭게 감싸 돌고, 편안한 데크길을 따라 폭포 아래 근처까지 온통 관광객들로 북적거린다. 한결같이, 놀라고 감탄하는 모습들이다. 둘째 날은 아르헨티나 쪽으로 입장해 하루 종일 폭포와 함께했다. 너무도 역동적인 정경들이라 전날의 브라질 쪽은 싱겁게 느껴졌다. 아르헨티나 쪽 이과수 폭포를 보고 나면 이제 세상의 다른 폭포는 더 이상 볼 생각이 없어진다. 이 지구상에서 폭포를 보며 감탄할 일은 다시 없을 테니까 말이다.

영화 〈미션〉은 '선교'라는 제목부터 종교적인 색채를 풍기긴 하지만, 종교와 무관하게 많은 영화팬들을 감동시킨 명작이다. 〈킬링 필드〉로도 유명했던 롤랑 조페 감독이 인생 통틀어 가장 아름다운 영상을 만들어냈다. 그해 미국 아카데미 시상식 촬영상과 골든 글로브 음악상 그리고 칸 영화제 황금종려상에 빛나는 명작이다. 영화음악의 거장 엔리오 모리코네도 자신이 음악을 맡은 수십 편의 영화 중 이 작품을 다섯 손가락 안에 꼽을 것이다. 영상과 음악의 완벽한 조화였다. 영화를 더 도드라지게 인상 심어주는 건 역시, 영화 속 배경이자 촬영지였던 남미의 이과수 폭포다.

브라질 동쪽에서 발원하여 서쪽 내륙으로 수백 킬로미터 달려온 이과수 강은 하류에서 브라질과 아르헨티나의 국경이 된다. 그리곤 파라과이와 아르헨티나의 국경을 이루는 피라니아강으로 합쳐진다. 이과수 폭포는 이과수강이 피라니아강으로 합쳐지기 직전 두 나라 국경에 위치한다. 나이아가라와 빅토리아를 압도하는 세계 최대의 폭포다.

16세기 중반 에스파냐 탐험가에 의해 이 폭포가 처음 발견되었다지만 남미 인디오들에겐 조상 대대로의 삶의 터전이었다. 외지에서 온 유럽인들이 그곳을 처음 방문했을 뿐이다. 그보다 20여 년 전인 16세기 초반 에스파냐의 에르난 코르테스가 멕시코의 아스텍 문명을 정복했다. 그로부터 10여 년 지나 이번엔 프란시스코 피사로가 페루의 잉카 문명을 단숨에 무너뜨렸다. 이후 중남미 전 지역은 에스파냐와 포르투갈의 땅따먹기 각축장이 되었다.

현재의 파라과이 수도 아순시온은 그 당시 에스파냐와 포르투갈 지역인 이베리아 반도 사람들이 이주해와서 터를 잡아 살고 있었다. 이들은 원주민들을 잡아 노예로 부리고 있었는데, 그들에게 원주민 노예는 부를 축적하는 가축과도 같았다.

여기까지는 역사적 사실이고, 이어지는 이야기는 영화 〈미션〉의 줄거리다. 원주민 인디오들을 사냥(?)하여 노예로 팔아 돈벌이하는 악랄한 에스파냐인 멘도사, 그는 자기 애인과 친동생이 불륜 관계임을 우연히 알게 된다. 충격을 받아 격분한 끝에 우발적으로 동생을 죽이게 된다. 살인죄로 복역하며 절망의 나날을 보내던 그에게 참회의 기회가 주어졌다. 이과수 폭포 위 밀림 지역에서 스페인 국가 차원으로 진행되는 원주민 선교 활동을 돕는 것.

그곳엔 과라니족을 크리스천으로 만들기 위해 가브리엘 신부가 악조건 밑에서 선교 활동을 벌이고 있었다. 조건부 석방된 주인공 멘도사가 폭포 위로 올라가 합류하고, 노예 사냥꾼과 동생 살인범으로서의 자신의 죄를 참회하며, 원주민들과 어울려 낙원에서의 보람 있는 삶을 영위하는 장면들이 영화의 전반부다. 그리곤 비극으로 이어지는 후반부와 결말.

남미 개척 초기였던 당시, 에스파냐와 포르투갈 두 나라 사이엔 식민지 영역 다툼이 많았다. 국경을 조정하는 새로운 조약이 두 나라 사이에 맺어지면서, 여태껏 스페인 소유였던 과라니족의 땅이 포르투갈 쪽으로 넘어가게 되었다. 영화 속 신부와 과라니족 원주민들은 자신들이 일궈놓은 터전에서 떠나야만 한다. 신부와 멘도사는 각자 다른 방법으로 원주민들을 이끌고 포르투갈 무장 군인들에게 맞선다. 그러나 결말은 이미 정해져 있는 상태다. 모두가 포르투갈 점령군에게 사살되고, 원주민 아이들 일부만 살아남는 비극으로 영화는 끝이 난다. 마지막 장면을 장식하는 '가브리엘 오보에'의 아련한 멜로디가 슬픈 영상과 함께 오래 기억 속에 남게 된다.

'이과수(Iguazu)'라는 이름은 이 지역 과라니족들의 감탄사 한 마디에서 비롯됐다고 한다. 멀고 먼 옛날, 그들의 조상 중 누군가가 이 폭포를 처음 대면하곤 무심코 "우와! 대단한 물이네!"쯤으로 소리를 질렀는가 보다. 이구(Igu)는 '물', 아수(Azu)는 놀랄 때 쓰는 감탄사 '아!'가 어원이란다. 루스벨트 미국 대통령 부부가 이곳을 방문했을 때 영부인 엘리노어 여사가 감탄하며 내뱉었다는 한마디도 비슷하다. "Oh, poor Niagara!(어쩌나, 가련한 나이아가라!)" 이과수를 처음 본 영부인은 예전에 만났던 나이아가라 폭포쯤은 꽤나 초라하고 안쓰럽게 느껴졌던 것이다.

이과수 폭포 일대를 걷고 나서 영화 〈미션〉을 다시 보면 이전엔 놓쳤던 장면들이 더욱 생생하게 다가온다. 살아남은 인디오 아이들 아홉이 조그만 보트를 타고 새로운 땅으로 노 저어 가는, 영화 속 엔딩 자막도 여운을 더한다.

'The light shines in the darkness and the darkness has not overcome it.(어둠 속에 한 줄기 빛이 비친다. 어둠은 결코 빛을 이겨본 적이 없다.)' – 요한복음 1장 5절

거대한 블랙홀이 세상의 모든 걸 어둠 속으로 빨아들이지만 한 줄기 빛은

여전히 남는다. '악마의 목구멍(Garganta del Diablo)'이 이과수강의 모든 물줄기를 빨아들이지만 거대한 폭포 아래에선 새로운 흐름이 다시 시작되는 것이다.

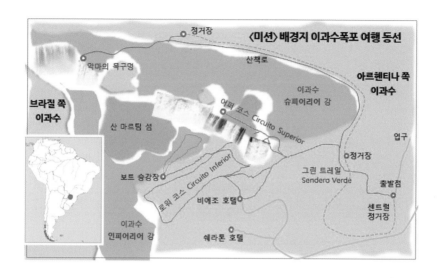

죽기 전에 꼭 해보고 싶은 것들

버킷리스트

The Bucket List, 2007 / 미국 / 로브 라이너 감독 / 잭 니콜슨, 모건 프리먼

10여 년 전 『죽을 때 가장 후회하는 다섯 가지』란 인문서가 세계적 화제가 된 적이 있다. 암 병동에 근무했던 간호사 브로니 웨어가 수많은 말기 암 환자들의 임종을 지켜보며 기록한 내용이다. 생의 마지막 순간을 맞은 이들이 지나온 삶을 돌아보며 공통적으로 후회하는 다섯 가지에 대해 말하고 있다.

첫째는 '내 마음대로 살아볼걸'. 주위의 시선을 너무 의식하며 기대에 부응하려 했고, 자신의 진정한 욕구를 너무 포기하고 살았다는 회한이다.

둘째는 '일 좀 덜 하고 살걸'. 바깥일에 너무 열심이었던 것이 결과적으로 가장 내 편이어야 할 가족들과 멀어지게 했다는 것이다.

셋째는 '좀 더 표현하고 살걸'. 타인들과의 관계를 위해 자신의 감정을 숨기고 억누른 것들이 스트레스로 쌓이며 병으로 이어졌다는 자각이다.

넷째는 '친구들 더 가까이할걸'. 죽음의 문턱에서 옛 친구들을 만나 넋두리라도 늘어놓고 싶었지만 친구 이름조차 마땅히 떠오르지 않은 경우가 많았다.

다섯째는 '내 행복을 더 추구할걸'. 스스로 더 행복해지려고 노력하지 않았다는 것, 타성에 젖어 변화와 도전을 게을리했다는 것을 뒤늦게 깨달은 것이다.

죽을 때 가장 후회하는 5가지

1. 내 마음대로 살아볼걸
2. 일 좀 덜 하고 살걸
3. 좀 더 표현하고 살걸
4. 친구들 더 가까이 할걸
5. 내 행복을 더 추구할걸

원제목은 'The Top Five Regrets of the Dying'이었으나 국내에선 『내가 원하는 삶을 살았더라면』이란 제목으로 바뀌어 출간되었다.

이 책 출간 5년 전에 개봉된 영화 〈버킷리스트〉는 '우리가 인생에서 가장 많이 후회하는 것은, 살면서 한 일들이 아니라 하지 않은 일들에 대한 것'임을 말해준다. 책과 영화가 같은 메시지를 담고 있는 것이다. 명배우 잭 니콜슨과 모건 프리먼이 주연한 영화 〈버킷리스트〉는 2007년 개봉되어 세계적으로 큰 성공을 거뒀다. 〈스팅〉이나 〈내일을 향해 쏴라〉 같은 작품처럼 두 남자 주인공의 우정을 기반으로 영화적 재미와 인생의 의미를 보여주는 일종의 '버디 무비(buddy films)'이다.

66세 자동차 정비사 카터는 평생 아내와 3남매를 위해 헌신적으로 살아왔다. 한때는 철학 교수를 꿈꾸기도 했으나 아내 만나 대학을 중퇴해 결혼하곤 지금껏 늘 바른 생활 사나이로 살았다. 그런데 어느 날 병원에서 시한부 판정을 받았다. 45년간 자동차 밑에서 일해 온 결과가 고작 폐암 말기란다.

에드워드는 백만장자 사업가다. 카터처럼 평생 일만 해왔지만 카터처럼 단란한 가정은 이루지 못했다. 네 번씩이나 이혼해 혼자 살며 자신은 일과 결혼했다고 스스로 위안을 삼는다. 유일한 자식인 딸과도 서로 소통 끊은 지 오래다. 그런데 어느 날 암 말기 선고를 받는다.

이런 두 남자가 2인 병실에 입원했다. 흑인과 백인, 블루칼라와 백만장자, 외유내강과 독불장군, 물과 기름처럼 섞일 수 없고 신분과 성향도 극과 극이었지만 시한부 말기라는 공통점 하나로 둘은 곧 가까워진다.

영화 제목 '버킷리스트(The Bucket List)'는 '죽기 전에 해보고 싶은 소원들 목록' 정도의 의미다. '양동이를 걷어차다'는 뜻이면서 '죽음'을 의미하는 '킥 더 버킷(Kick the Bucket)'이란 관용구에서 따왔다. 그 옛날 중세 유럽에서 사형 집행인들은 뒤집어 놓은 양동이 위에 사형수를 올려 세워 목에 올가미를 걸고는 마지막으로 하고 싶은 말이 무엇인지를 들은 후 '양동이(bucket)를 걷어찼다(kick)'고 한다. '버킷'이란 단어가 '죽음'과 연관을 맺게 된 유래다.

아무튼 이렇게 60대 후반의 두 남자는 한 병실에서 동병상련의 심정으로 가까워졌다. 어느 날 에드워드는 카터가 쓰다 버린 낙서를 무심코 주워서 읽게 된다. 모르는 사람 도와주기, 장엄한 풍경 보기, 눈물 날 때까지 웃어 보기 등의 문구가 적혀 있다. 죽기 전에 해보고 싶은 것들이지만 죽음을 눈앞에 둔 현재로선 전혀 할 수 없는 것들임을 카터 스스로 잘 알면서 병상에서의 무료한 시간에 그저 생각나는 대로 끄적거려 보았을 뿐이다.

백만장자 에드워드도 자신의 희망 사항들을 카터의 낙서장에 덧붙여 써봤다. 스카이다이빙, 몸에 영구 문신. 사파리에서 엽총 사냥, 세상 최고의 미녀와 키스하기, 만리장성에서 오토바이 타기, 피라미드와 타지마할 여행 등 그답게 세속적이면서 현실적인 것들이었다. 가진 게 돈밖에 없었지만 죽음 앞에선 다 부질없음을 깨달은 에드워드는 죽기 전에 하고 싶은 것들을 같이 다 해보자며 카터를 부추긴다. 그리고 두 남자의 버킷리스트 세계여행이 시작된다.

로스앤젤레스 화이트맨 공항을 이륙한 경비행기에서 뛰어내리는 스카이다이빙을 시작으로 오토 클럽 스피드웨이(Auto Club Speedway)에서는 자동차 기술자인 카터가 늘 선망했던 스포츠카 셸비 무스탕(Shelby Mustang)

을 몰며 둘은 짜릿한 카레이싱을 펼쳐보기도 한다. 전용 비행기로 북극해 상공을 거쳐 남부 유럽으로 떠나선 모나코의 지중해 해변에 머물며 근사한 레스토랑에서 서로의 속 깊은 인생 이야기도 나눈다.

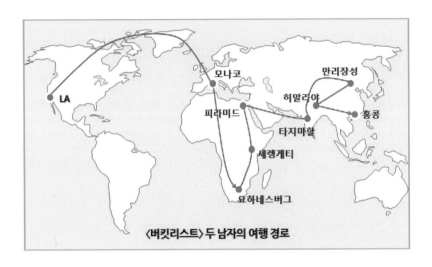

〈버킷리스트〉두 남자의 여행 경로

남아공 요하네스버그를 거쳐 탄자니아 세렝게티에서의 사자 사냥과 사파리 투어 그리고 이집트 피라미드와 인도 타지마할 여행에선 인간의 사후 세계에 대한 영적인 대화도 나눈다. 여행을 통하여 둘은 그동안 살아오면서 몰랐거나 간과했던 세상과 인간의 이면(裏面)들을 알아가고 자신까지 성찰해보는 소중한 기회를 갖게 된다. 오토바이 타고 중국 만리장성을 질주해보고는 티베트 설산 앞으로 이동했으나 카터가 가장 해보고 싶었던 히말라야의 '장엄한 풍경 보기(Witness something truly majestic)'는 기상 악화로 포기할 수밖에 없었다. 그리곤 홍콩을 마지막으로 둘은 3개월간의 버킷리스트 여행을 마치고 각자의 집으로 돌아간다.

이후 둘의 삶은 어떻게 변했을까?

한 사람은 예정된 시한부 기간이 끝내 지켜지지만 또 한 사람은 예고됐던 시한보다 십여 년을 더 살다 세상을 떠난다. 죽음에 이르는 시간은 서로 달랐지만 둘의 공통된 모습은 여행 전 병상에 있을 때와는 많이 달라져 있음을 영화 결말에서 잘 보여준다.

고대 이집트인들은 죽은 후 영혼이 하늘에 오르면 신에게서 두 가지 질문을 받았다고 한다. 망자(亡者)의 답변에 따라 천국으로 갈지 말지가 결정되는 것이다. 피라미드에 올라 세상을 내려다볼 때 카터가 에드워드에게 해주던 말이다.

신이 내리는 첫 질문은 "그대는 인생을 즐겼는가(Have you found joy in your life)?", 두 번째는 "그대 인생은 다른 이들을 기쁘게 해줬는가(Has your life brought joy to others)?"라는 것이다.

고대 이집트와는 머나먼 시공간에 사는 우리지만 혹시 모를 일이다. 언젠가 우리 영혼이 하늘에 닿는 날, 신 앞에서 똑같은 질문을 받을 수도 있는 것이다. 그때를 대비한다면 남은 인생을 바라보는 나의 마음가짐이 오늘부터라도 조금은 달라져야 하지 않을까. '오늘은 내 남은 인생이 시작되는 바로 그 첫째 날(Today is the first day of the rest of my life)'이기 때문이다.

14

비엔나에서 파리와 펠로폰네소스까지

비포 선라이즈 3부작

Before Sunrise, 1995 / 미국 / 리처드 링 클레이터 감독 / 에단 호크, 줄리 델피
Before Sunset, 2004 / 미국 / 리처드 링 클레이터 감독 / 에단 호크, 줄리 델피
Before midnight, 2013 / 미국 / 리처드 링 클레이터 감독 / 에단 호크, 줄리 델피

대부, 반지의 제왕, 인디애나 존스, 다크 나이트, 스타워즈, 매트릭스, 매
드 맥스……. 세계적으로 흥행했던 영화의 제목들이다. 모두가 블록버스터
대작들이란 점 외에 공통점이 하나 더 있다. 바로, 트릴로지(trilogy) 작품들
이라는 것이다. 1편이나 2편으로 끝나지 않고 3부작까지 이어진 시리즈물
을 말한다.

이런 공상과학이나 액션 대작들에만 트릴로지가 있는 건 아니다. 1995년

〈비포 선라이즈〉로 시작되어 〈비포 선셋〉과 〈비포 미드나잇〉으로 이어진 '비포(Before) 3부작'은 앞서 열거한 대작들과는 비교가 안 될 정도의 저예산 영화지만 세계적으로 큰 성공을 거둔 트릴로지로 꼽힌다.

여행에서 만난 20대 청춘 남녀가 서로 사랑을 느껴가는 하루 동안의 이야기가 시리즈 1편의 골격이다. 9년 후 개봉된 시리즈 2편에선 30대 유부남과 독신녀 신분으로 재회한 두 남녀의 또 하루의 이야기가 펼쳐진다. 그리고 다시 9년 세월이 흘러 40대가 된 두 남녀는 3편에서 과연 어떤 모습으로 관객들에게 나타날까? 오스트리아 비엔나에서 시작해 프랑스 파리를 거쳐 그리스의 펠로폰네소스 해변에 이르기까지 18년 동안 이어가는 두 남녀 제시와 셀린의 사랑과 인생 여정을 들여다보자.

비포 선라이즈 (1995년. 20대 청춘 남녀)

유레일 열차 속 두 남녀, 각자 여행을 마치고 집으로 돌아가는 중이다. 청년 제시는 다음 날 아침 미국행 비행기를 타기 위해 비엔나에 곧 내릴 예정이고, 셀린은 부다페스트 할머니를 만나고 파리로 돌아가는 중이다. 이런 청춘 남녀가 한 좌석에 마주 보고 앉았으니 서로 내숭만 떨 리는 없다. 자연스러운 대화가 이어지며 둘은 곧 친해진다. 급기야는 "나랑 같이 비엔나에 내렸다가 내일 아침 파리로 떠나면 어떠냐?"는 남자의 제안에 셀린이 응하며 두 사람의 단 하루 비엔나 여행이 시작된다.

별다른 사건 전개 없이 단조로운 여정이지만 두 주인공을 따라가는 관객들에겐 100분이란 시간이 매우 짧게 느껴진다. 베를린 영화제 감독상 작품답게 꽉 짜인 각본과 연출이 몰입도를 높여주기 때문이다. 게다가 아름다운 도시 비엔나 아닌가. 역에서 내리자마자 건너는 촐암트슈테그(Zollamtssteg) 녹색다리, LP 디스크로 〈Come Here〉란 곡을 함께 들었던 올드앤뉴(Alt & Neu) 레코드숍, 도나우 강변을 거닐다 들른 '이름 없는 자들의 묘지(Friedhof del Namenlosen)', 각자의 속마음을 우회적으로 털어놓던 카페 슈페를(Café Sperl), 둘이 첫 키스를 나누던 프라터(Prater) 공원 대관람차, 나이 든 여인에게 손금을 보게 했던 게른트너 거리의 클라이네스 카페(Kleines Café), 그리고 영화 포스터의 배경지인 알베르티나(Albertina) 미술관 2층 테라스와 기미상 계단…….

모차르트와 클림트 등 수많은 예술가들의 영감의 원천이었던 도시 비엔나 곳곳을, 관객들은 그저 편안히 앉아 남녀 주인공의 동선만 따라가며 함께 여행하면 되는 것이다. '단 하루, 사랑에 빠지기 충분한 시간'이라는 영화 홍보 카피가 누군가에겐 아련한 옛 추억을 소환할 수도 있지 않을까?

비포 선셋 (2004년. 30대 유부남과 독신녀)

'6개월 뒤인 12월 16일 저녁 6시, 플랫폼 9번에서 만나자.'

전편의 비엔나에서 헤어질 때 둘이 했던 약속이다. 그러나 만남은 이뤄지지 않았다. 그리고 9년이란 세월이 흘렀다. 헤어질 당시 둘은 이렇게 오랜 시간을 서로 못 보고 흘려보낼 줄은 몰랐다. 어느덧 30대 중반에 접어든 두 사람이 유명 작가와 독자의 신분으로 재회하면서 두 번째 이야기는 시작된다.

우연 반 기대 반으로 성사된 만남이다. 『This Time』이란 소설로 베스트셀러 작가가 된 제시의 파리 북토크 현장에 셀린이 찾아온 것이다. 반갑게 만났지만 둘에게 주어진 시간은 제시의 저녁 비행기 탑승에 맞춰 역시 제한돼 있다. 9년 전 약속은 왜 지켜지지 못했는지, 긴 세월 동안 서로에 대한 각자의 마음은 어땠는지, 결혼은 했는지, 일상의 고민은 무엇인지⋯⋯, 다시 곧 헤어져야 하는 두 사람의 대화는 일순간의 멈춤도 없이 바쁘게 이어진다.

둘의 재회를 10년 가까이 기다려온 관객의 시선 역시 바쁘다. 헤밍웨이가 즐겨 찾았다는 서점 셰익스피어 & 컴퍼니(Shakespeare & Company)에서 출발하여, 센강 유람선에서 바라보는 노트르담 대성당, 자르뎅 거리(Rue des Jardins)에서 만나는 생폴 생루이(Saint Paul Saint Louis) 성당, 뒷골목을 누비다 찾아 들어가는 카페 르 퓌르(Le Pure Café), 인상 깊은 고가 산

책로 프롬나드 플랑테(La Promenade Plantee) 그리고 셀린의 아파트가 있는 쿠르 드 레뚜왈 도르(Cour de l'Etoile d'Or)까지 영화는 파리의 도심 구석구석을 짧은 시간에 알차게 보여준다.

관객들은 두 주인공의 금쪽같은 대사 한마디 한마디에 집중하면서도, 한편으론 파리의 뒷골목과 공원과 카페 등 아름다운 도시의 구석구석을 함께 따라 여행하게 된다. 셀린이 부르는 자작곡 〈A Waltz for a night〉의 깊은 여운과 함께 이들의 만남은 다시 관객들의 애를 태우며 열린 결말로 끝을 맺는다.

비포 미드나잇 (2013년. 40대 재혼 부부)

전편 〈비포 선셋〉을 봤던 관객들은 극장 문을 나서면서 왠지 아쉽고 허탈했을 것이다. 이 커플 다시 보려면 앞으로 몇 년을 더 기다려야 할까, 하는 심정 말이다. 그리고는 다시 9년이 지났다. 드디어 3편이 개봉됐다. 18년 전 유럽 횡단 열차에서 파릇파릇했던 두 청춘은 어느덧 40대 중년이 되어 있다. 제시와 셀린 역을 연기한 배우 에단 호크와 줄리 델피 또한 영화 속 상황과 똑같이 나이를 먹었다. 이들은 과연 어떤 모습으로 나이 들었고 어떤 관계로 맺어져 있을까?

1편 〈비포 선라이즈〉에서의 꿈속 마법 같던 둘의 만남은 2편 〈비포 선셋〉에선 여전히 가슴은 설레지만 꿈이나 마법과는 거리가 먼 '현실'에 가까워졌다. 그리고 3편 〈비포 미드나잇〉에선 가슴 설렘조차 없어졌다. 사춘기 아들딸 셋을 함께 아등바등 키워가는 부부가 되어 있다. 낭만과는 거리가 먼 두 주인공 모습이지만 그래도 관객들 눈에는 영화 속 장면 장면들이 충분히 낭만적이다. 그리스 남부 펠로폰네소스 반도의 아름다운 해변 지역을 함께 여행하는 기분에 젖어들게 해주기 때문이다.

처음 만났던 20대 때와 다르지 않게 끊임없이 수다를 풀어내며 메토니 캐슬(Methoni Castle) 오솔길과 필로스(Pylos) 마을을 거니는 둘의 모습에는 중년의 여유가 엿보인다. 카르다밀리(Kardamyli) 해변에 앉아 산등성이로 넘어가는 석양을 바라보는 둘의 모습에선 흘러가는 세월에 대한 진한 아쉬움이 느껴진다.

1, 2편처럼 낭만과 로맨틱을 기대했던 관객들은 자신들과 똑같이 나이 들어버린 두 주인공 모습에 다소 실망하기도 했으리라. 하지만 중년의 부부가 쉼 없이 늘어놓는 수다 그리고 사소한 일로 아웅다웅 싸워가는 모습을 지켜보면서 아마도 많은 관객들은 '어? 이거 내 이야기잖아?' 하는 마음으로 고개 끄덕이며 공감했을 것이다. 탄탄한 시나리오에 치밀한 연출과 자연스러운 연기가 합쳐진 결과다. 2013 LA 비평가 협회상과 2014 전미 비평가 협회상, 두 군데 영화제에서의 각본상 수상이 작품의 완성도를 말해준다.

부부가 티격태격하다가 결국은 화해하는 엔딩 장면이 강한 여운을 남긴다. 방을 뛰쳐나간 셀린을 찾아가 달래다 지쳐가는 제시의 넋두리는 세상 보통 부부들의 일상의 단면을 보여줄 뿐이다.

"당신은 여전히 동화 속에 살고 싶은 거야. 난 지금 잘하려고 애쓰고 있어. 무조건 당신 사랑한다고 하고, 당신 웃게 해주려고 당신 히스테리 다 받아주는 거야…. 그게 안 보인다면 당신 눈이 먼 거야."

15

부패한 국경 도시, 잔혹한 카르텔

시카리오: 암살자의 도시

Sicario, 2015 / 미국 / 드니 빌뇌브 감독 / 에밀리 블런트, 베니시오 델 토르, 조슈 브롤린

미국과 멕시코를 몰래 잇는 이른바 '마약 터널'이 발견됐다는 뉴스가 2022년 5월 17일 지구촌 전파를 탔다. 국경을 사이에 두고 인접한 두 도시, 미국 샌디에이고와 멕시코 티후아나를 지하로 500m 넘게 연결하는 마약 운반 터널이 적발된 것이다. 미국─멕시코 국경 지역에선 이런 일이 처음은 아니지만, 세계 여행자들이 많이 찾는 관광지 티후아나로선 어두운 이면이다.

캘리포니아 남부의 샌디에이고는 부유한 은퇴자들의 휴양도시로 유명하

다. 사시사철 쾌적한 날씨가 유지되어 여행자들에게도 낙원이다. 샌디에이
고 역에서 투어버스를 타면 30분 만에 국경을 넘어 가볍게 반나절, 멕시코
티후아나 여행을 다녀올 수 있다. 북태평양에 면해 있는 국경 도시 티후아
나(Tijuana)는 멕시코 대륙의 서북단 모서리에 해당한다. 금주법 시대에 인
근 미국인들이 쉽게 넘어와 술 마시고 도박하며 유흥지로 발달했고, 오늘날
에는 국경 넘나드는 사람 수가 세계에서 가장 많은 축에 드는 국제 관광도
시로 변모해 있다. 미국과 국경 맞대고 있는 덕을 톡톡히 봐온 셈이다.

멕시코 국경 도시 티후아나와 마주보고 있는 미국 서부 샌디에고 해변

 티후아나에서 동쪽 내륙으로 1,000km 정도 들어가면 또 다른 멕시코 국
경 도시 후아레스를 만난다. '시티(city)'라는 뜻의 스페인어 '시우다드'가 붙
은 '시우다드 후아레스(Ciudad Juarez)'가 정확한 지명이다. 미국 텍사스 주
의 엘패소와 강 하나를 사이에 두고 마주 보고 있는 국경 도시지만, 서쪽의
티후아나와는 상황이 정반대다. 미국과 국경을 맞대고 있다는 이유로 오늘

날까지도 무정부 상태에 버금가는 무법천지의 도시가 되어 있다. 중남미 마약이 미국으로 밀반입되는 길목이면서, 불법 이민자나 범법자들이 밀입국을 노리는 루트로 악용되는 지역이다. 그러기에 주도권을 쥐려는 범죄조직 간 총격전이나 납치, 살인 등 온갖 범죄가 끊이질 않고 있다.

리오그란데강을 국경으로 서로 마주 보고 있는 엘패소와 후아레스는 원래 멕시코에 속한 하나의 지역이었다. 19세기 초반 미국-멕시코 전쟁으로 양국의 국경이 조정되면서 강 북쪽인 지금의 엘패소가 미국 땅으로 편입되고, 강 남쪽만 멕시코 땅으로 남아 이후 대통령 이름을 딴 후아레스로 지명이 바뀌었다. 국경을 통한 마약 반입과 밀입국 범죄를 막기 위해 막강한 공권력을 배치하다 보니 엘패소는 미국에서 가장 안전한 도시로 꼽히는 반면, 후아레스는 세계에서 가장 위험한 도시로 악명이 높다. 중동의 여러 분쟁지역들처럼 멕시코 후아레스도 자유여행으로 쉽게 드나들 수 있는 곳은 아니다. 하지만 영화 한 편을 통한 간접 여행으로 이 국경 도시의 어두운 이면을 생생하게 느껴볼 수는 있다.

2015년 개봉된 영화 〈시카리오: 암살자의 도시〉는 멕시코 마약 범죄조직에 맞선 미연방수사국 FBI와 CIA의 활약과 암투를 그린 작품이다. 미국−멕시코 접경인 엘패소와 후아레스 지역이 배경이면서, 서두에 언급한 국경 지역 마약 운반 터널도 중요 소재로 등장한다. 흔히 만나는 할리우드 액션물들과는 차원을 달리하는 수작으로 꼽힌다. 칸 영화제 경쟁 부문에 초청되거나 아카데미 시상 여러 부문에 노미네이트 되는 등 일반 관객과 전문가들로부터 극찬과 호평을 받고 있다.

애리조나 사막의 외딴 주택가, 완전 무장한 FBI 대원 10여 명이 독립가옥 한 채를 포위해 들어간다. 가옥 내부로 카메라가 이동하고, 사내 한 명이 긴박한 바깥 상황을 모른 채 한가로이 TV를 보는가 싶더니 '쿵!' 하는 굉음과 함께 한쪽 벽면이 부서져 내리며 장갑차 한 대가 방안으로 돌진해 들어온다. 이어지는 총격전, 집 안에 있던 인질범들이 순식간에 사살되면서 상황 끝. 그러나 FBI가 구하려던 인질들은 집안에 보이질 않는다. 대원 한 명의 시선이 벽면 구멍으로 무심코 향하더니 이내 얼어붙는다. 무시무시한 장면이 노출되고 잠시의 적막이 이어진 후 바깥에선 엄청난 폭발이 일어난다. 그날 저녁 인근 도시 피닉스의 TV 뉴스엔 인질 시신 35구가 벽 속에 묻힌 채 발견된 현장이 소개되며 멕시코 마약 카르텔의 소행일 것으로 보도된다.

영화 초반 5분 동안의 강렬한 오프닝을 통하여 관객은 앞으로 전개될 마약 조직과의 전쟁의 규모를 예견함과 동시에 이번 작전 책임자인 주인공 케이트의 기질과 면면을 접하게 된다. 이혼해 혼자 사는 여성임에도 겁이 전혀 없다. 실전에서 몸을 사리는 일도 없다. FBI에선 지난 3년간 팀장으로서 유능하게 팀을 이끌어왔다.

이번 사건의 심각성에 놀란 당국이 CIA 소속 맷을 책임자로 하는 전담팀을 꾸리고, FBI 대원 케이트와 정체불명의 남자 알레한드로가 합류하면서 국경 도시 후아레스를 무대로 하는 범죄와의 전쟁이 본격 시작된다. 영화의 주 골격은 공권력과 범죄조직 간의 충돌 과정으로 이뤄지지만, 내용 전개의 초점은 맷과 알레한드로와 케이트, 세 인물의 입장과 심리 변화에 맞춰진다. 범법에 맞선다는 목표는 같지만, 대응 방식이나 수단은 3인 3색 다르다 보니, 이로 인한 갈등이 첨예하게 드러난다.

팀의 리더인 맷은 철저한 실용주의자이다. 문제 해결을 위해선 법 따위 안중에 없다. 수단 방법을 가리지 않는다. 알레한드로는 또 다른 마약 조직인 메데인 카르텔 소속이다. 가족의 원수를 갚게 해준다는 조건으로 맷에게 고용되었다. 경쟁조직인 소노라 카르텔을 친다는 목표가 맷과 같았기 때문이다. 강력하고 거침없는 두 사내 옆에서 케이트는 한없이 무력해 보인다. 아직은 세파의 때가 덜 묻은 원칙주의자인 그녀는 합법적인 일 처리를 강조하며 두 사내에게 맞서지만 번번이 꺾이고, 끝까지 그들을 이길 수가 없다. 세상사 돌아가는 현실이 원칙보다 실용 우선임을 그녀 스스로 결국엔 인정할 수밖에 없게 된다.

영화 제목 〈시카리오〉는 고대 예루살렘에서 침략자 로마군을 암살하던 자들을 일컫는 '질럿'에서 유래한다고 오프닝 자막이 말해준다. 라틴어 사전에 '시카(sica)'는 '단검'을, '시카리우스(sicarius)'는 '단검을 든 자'로 나와 있다. 영화 속에선 알레한드로가 타이틀 롤인 '시카리오', 즉 '암살자'에 해당한다.

영화 속에는 명장면들이 여러 번 등장하는데, 케이트가 엘패소에서 국경을 넘어 후아레스로 들어가는 6분 동안도 그렇다. 사람의 왕래가 불허되는 사막 위로 기다랗게 이어지는 국경 철책과 그 너머로 누렇게 펼쳐지는 황량한 도시 풍경이 익스트림 롱샷(Extreme Long Shot)과 오버헤드 샷(Over Head Shot)을 번갈아 가며 보여진다. 관객도 케이트와 함께 헬기에 앉아 우울한 여행에 동반된 느낌이 들게 한다.

무장 차를 타고 도시 내부로 진입할 때 누군가는 읊조린다. '후아레스, 짐승의 도시(Juarez, the beast)'. 공터에서 공놀이하는 평화로운 정경이 보이는가 하면, 목이 잘린 채 발가벗겨진 시신들 여러 구가 어지러운 도심 고가에 아무렇지 않게 걸려 있기도 하다. 마음의 준비 없이 지옥으로 쓱 들어온

듯 당혹해하는 케이트의 얼굴과 교차된다.

이런 어둠의 도시와 연관 지어 살아가는 이들에게도 일상은 소중하다. 이혼해 혼자 사는 케이트와 마약 조직에 아내와 딸을 잃은 알레한드로와는 무관해 보이지만, 영화 속 범죄자들에게는 가족의 의미가 꽤 소중한 듯 보인다. 야근으로 피곤하지만 아들의 축구 놀이엔 꼭 함께해주려는 부패 경찰, 수영장 딸린 고급 주택에서 딸들을 즐겁게 해주는 중간 보스, 어린 두 아들에게 자상한 모습으로 식탁에 마주 앉은 거물 보스, 셋 모두 가족과의 행복이 인생의 중요 목표 중 하나로 보이나, 그동안 타인의 가족들에게 행한 자신의 업보에 따라 같은 날 저녁 차례차례 허무한 죽음을 맞는다.

간밤에 총 맞고 길거리에 죽어 있는 줄 모른 채 아빠가 돌아오기를 기다리는 아들과 아내의 모습으로 영화는 끝이 난다. 약간의 돈 욕심으로 마약 범죄에 가담한 경찰 아빠의 비극에, 희망 없는 이곳 국경 지역에서 커나갈 아들의 미래가 겹쳐지며 진한 여운을 남긴다.

4년 전 개봉된 '시카리오' 2편, 〈시카리오: 데이 오브 솔다도(Sicario: Day of the soldado)〉 또한 흥행에 크게 성공했지만 작품 완성도 면에선 1편 수준에 훨씬 못 미친다. 감독이 다른 때문인 듯하다. 2010년 〈그을린 사랑(Incendies)〉에서 시작해 〈컨택트(Arrival)〉와 〈블레이드 러너 2049〉에 이어 최근작 〈듄(Dune)〉에 이르기까지, 지난 10여 년간 세계적으로 가장 많은 이슈를 만들어 낸 감독이 드니 빌뇌브일 것이다. 세계의 수많은 영화 팬들이 시카리오 3편은 1편 감독인 드니 빌뇌브가 맡아 주기를 고대하고 있다.

올레길에서 만나는 아련한 첫사랑

건축학개론

Architecture 101, 2012 / 이용주 감독 / 엄태웅, 한가인, 이제훈, 수지

나는 제주 양씨 양서연. 그럭저럭 살아오다 문득 정신을 차려보니 어느덧 서른 중반 이혼녀가 되어 있다. 유명 라디오 DJ가 되어 한적한 교외에 전원 주택 짓고 사는 게 대학 시절 품었던 미래의 내 모습이었지만 이미 멀어진 꿈이다. 그나마 제주도 고향 집이 몇 년째 비어 있으니 돌아가 살면 된다. 집을 개조하든 허물어 새로 짓든 요양원 아빠 모셔다가 함께 살면 되는 거다.

그나저나 오랜 세월 풀리지 않는 의문 하나. 대학 1학년 때 만났던 나의 첫사랑 걔는 그때 나한테 왜 그랬을까? 나보단 걔가 나를 더 좋아했던 거 같은데, 어느 날 갑자기 그렇게 심한 말을 내뱉곤 떠나가 버리다니…. 15년 이 지난 지금 걔는 과연 어떻게 살고 있을지 궁금하다.

나 이승민, 공대 건축학과를 졸업했고 지금은 중견 건축가가 돼 있다. 어느 날 직장으로 묘령의 여인이 찾아와 반갑게 인사를 건넸는데 내가 잠깐 몰라보는 실수를 범했다. 생각하면 늘 찜찜하고 잊고 싶었던 내 인생 첫사랑 양서연이었다. 좋아한다고 고백하려고 그녀 집 앞에서 두어 시간 기다렸던 그날의 충격이 다시 떠오른다.

술 취한 그녀가 재욱 선배 부축을 받으며 돌아와 함께 자취방으로 들어가는 걸 숨어서 지켜보다가 패배감과 배신감 속에 발길을 돌렸었다. 스스로 초라하고 하찮은 존재로 느끼며 열등감 쩔었던 그 시절 나에게 재욱 선배는 도저히 이길 수 없는 '넘사벽'이었다. 며칠 후 나타난 그녀에게 '이젠 내 앞에서 좀 꺼져줄래?'라고 통쾌한(?) 한마디 내뱉어주곤 그녀와의 모든 걸 끝장냈다. 당시의 내 진정한 속마음을 제대로 알 수 없었을 그녀가 15년 만에 나를 찾아왔다.

2012년 봄바람과 함께 개봉된 영화 〈건축학개론〉은 아련한 첫사랑에 관한 이야기이다. 상대의 마음 읽기와 내 마음 표현에 서툴고 무지했던 시절의 아쉬움과 회한, 누구에겐들 없을까? 상대에 비해 내가 많이 부족하고 보잘것없는 존재로 여겨지다가 결국엔 더 이상 비참해지기 싫어 얼른 포기하고 말아 버린 추억, 청춘 시절의 그런 아픈 추억 하나쯤 마음속 어딘가에 숨겨놓고 살아가는 이들도 있을 것이다.

대학 1학년 시절 서로 좋아했지만 내색은 못한 채 오해 속에 헤어지고 말았던 남녀가 30대 중반이 되어 다시 만난다. 다음 달 결혼을 앞둔 건축가 승민에게, 제주도 고향 집에 내려가 인생 새 출발하려는 서연이 재건축 의뢰인으로 찾아온 것이다. 대학 시절 서울 정릉의 빈집에서 멈췄고 거의 허물어 없어지던 두 사람의 추억은 제주 바닷가 서연의 빈집이 재건축되는 과정에서 함께 복원된다. 매년 첫눈 오는 날이면 서로가 정릉의 빈집을 생각했을 15년 오해와 단절의 세월도, 영화의 결말에선 서로에게 각기 '아~ 그랬었구나~' 하면서 자기 위로와 치유로 이어지는 것이다.

제주 올레 5코스 후반에 있는 영화 속 서연의 집은 방파제와 2차선 도로를 사이에 두고 바다와 마주하고 있다. 전형적인 제주 해안마을 정경이다. 돌담으로 둘러쳐진 마당이 넓고, 나무와 꽃들이 많고, 2층 건물이 주변 가옥들에 비해 유독 돋보인다. 영화 속에서 승민은 '잔디 마당이 있는 2층집에 살고 싶다'고 했던 15년 전 서연의 말을 잊지 않고 있다가 그대로 설계에 반영해준다.

재건축이 완성된 집은 원래의 빨간 지붕은 그대로 두고 베란다를 바다 쪽으로 넓혔다. 옥상 한편에 새로 지어진 서연의 방으로는 거대한 유리창을 통하여 바다 멀리 수평선까지의 정경이 가득 들어온다. 2층 베란다 싱그런 잔디 마당에 팔베개를 하고 누운 둘의 모습은 시원한 바다를 배경으로 한 폭의 그림이었다. 서로의 속내를 털어놓은 적이 없었기에 그때까지도 각자 속앓이만 하고 있었으나 둘의 마음을 잘 아는 스크린 앞 관객들 입장에선 그저 안타깝기만 했던 장면이다.

현재의 서연의 집은 갤러리 카페로 변신해 있다. 제주 올레길에 펼쳐진 수많은 명소들 중 다섯 손가락 안에 꼽힐 정도로 유명해졌다. 영화 속에선 빨간 지붕 옆에 자그마한 2층 방 하나 있는 아담한 정경이었으나, 지금의 '카페 서연의 집' 외관은 훨씬 더 육중하고 우람해 보인다. 야트막한 빨간 지붕을 헐어낸 대신에 서연의 방을 포함한 2층 전체를 더 규모 있게 리모델링한 때문이다. 구조가 바뀐 계기는 영화가 개봉된 그해 여름의 태풍 볼라벤때문이었다. 제주 남해안이 태풍의 직격탄을 맞았고 그 와중에 서연의 집 2층 가건물 세트도 파손이 되면서 철거가 불가피해졌다. 그리고 몇 달 동안의 재건축 작업 후 이듬해인 2013년 봄, 카페 공간으로 완전 탈바꿈해 오늘에 이르게 된 것이다.

카페 입구 팻말에 쓰여진 '영화, 첫사랑, 기억, 커피'란 문구가 이 공간의 분위기를 잘 짚어주고 있다. 실내로 들어서면 영화 스크린 같은 대형 폴딩 도어가 여느 카페와는 다르게 유독 눈길을 끈다. 추운 겨울이 아니면 대개는 활짝 열려 있기에 시원한 제주 바다를 실내로 가득 끌어오는 역할을 해준다. 2층 역시 비슷한 구조지만 영화 속 두 사람이 싱그럽게 누워 있던 잔디밭이 그대로 재현돼 있는 게 특히 돋보인다. '승민의 작업실'은 물론 '서연의 2층 방' 등 카페 곳곳에는 영화에 등장했던 각종 소품과 크고 작은 스틸 사진들이 촘촘하게 진열돼 있다. 영화제작사 유관 단체가 운영하는 갤러리 카페이기에 영화 속 분위기를 최대한 재현해 놓을 수 있는 것이다.

카페 2층에 바다를 향해 길게 걸려 있는 스틸 사진도 영화를 본 이들의 눈길을 끌 만하다. 스무 살 승민과 서연이 건축학개론 과제를 위하여 개포동 주공아파트 옥상에 올라 서울 시내를 내려다보던 장면이다.

"너 제주도 사람 처음 봐?"

"어, 처음 봐."

서연의 고향이 제주라는 사실이 신기하고 서연도 자신처럼 한 부모 가정이라는 사실이 승민에겐 왠지 기쁨(?)을 줬다. 이때 등장하는 '전람회'의 CD 앨범과 플레이어는 영화 결말에 이르러 서연의 오랜 세월 의문과 오해를 풀어주는 장치 역할을 해준다. 스틸 사진은 서연이 좋아하는 음악 〈기억의 습작〉을 둘이 함께 이어폰으로 나눠 듣는 뒷모습이다. 사진 한가운데 쓰여진 둘 사이의 대화 한 구절은 이곳을 방문하는 누구에게나 같은 질문을 스스로에게 던질 것이다.

'나는 과연 10년 뒤에 뭐 하고 있을까?'

우리 십 년 뒤에 뭐하고 있을까?

제주 서연의 집 카페 2층에 있는 스틸컷. '우리 십 년 뒤 뭐하고 있을까?'

2부

인생은 아름다워

여행과 영화

'엄마가 절대로 포기하지 않을 거야'

그래비티

Gravity, 2013 / 미국, 영국 / 알폰소 쿠아론 감독 / 산드라 블록, 조지 클루니

라이언 스톤은 일리노이 주의 레이크 취리히(Lake Zurich)에 산다. 미국 북부 오대호 중 하나인 미시간 호수 인근, 시카고에서 차로 한 시간 걸리는 곳이다. 스위스 취리히 호수와는 비교할 수 없을 정도로 작고 아담하지만 같은 이름의 호수가 있는 곳, 인구 2만 정도의 아담한 호반도시에 그녀는 산다.

아침에 일어나 출근하고, 병원에서 8시간 일하다 퇴근할 땐 항상 라디오를 듣는다. 가장 편안한 시간이다. 특별히 좋아하는 채널이 있는 건 아니다.

대화가 없는 채널만을 골라 듣는다. 누군가의 이야기를 들을 필요가 없고, 뭔가를 생각할 필요도 없이 그저 운전만 한다. 라디오에서 흘러나오는 음악만 흘려들으며 멍한 상태로 운전만 한다.

곧바로 귀가하는 일은 거의 없다. 직장인 병원과 집 사이 어딘가를 운전대가 가는 대로 두어 시간 더 드라이브하다가 집에 들어온다. 혼자 저녁밥 대충 먹고, 잠시 후 잠자리에 들고, 한참을 뒤척이다 겨우 잠이 들면 다음 날 아침 알람 시간에 맞춰 다시 일어나고, 그리곤 출근하는, 똑같은 일상의 반복이다. 의학공학 박사인 그녀는 얼마 전 미 항공우주국 NASA에 지원했다. 막연하게 세상 바깥으로 멀리 떠나고 싶어 하는 그녀에게 우주 공간은 편안한 도피처가 될 듯하였다.

2013년 개봉된 알폰소 쿠아론 감독의 〈그래비티〉는 우주 재난 영화다. 지구 상공 무중력 상태에서 조난당한 우주인이 천신만고 끝에 지상으로 귀환하는 내용이다. 등장인물은 산드라 블록과 조지 클루니 두 사람뿐이고, 둘 사이엔 러브 라인 같은 것도 없다. 상영 시간도 1시간 30분, 짧은 편이다. 그러나 이렇게 단순한 스토리와 익숙한 구성에도 불구하고 이 영화는 평론가를 포함해 많은 이들로부터 '10점 만점에 10점'식의 최고작으로 꼽힌다.

이런 세간의 평은 미국과 영국 아카데미 시상식에서의 감독상, 작품상, 음악상, 편집상 등을 비롯하여, LA 비평가와 런던 비평가 협회 등 수많은 시상식에서의 수상으로 검증이 된 바 있다.

'지구로부터 600km 떨어진 상공의 온도는 영상 125℃와 영하 100℃ 사이를 왔다 갔다 한다. 소리도 없고 기압도 없으며 산소도 없다. 우주에서의 생활은 불가능하다.'라는 오프닝 자막과 함께 화면이 열린다. 장엄한 지구를 배경으로 칠흑 같은 우주 공간에 하얀 점 하나가 서서히 커지며 우주선의 본체를 드러낸다.

이윽고 본체에 달라붙어 작업하는 우주인 2명과 본체 주변을 놀이처럼 유영하는 우주인 1명의 모습이 클로즈업된다. 우주선 외부와 내부의 대원들 그리고 휴스턴 관제소와는 끊임없이 교신이 이어진다. 서로의 긴장을 풀어 주기 위한 농담과 유머 속에, 작업 진행 상황과 안전 여부를 확인하는 질문과 답변이 교신 내용들이다. 화창한 봄날, 보리밭에 둘러앉아 김을 매는 아낙들이 호호 깔깔 수다를 풀어놓는 정경이 이와 다르지 않을 것이다.

NASA에 입사해 6개월간 고도의 우주 훈련을 받은 라이언 스톤 박사가 로봇팔에 매달려 허블 우주망원경에 새 프로그램을 장착하는 임무를 수행 중이고, 이번 탐사대의 리더 격인 우주비행사 매트 코왈스키는 새롭게 개발된 우주 유영 설비 '제트팩'을 입고는 우주선 주변을 신나게 실험 유영하고 있다. 푸른 지구와 어둠의 우주를 배경으로 장엄하고, 아름답게 펼쳐지는 영상이 장장 13분 동안 이어진다. 영화사에 길이 남을 롱테이크 명장면이다.

이렇게 잔잔하던 서두의 평화는 휴스턴 관제소로부터의 다급한 대피 명령과 함께 끝이 난다. 근처 인공위성이 폭파되면서 발생한 잔해들, 소위 우주 쓰레기들이 총알보다 빠른 속도로 날아와 그들을 덮친 것이다. 러시아 당국이 수명이 다한 자신들의 첩보 위성을 미사일로 요격해 폐기하면서 발생한 일이다. 엄청난 가속이 붙은 이 잔해들은 한 시간 반이면 지구 한 바퀴를 돌아 궤도상 같은 지점을 다시 지난다. 무중력 상태에선 한번 가속된 동력은 관성을 거스르는 저항이 없는 한 영원히 유지되기 때문이다. 폭발 때 급 가속된 잔해들은 같은 속도로 같은 궤도를 무한정 돌면서, 궤도상에 있는 모든 물체들을 파괴시키게 된다.

작업 중이던 허블망원경은 물론 그들이 타고 왔던 우주왕복선 익스플로러 호까지도 이들 잔해에 맞아 완전히 파손되고, 대원 다섯 중 세 명도 우주 파편에 맞거나 무중력에 노출되어 즉사하고 만다. 스톤 박사와 코왈스키 대장은 가까스로 살아남긴 했으나 우주선이 파손된 이상 지구로 돌아갈 길은 막혔다. 근처 궤도를 돌고 있는 국제 우주정거장(ISS)으로 유영해 가서 그곳에 기착돼 있는 소유즈 우주선을 타는 게 유일한 방법이다.

그러나 이 과정에서 코왈스키는 제트팩 연료 부족으로 멀리 날려가고, 스톤 박사만 유일한 생존자가 되어 가까스로 소유즈에 올라탄다. 설상가상, 소유즈마저 연료 부족으로 대기권까지 진입은 어렵다. 그리고 이어지는 마지막 15분은 영화의 하이라이트. 소유즈 우주선을 몰고 마지막 100km를 비행하여, 인근에서 궤도를 잃고 대기권으로 추락 중인 중국 우주정거장 톈궁(天宮)으로 갈아타고, 결국엔 정거장에서 분리시킨 우주선 선저우(神舟)를 타고 지구로 귀환하는 것이다.

극장에서 처음 이 영화를 봤을 때는 아름답고 스펙터클한 아이맥스 영상에 홀려 90분 시간을 찰나처럼 보냈다. 집에서 혼자 다시 볼 때는 주인공 라이언 스톤 박사의 상처받은 내면에 동질화되어 보는 내내 눈물이 났다. 몇 년 후 재개봉관에서 세 번째 보았을 때는 알폰소 쿠아론 감독과 시나리오 작가와 음악 감독과 촬영진 등 이 작품을 만들어낸 스태프들의 역량에 경외감이 들어갔다.

영화 중반 자포자기 심정으로 의욕과 의식을 잃어가는 라이언 박사를 깨우기 위해 코왈스키가 계속 시도하는 교신 대화 속에 그녀의 내면 상처가 드러난다. '지금 뭐가 제일 그립냐'는 질문에도 답이 없고, '지구에서 당신 생각하며 이쪽을 올려다보는 이가 누굴까'라는 질문에도 묵묵부답이다가 '특별히 생각나는 사람 없냐'는 코왈스키의 독촉 같은 질문에 라이언은 비로소 혼잣말처럼 뇌까린다. "…… 딸이 있었어요. 네 살이었어요. 학교에서 술래잡기를 하는데, 넘어져서 …, 머리를 부딪쳤어요. 그게 다예요. ……. 그 이후로… 그냥 그렇게 살아요…. 일어나서, 일하고… 운전하고 …."

코왈스키가 우주 공간으로 날려가고 혼자 우주정거장으로 피신해 들어간 그녀가 우주복을 벗고 수면 상태로 빠지는 장면은 자궁 속 태아의 모습 그

대로이다. 그녀 안에 새 생명이 잉태됨을 암시한다. 딸이 죽은 후 삶의 의욕을 완전히 잃고 세상과의 소통도 닫은 채 '일어나 일하고 운전하며' 무기력하게 살아온 그녀의 내면에 새로운 삶의 의지가 잉태되고 있는 것이다.

맞잡은 손을 놓아야만 혼자라도 생존할 수 있는 상황인데 기어코 풀지 않는 라이언을 향해 코왈스키는 '놓아주는 법도 알아야 해'라며 자신의 벨트를 스스로 풀어 죽음을 택한다. 이제 그만 죽은 딸을 하늘나라로 놓아주고서 지구로 돌아가 두 발 딛고 일어서서 제대로 살아가라는 조언이기도 했다.

우주 암흑 어딘가에서 이미 숨이 끊겼을 매트 코왈스키를 향해 소유즈 우주선 안의 라이언이 날리는 독백 속엔 새 삶의 의지가 또렷이 드러난다.

"매트. 하늘나라 주변을 잘 둘러보면 갈색 머리를 지저분하게 땋아 올린 여자애가 보일 거예요. 걔는 빗질을 싫어해요. 그냥 놔둬요. 이름은 세라예요. 저 대신 꼭 안아주고 키스를 해주세요. 엄마가 많이 보고 싶어 한다고,

너무나 사랑한다고 전해주세요. 걔가 저한텐 천사라고 말해주세요. 그리
고… 엄마가, 절대로 포기하지 않을 거라고 말해주세요."

그리곤 중국 우주선 선저우(神舟)로 갈아타고 지구에 도달하는 마지막 10
분이 이어진다. 죽은 딸을 못 잊고 무기력한 삶을 살았던 그녀가 새롭게 태
어나는 과정, 영화의 하이라이트이다. 산모가 겪는 고통과 새 생명에 대한
의지가 너무나 처절하여 관객의 심금을 울린다.

구사일생으로 지구의 어느 호수에 착륙한 후 물속 개구리 한 마리와 함께
헤엄쳐 나오는 장면은 원시 지구의 생명 태동에 큰 역할을 했던 양서류를
연상시키기도 한다. 엔딩 자막이 올라가기 직전, 결국은 두 발을 땅에 딛고
굳건히 일어선 마지막 장면은 스티븐 프라이스의 음악과 함께 오래 기억될
명장면이다.

'함께 있다는 건 정말 멋진 일이란다'

그을린 사랑

Incendies, 2010 /캐나다, 프랑스 / 드니 빌뇌브 감독 / 루브나 아자발, 멜리사 데조르모

여인의 이름은 나왈 마르완, 중동에서 태어나 캐나다에 살았던 그녀가 61세로 눈을 감았다. 딸과 함께 호텔 수영장에 있던 날, 무엇을 잘못 보았는지 갑자기 넋을 잃더니 이후 식음을 전폐하고 누워 시름시름 앓다가 한 달 만에 숨을 거뒀다. 공증인에게 남긴 장례 관련 유서는 영문을 알 수 없는 내용들이다.

'시신을 관에 넣지 말고, 나체인 상태로 묻어 주세요. 세상을 등질 수 있도록 시신은 엎어 놔 주세요. 비석도 놓지 말고 내 이름도 새기지 말아 주세

요. 약속을 지키지 못한 자에겐 비문 따위 필요가 없습니다.'

남매인 두 자녀에게 남긴 유서도 충격적이었다.

'잔느, 너에게 봉투 하나를 주마. 너희 아버지에게 보내는 편지란다. 그를 찾아서 이 편지를 전하거라. 시몽, 너에게도 봉투를 하나 주마. 네 친형에게 보내는 편지란다. 그를 찾아서 이 편지를 전하거라. 두 편지가 모두 전달되면 그때 비석을 세우고 내 이름을 햇빛 아래에 새겨도 된단다.'

이란성 쌍둥이인 자신들이 갓난아기 때 죽은 줄로만 알았던 아버지가 살아 있다니, 놀라운 사실이다. 존재조차 몰랐던 손위 형제가 있다는 것도 금시초문이다. 우울증 환자처럼 말이 거의 없던 어머니였다. 원래 그런 성격인 줄 알고 함께 살아왔지만 남매에게 말하지 않은 비밀이 있었던 것이다. 엄마를 원망하는 마음에 유서를 따르지 않겠다는 남동생 시몽을 남겨두고, 누나인 잔느 혼자 아버지와 오빠를 찾아 머나먼 여행길에 오른다. 어머니의 고향인 중동의 레바논으로 향하는 그 길은 생전 들어보지 못했던 부모의 역사, 두 분이 어떤 삶을 살았는지 그 행적을 좇아가는 여정이기도 했다.

명장 드니 빌뇌브 감독의 2010년 영화 〈그을린 사랑〉은 현대 중동 세계의 비극을 가장 극명하게 일깨워주는 수작으로 평가된다. 우리나라에선 영화뿐 아니라 동명의 연극과 『화염』이란 책으로도 소개된 바 있다. 영화는 20대 초반의 여성 나왈 마르완이 40대 중반까지 고향 레바논에서 겪는 사건들을 다룬다. 기독교 집안의 딸로선 금기인 이슬람 청년을 사랑하고 아기를 낳으며 비롯된 비극은, 1970년대 레바논 내전의 혼란 속에서 더 큰 비극으로 이어진다. 현재와 과거를 넘나드는 빠른 전개 방식이 관객에겐 그다지 친절하지가 않아서, 레바논 종교 분쟁의 역사를 미리 좀 훑어보는 것이 스토리 이해에 도움이 된다.

레바논은 인류문명의 발원지나 다름없다. 오늘날의 알파벳을 잉태한 땅이기 때문이다. 5천 년 전 이 땅에 정착한 페니키아 인들이 알파벳 원형을 개발하면서 인류문명이 꽃필 수 있었다. 위대했던 고대의 조상들에 비해 현대의 레바논은 초라하고 왜소하다. 강국 이스라엘과 시리아에 포위된 형국이고, 역사적으로도 외부 세력이 넘보기 쉬운 지리적 위상이다.

예수가 살고 죽었던 지역에 인접한 레바논에도 1세기 때 기독교가 전수됐고, 4세기 비잔틴 제국의 지배를 받으며 기독교는 강화된다. 7세기 무슬림 아랍인들이 쳐들어와 이슬람교가 보급되며 두 개의 종교가 공존하기 시작한다. 11세기 십자군이 들어오며 기독교 세력이 커졌다가, 16세기 오스만 제국의 지배 때부터는 이슬람 세력 비중이 커진다.

20세기 들어 1차 세계대전의 결과로 프랑스의 위임 통치를 받는 동안 토착 기독교 세력이 레바논 사회의 주류로 자리를 굳힌다. 이스라엘 건국으로 세 차례 중동전쟁이 일어나며 팔레스타인 난민들이 인접국 레바논 남부로 대거 밀려든다. 이슬람 파워가 커지며 두 종교 간 반목과 갈등이 표면화되자 위기를 느낀 기독교도들이 민병대를 조직하며 이슬람교도와의 충돌이 잦아졌고 이는 급기야 15년 내전으로 비화된다.

1975년 촉발된 레바논 내전의 도화선은 그해 4월 기독교 민병대가 일으킨 버스 테러 사건이었다. 당시 27세 대학생이었던 영화 속 주인공 나왈 마르완은 그 버스에서 살아남은 유일한 생존자다. 5년 전 낳아서 맡긴 아들을 찾으러 레바논 남부의 고아원에 갔다가 허탕 치고 돌아오는 길이었다. 도중에 기독교 민병대가 버스를 세웠고, 함께 탔던 승객 수십 명이 무슬림이라는 이유로 모두 난사당한다. 나왈 혼자 기독교도임이 인정되어 살아남았다. 목에 걸고 다니던 십자가 목걸이 덕분이다. 자신의 딸로 속여 살리고 싶었던 옆 좌석 무슬림 여인의 아이까지 결국은 죽임을 당하고 버스는 불태워진다. 영화의 원제 'Incendies'는 '화염'이라는 뜻의 프랑스어다. 벌건 불길에 휩싸인 버스 옆에서 혼자 넋을 잃고 있던 여인 나왈은 이 사건 이후 파란만장한 삶을 살게 된다.

영화 후반은 그로부터 35년 후 그녀의 세 자녀 중 딸 잔느가 엄마의 고향 땅 레바논 남부를 방문하여, 아빠와 오빠를 찾아가는 여정으로 그려진다. 밝혀지는 사실들 하나하나가 모두 충격 그 자체였지만, 이를 통해서 남매는 엄마가 얼마나 깊은 아픔과 회한 속에서 인생을 살아왔는지 비로소 깨닫게 된다. 고아원에 맡겼다가 결국은 못 찾은 그 아들에게도 결국은 엄마의 편지가 전달된다.

'너는 사랑으로 태어났단다. 평생 동안 너를 찾아다녔어. 어떤 일이 있어도 널 사랑할 거야. 네가 태어났을 때 해준 약속이란다. 엄마의 사랑으로 너를 감싸줄게. 함께 있다는 건 멋진 일이란다.'

영화는 편지를 읽은 그 아들이 엄마의 묘 앞에 서 있는 쓸쓸한 장면으로 끝이 난다. 하늘 아래 오직 혼자인 줄 알았던 그가 모친의 존재를 알게 되었고, 살아생전 얼마나 애타게 자신을 찾았는지를 비로소 알게 되었다. 과거 이슬람 집단과 기독교 집단을 오가며 인간 사냥꾼과 고문 기술자로서의 삶을 살았던 그다. 도저히 씻어낼 수 없는 죄업들이 악몽이 되는 일상을 살고 있지만 생면부지 모친의 편지가 결국은 구원이 될 수 있을 터였다. 사랑하는 이들과 함께 있다는 사실이 인생에 얼마나 큰 축복인지, 쌍둥이에게 남긴 나왈의 유언이 새삼 일깨워준다.

'사랑하는 내 아이들아. 이야기의 시작은 언제일까? 너희가 태어날 때일까? 그러면 그 시작은 공포였어. 너희 아버지가 태어날 때일까? 그러면 그 시작은 위대한 사랑이었단다. 이야기의 시작은 '약속'이었어. 분노의 흐름을 끊어내는 약속. 마침내 그 약속을 지켜내게 됐구나. 이제 너희를 달랠 수 있게 되었어. 자장가를 부르며 위로해주고 싶었어. 함께 있다는 건 정말 멋진 일이란다.'

모친의 묘 앞에 서 있던 남자의 처연한 모습이 영화 오프닝에 라디오 헤드의 음악 〈Creep〉과 함께 클로즈업되었던 그 아이의 증오에 찬 눈빛과 자연스럽게 오버랩된다.

영화 오프닝에 잠깐 등장하는 아이의 모습. 결말과 이어지는 중심 인물이다.

허무한 꿈, 돌이킬 수 없는 사랑

파이란 & 길

Failan, 2001 / 한국 / 송해성 감독 / 최민식, 장백지
La Strada, 1954 / 이탈리아 / 페데리코 펠레니 감독 / 안소니 퀸, 줄리에타 마시나

'이 편지를 강재 씨가 보시리란 확신 없어 부치지 않습니다. 이 편지를 보신다면 저를 봐주러 오셨군요. 감사합니다. 하지만 나는 죽습니다. 너무나 잠시였지만 강재 씨 친절 고맙습니다. 강재 씨를 좋아하게 됐습니다. 좋아하게 되자 힘들게 됐습니다. 혼자라는 게 너무나 힘들게 됐습니다. 죄송합니다. 항상 액자 안에서 웃고 있는 당신, 여기 사람들은 모두 친절하지만 강재 씨가 제일 친절합니다. 나와 결혼해 주셨으니까요. 당신의 아내로 죽어

도 괜찮겠습니까? 죽기 전 제 부탁은 이것뿐입니다. 세상 어느 누구보다 사랑하는 강재 씨. 안녕.'

얼굴도 본 적 없는 여인의 편지를 다 읽고 다시 봉투에 집어넣는 강재의 손이 부들부들 떨린다. 담배 한 대 꺼내 물고 불을 붙였으나 이내 뱉어내며 끄억끄억 울음을 터트린다. 짐승처럼 오열하며 눈물을 쏟아내는 강재의 뒤로 고깃배 한 대가 한가롭게 항구로 들어온다.

강원도 고성의 대진항 방파제. 그의 옆에는 하얀 보자기에 싸인 여인의 유골함이 놓여 있다. 불법 체류 중국인 여자라는 것만 알고 있다. 몇 해 전

명의만 빌려주며 위장 혼인 신고를 해준 게 전부다. 중개인에게 즉석에서 용돈 백만 원 받아먹곤 잊고 있었는데 경찰에서 전화가 왔다. '아내분이 사망했으니 인도해 가시라'는 거였다. 위장 혼인 사실이 드러나면 다시 감방 신세될지 몰라 마지못해 인천에서 이곳 대진항까지 내려왔다.

여자가 살았다는 집으로 찾아가 유품을 정리하고 주변 사람들을 만나보는 과정에서 강재는 비로소 그녀의 삶과 마주한다. 그리곤 놀란다. 언제 찍었는지 기억도 없는 자신의 웃는 얼굴 사진이 방 한편에 놓여 있다. 강재는 그녀에게 외로운 이국땅에서의 유일한 희망이자 그리운 남편이었던 것이다. 허우대만 멀쩡했지 감옥이나 들락거리는 삼류 양아치 강재, 건달이라지만 배짱 하나 없고 머릿속엔 똥만 가득한 채 그저 하루하루 비루하게 살아가던 그가 인생 처음으로 깊은 슬픔과 그리움 그리고 때늦은 후회에 빠져든다. '내 평생 누군가에게 이런 관심과 사랑을 받아본 적 있었던가?'

중국 배우 장백지가 비운의 여인으로 나오는 영화 〈파이란〉을 본 이들은 '강재'로 분한 주인공 최민식이 바닷가에 쪼그려 앉아 우는 이 마지막 장면을 쉽게 잊지 못한다. 20년 전 수도권 극장에 앉아 이 남자의 눈물을 지켜보던 나는 오래전 TV로 보았던 영화 〈길〉의 또 다른 남자를 떠올리며 눈물을 훔쳤다. 이탈리아 어느 바닷가에 주저앉아 넋을 잃은 듯 오열하던 사내 잠파노가 오버랩된 것이다. 당대의 명배우 최민식과 앤서니 퀸이 연기했기에 두 남자의 마지막 오열 장면은 많은 이들의 뇌리에 깊은 인상을 심어 놓았다.

젤소미나는 1954년 흑백영화 〈길〉의 여주인공 이름이다. 지능 수준이 살짝 모자라 말과 행동 또한 누가 봐도 천치처럼 보인다. 나이는 찼으나 어린아이 같은 여인, 천사의 심성을 가진 소녀와 같다. 아버지가 죽은 후 어린 동생 둘을 데리고 어머니와 함께 어렵게 살아간다. 원래는 언니가 있었지만 팔려갔다. 몇 해 전 떠돌이 유랑인 잠파노가 와서 데려갔다. 바닷가 외딴집에서 그날그날 다섯 식구 입에 풀칠시켜 주기도 어려운 어머니가 입 하나라도 줄일 겸 큰딸을 팔아넘긴 것이다.

그런 언니가 죽었다는 소식과 함께 잠파노가 찾아오고, 둘째 딸 젤소미나마저 팔려가며 영화는 시작된다. 바깥세상을 구경하며 음악과 춤을 배워 예술가의 삶을 살 수 있다는 기대 속에 그녀의 유랑생활도 시작된다. 이곳저곳 옮겨 다니며 줄 끊기 차력 공연으로 먹고사는 잠파노 밑에서 그녀는 공연 보조라 하지만 노예나 다름없다. 잠파노는 늘 하는 공연과 먹고 마시고 배설하는 것 외에는 아무런 관심도 생각도 없는 무뇌충 인간이다. 그런 그로부터 젤소미나는 사랑 따위 고사하고 늘 학대에 시달린다.

낡은 오토바이를 개조해 만든 3륜 차 한 대가 두 사람의 유일한 주거 공간, 그 안에서 둘은 어쨌든 부부나 다름없다. 길을 따라 마을과 마을을 떠돌며 함께 지내는 동안 그로부터 도망쳤다가 붙잡혀 오기도 하는 등 우여곡절의 세월을 함께 보낸다. 젤소미나는 조금씩 세상에 눈떠가면서, 자신을 구박하는 짐승 같은 잠파노에게 점차 연민을 느껴가게 된다. 그녀가 스타 연예인처럼 흠모하는 곡예사 마토의 말은 잠파노에 대한 그녀의 연민을 더 깊게 만든다. 잠파노가 내심으론 그녀를 좋아하고 있는지도 모름을 일깨워주는 것이다.

"그 친구는 개 같아. 개는 사람 쳐다볼 때 말은 걸고 싶은데 말을 못 해. 그러니 짖기만 하는 거야."

"불쌍해라. 그래요. 그럼 내가 아니면 누가 그 사람 옆에 있어줄 수 있겠어요?"

그러나 잠파노는 잠파노일 뿐, 자신을 향한 젤소미나의 헌신의 마음 따위 헤아릴 공감 능력이라곤 없다. 어느 날 사소한 실랑이가 발단이 되어 잠파노가 살인을 하게 되고 이때의 충격으로 젤소미나는 넋이 나간 채 식음을 전폐하고 몸져눕는다. 10여 일째 아파 누운 그녀가 도저히 감당이 안 된 잠파노, 햇볕 잘 드는 길모퉁이에 잠시 잠들어 있는 그녀를 놔둔 채 혼자 도망쳐 버린다. 그리곤 세월이 흘러 5년 후 우연한 기회에 젤소미나의 죽음 소식을 전해 들은 잠파노, 벼락 맞은 듯 몰아치는 깨달음에 혼자 울부짖는 마지막 장면으로 영화는 끝이 난다.

　영화 〈길〉을 회상할 때 떠오르는 이미지는 아득한 향수와 쓸쓸함이다. 서커스 홍보 차량을 따라 신나게 달려가는 동네 아이들과 그날그날 고달픈 삶을 이어가는 어른들 그리고 이런저런 인연들, 거기에 길과 길을 따라 이어

지는 이탈리아 시골 마을 정경들 위로 젤소미나의 트럼펫 멜로디가 아련하게 오버랩되는 것이다. 그러다 결국은 밤 바닷가에 홀로 남아 울던 남자의 쓸쓸한 모습만 남게 된다.

늘 옆에 있어 익숙한 것들에 대해 우리는 공기와 물인 양 그 소중함을 간과하며 살아간다. 이미 지나버린 다음에야 뭔가를 깨달으며 때늦은 회한에 젖어들곤 한다. 오늘을 살아가는 우리라고 70년 전 흑백영화 속 그 남자 잠파노와 별반 달라진 건 없는 듯하다.

우리 모두는 언젠가는 떠난다

굿바이

おくりびと, Good & Bye, 2008 / 일본 / 다기타 요지로 감독 / 모토키 마사히로

'이슬로 태어나 이슬로 사라지는 내 운명이로다. 나니와의 영화는 꿈속에
또 꿈이던가.'

(露と落ち 露と消えにし 我が身かな 浪速のことは 夢のまた夢)

임진왜란을 일으켜 자신의 수명까지 단축시킨 도요토미 히데요시가 오사
카(옛 이름 '나니와')의 거성에서 63세의 나이로 죽기 직전 남긴 유언 시다.

인생을 달관하고 초연하게 삶을 마감하는 듯한 분위기지만 실제는 그 반대였다. 삶의 끈을 끝까지 놓지 못하는 범부의 미련이 가득한 모습으로 죽었다. 사무라이 할복이나 가미카제 자폭처럼 의연함으로 미화되는 일본인 특유의 비장미 따위도 없었다.

대체로 인간은 죽음 직전까지도 그 상황을 부정하며 반드시 더 살 수 있다는 희망의 끈을 놓지 못하는 듯하다. 그러나 일본인들에겐 피할 수 없는 죽음 앞에선 체념하고 순응하는 자세가 보편적인 것 같다. 칼과 창으로 서로를 살육하던 100년 이상의 전국시대가 있었고, 자신들이 자초했던 태평양 전쟁과 두 차례 원폭 피해가 있었다. 지진과 해일 등의 자연재해는 역사와 관계없이 그들 앞에 피할 수 없는 숙명이었다.

이런 역사와 지리적 숙명을 통해 남들보다 더 많은 죽음과 마주할 수밖에 없었던 일본인들이다. 죽음으로 모든 인연이 끝난다면 너무 가혹하다. 현세의 인연의 끈이 다음 세계에서 어떤 형태로든 이어질 것이라는 믿음이, 죽음을 바라보는 일본인들의 마음에 깃들 수밖에 없는 이유일 것이다.

2008년에 만들어진 일본 영화 〈굿바이〉는 일본인들의 이런 죽음관을 살짝 엿보게 해준다. 몬트리올 영화제 그랑프리 등 수많은 국제영화제에서 수상과 호평이 이어졌던 수작이다. 원제목 '오쿠리비토(おくりびと)'는 '떠나보내는 사람'이란 뜻이다. 저세상으로 '영원한 여행'을 떠나는 망자들을 보살피는 사람에 대한 이야기이다.

　첼로 연주자인 주인공 다이고는 소속돼 있던 오케스트라가 해체되면서 하루아침에 도쿄에서의 일자리를 잃어버린다. 구직을 알아보던 어느 날 '고수익 보장. 초보 환영'이라는 내용의 '여행 도우미' 모집 광고를 보고 찾아갔다. 여행 가이드를 기대했고 면접은 즉석에서 합격했다. 그러나 구직 광고문의 '여행'이란 단어 앞에는 '영원한'이란 수식어가 빠졌음을 나중에야 알게 됐다. 저세상으로 '영원한 여행'을 떠나는 망자들을 염습(殮襲)하는 납관사(納棺師)로 취직이 된 것이다.

　첼로를 연주하던 품격 있던 두 손은 망자들의 시신을 어루만지는 도구로 변했고, 음악 예술가의 아내는 비천한 직업의 가족으로 전락해 버렸다. 이런 과정에서 부부가 겪는 갈등과 서로에 대한 이해 그리고 사랑의 확인이 영화의 큰 줄기이고, 다이고가 납관사로서 온갖 죽음과 대면하며 겪는 애환과 깨달음은 영화의 중요한 가지들이다. 영화의 뿌리는 아버지 시신과 조우하는 마지막 클라이맥스에서 드러난다. 예기치 않게 확인되는 '잊고 있던 사랑'이 관객들 뇌리에 깊이 각인된다.

다이고 스스로도 비천한 직업이라 느꼈던 납관사의 그 일은, 그러나 영화가 전개되면서 전혀 다른 모습으로 변모해간다. 망자의 시신을 정결하게 닦고 새 의복을 갈아입히는 염습과 그 시신을 관에 넣어 누이는 납관의 과정은 영화 속 대사처럼 경건하고 장엄하다. '이승의 피로와 고통, 번뇌를 씻어냄과 동시에 저승으로 돌아가기 위한 첫 목욕이자, 차갑게 식은 망자를 치장하여 영원한 아름다움을 주는 행위'인 것이다.

남편의 직업을 수치스럽게 여겼던 아내도 결국에는 '제 남편은 전문 납관사거든요.'라고 말하게 되는 마지막 장면은 사뭇 감동적이다. '누가 날 시험하는 걸까? 어머니를 못 지켜드린 벌인가? 앞으로 난 어떻게 될까?'라며 스스로 비관에 빠졌던 다이고는 염습과 납관의 신성함에 동화되면서 점차 자아를 찾아가게 된다. 그 과정에는 각기 저마다의 사연을 가진 수많은 유형의 죽음들이 있었다.

쓸쓸한 변사체로 발견된 독거노인, 손녀들의 토시 양말을 신고 싶어 했던 할머니, 부모 속을 썩이던 트랜스젠더 여학생, 이마에 딸의 립스틱 자국을 흠뻑 바르고 이승으로 떠나는 아버지……, 급작스럽게 혹은 천수를 누리고 죽어간 그 모습들은 각기 달랐지만 마지막 가는 길은 모두 같았다. 납관사의 절도 있는 손길에 의해 정성껏 닦여지고, 맨살이 보이지 않도록 정교하게 새 옷으로 갈아입혀진다. 마지막의 신성한 그 의식으로 인하여 영화 속 모든 망자의 모습은 똑같아진다. 이승에서의 번뇌는 사라졌고 새로운 세상을 향해 떠나는 평온만 남는다. 망자의 가족들에게도 떠나보내는 슬픔이 안도로 바뀐다.

'죽음은 문이야. 죽는다는 건 끝이 아니야. 죽음을 통과해 나가서 다음 세상을 향하는 거지. 그래서 문이야. 난 문지기로서 많은 사람을 배웅했지. '잘 가세요. 또 만납시다." 화장터 아저씨가 친구의 화장을 치르며 하던 말 속에 일본인들의 죽음관(觀) 또는 영화 속 망자와 그 가족들의 기대가 함축되어 있다.

'너무나 맛있단 말이지, 미안하게도.' 방금 염습을 마치고 온 그 손으로 너무나 맛있게 닭고기를 뜯어먹는 납관사들의 대화 속에도 비슷한 의미가 포함되어 있다. 인간을 포함한 모든 생물은 다른 생물의 죽음과 희생을 통하여 생존한다. 영화 속에선 여러 인물들이 게걸스럽게 먹는 행위가 많이 강조되는데, 한쪽의 죽음이 다른 쪽에선 삶의 연속으로 이어진다는 함의가 엿보인다. 죽은 자를 통하여 보수를 받고 생계를 유지하는 다이고의 처지도 같은 의미다.

첼로 연주자가 주인공인 만큼 영화에서는 음악의 비중이 크다. 음악을 맡은 히사이시 조는 〈센과 치히로의 행방불명〉, 〈원령공주〉, 〈바람계곡의 나우시카〉, 〈하울의 움직이는 성〉 등 일본 명품 애니메이션 영화들의 음악을 도맡은 것으로 유명하다. 특히 이 작품에서는 다양한 사람들의 죽음과 배웅의 분위기에 첼로의 묵직하고 장엄한 선율이 절묘한 조화를 이루며 빛을 발한다.

영화 속 주옥같은 곡들 중에서도 OST 18번 트랙에 실린 〈Memory〉가 가장 심금을 울리며 오랜 여운을 남긴다. 어릴 적 아버지의 코치를 받으며 켰던 낡은 첼로를 꺼내 혼자 연주해보는 중반부 장면과 아버지 시신을 염습하는 마지막 장면에서 흘러나오는 곡이다. 두 번 모두 중요한 메시지를 전해주는 장면들인데 어릴 적 아버지와 주고받은 두 개의 조약돌이 등장한다. 중반 연주 장면에서는 아버지가 어린 아들에게 선물한 크고 울퉁불퉁한 조약돌, 마지막 염습 장면에서는 어린 아들이 아빠에게 선물한 작고 매끄러운 조약돌이다.

카페를 운영하다 여종업원과 눈이 맞아 집을 나간 이후 소식을 끊은 아버지였다. 어릴 적 일이라 다이고에겐 뚜렷한 기억이 남아 있지 않다. 한 번도 연락이 없던 아버지가 사망했다는 우편 소식을 접했지만 다이고에겐 아무런 느낌이 없다. 내키지 않은 마음으로 우편에 나온 주소지로 찾아가 아버지 시신과 무덤덤하게 조우한다. 자신의 행복만을 좇아 고향과 가족을 버린 그 아버지는 실은 객지를 전전긍긍하며 초라하게 살다가 이젠 이렇게 쓸쓸한 시신으로 누워 있다. 강물을 거슬러 회귀하는 연어처럼 고향으로 돌아가 가족의 품에서 죽고 싶었을 그 심정이, 시신을 염습하는 납관사 아들의 눈물 속에 고스란히 투영된다.

'누구나 언젠가는 사랑하는 사람을 떠나보내기도 하고 또는 자신이 먼저 배웅받기도 한다.'는 예고편 카피가 다시 떠오르는 작품이다.

21

줄리엣의 집, 50년 만에 닿은 편지

레터스 투 줄리엣

Letters To Juliet, 2010 / 미국 / 게리 위닉 감독 / 아만다 사이프리드, 바네사 레드그레이브

셰익스피어의 희곡 〈로미오와 줄리엣〉은 이탈리아 북부 도시 베로나를 무대로 한다. 반도의 북쪽에서 고대 로마제국을 수호하는 요새 도시로 성장한 베로나는 도시 전체가 유네스코 세계문화유산에 등재되어 있다. 밀라노와 베네치아를 직선으로 잇는 300km 고속도로의 중간쯤에 위치한다. 베로나에는 고대 로마와 중세 유럽을 대변하는 명소들이 많은데, 그중에서도 '로미오와 줄리엣'의 무대를 재연한 '줄리엣의 집(Casa di Giuietta)'에 가장

많은 여행자들이 몰린다. 줄리엣의 실물 크기 동상이 있고, 2층엔 줄리엣이 밤하늘을 바라보며 속마음을 내비치던 발코니가 튀어나와 있다.

'장미는 다른 이름으로 불려도 향기는 마찬가지! 로미오 님 그대 이름을 버리고 대신 저의 모든 것을 가지세요.'

나무 밑에 숨어 올려다보던 로미오가 줄리엣의 이 독백을 엿듣게 되며 비로소 두 청춘의 사랑은 시작되고, 모두가 아는 바대로 결국은 비극으로 막을 내린다.

'줄리엣의 집'은 베로나 시 중심가인 카펠로 거리 23번지에 위치한다. 북쪽으로 에르베 광장과 시뇨리 광장, 남쪽으론 패션 쇼핑가 마찌니 거리를 각각 500m 이내에 두고 있는 구도심 명소다. 줄리엣의 가냘픈 동상 가슴 부분은 수많은 이들의 손길로 반질반질 윤이 난다. 가슴을 어루만지면 고대하던 사랑이 이뤄진다거나 지금의 사랑이 영원히 지속된다는 믿음이 남긴 흔적이다.

건물 주변 벽면은 온갖 낙서와 메모들로 어지럽다. 이 집의 주인인 줄리엣에게 보내는 편지 형태의 글들이다. 남편이 있는데 다른 남자를 사랑하고 있다거나, 사랑하는 남자에게 다른 여자가 생긴 것 같다 또는 시댁 식구들이 결혼을 반대하는데 어쩌면 좋을까 등 가상의 인물 줄리엣에게 고해성사나 하소연 또는 조언을 구하는 내용들이 대부분이다. 이 세상 여성들의 사랑에 관한 온갖 희로애락이 이 공간에 다 모아져 있는 듯하다. 발신자 신분과 주소를 남기면 줄리엣으로부터 회신 편지를 받아볼 수도 있다. 물론 겉으론 줄리엣으로부터의 회신이지만 실제로는 베로나 관광 활성화를 담당하는 시 공무원들이 정성껏 작성하는 글이다.

영화 〈레터스 투 줄리엣〉은 이곳에 남겨진 편지 한 통을 모티브로 하여 극적인 해피엔딩까지 이어지는 말랑말랑한 멜로물이다. 뉴욕에 사는 작가 지망생 소피는 약혼자와 함께 이탈리아를 여행하던 중 줄리엣의 집 벽면 틈새에서 50년 전에 남겨진 편지 한 통을 우연히 발견한다. 벽면 틈새에 깊숙하게 끼워져 있어서 그동안 누구에게도 발견되지 못했던 것이다.

'베로나의 줄리엣에게. 약속을 지키지 못했어요. 로렌조에게 안 간 거죠. 좋아 어쩔 줄 몰라하던 그의 눈빛이 아른한데, 함께 떠난다고 약속해 놓고선 부모님이 무서워 나 혼자만 도망쳐 버린 거예요. 로렌조는 그 나무 아래에서 하염없이 날 기다릴 텐데. 난 지금 베로나에 왔어요. 내일 아침 런던으로 돌아가는데, 두려워요. 줄리엣, 어떡하면 좋죠? 내 가슴은 찢어지는데 뭐라고 말 좀 해줘요. 클레어 스미스.'

편지를 읽고 난 소피는 당연히 궁금해진다. 그때의 두 연인은 과연 다시 만났을까? 결국은 결혼하여 잘살고 있을까? 그랬다면 지금쯤 손자 손녀가 있는 할아버지 할머니로 잘 늙어 있을 것이다. 아니면, 끝내 다시 만나지 못하고 각자의 인생을 살아가고 있을지도 모른다. 마음속 비밀로 간직한 채 평생 서로 그리워하면서 말이다. 지난 50년 동안 두 사람은 과연 어떤 삶을 살았을까?

작가 지망생답게 소피의 상상력은 나래에 나래를 펼쳐간다. 그리곤 펜을 들어 미지의 클레어 스미스에게 회신 글을 써 내려간다. 이 편지가 실제로 클레어에게 전달될 거라 믿기보다는 감수성 풍부한 소피의 애틋한 마음이 아무런 기대 없이 그런 편지를 쓰게 만든 것뿐이다. 그러나 단 며칠 후 예기치 않은 손님이 찾아온다. 반백의 할머니가 된 편지 속 클레어가 영국에서 소피의 편지를 받아보곤 변호사인 손자 찰리를 데리고 단숨에 이탈리아로 날아온 것이다.

이렇게 베로나에서 만난 세 사람이, 지금은 60대 할아버지가 되었을 50년 전 청년 로렌조를 찾아 나서고 우여곡절 끝에 결국은 찾아내는 과정이 영화의 메인 스토리이다. 그러나 후반으로 가면서 영화의 주인공은 소피와 찰리, 두 청춘 남녀로 바뀌어 간다. 곧 결혼할 계획이었던 소피가 할머니의 연인 찾기 여정을 함께하는 동안 사랑에 대한 어떤 깨우침을 얻게 되고 결국엔 기존 약혼자를 포기하고 새로운 선택을 하게 되는 것이다.

두 축의 로맨스 라인이 이어지는 과정에서 관객들은 결말이 과연 어찌 될지 내내 궁금하면서도 한편으론 이탈리아 여행을 함께하는 즐거움을 만끽하게 된다.

50년 전 클레어와 로렌조가 사랑을 나눈 곳은 피렌체 남쪽으로 70km 떨어진 도시 시에나였다. 베로나와 시에나, 세계문화유산의 두 도시는 물론 시에나를 중심으로 직경 100km 범위 안에 로젠조가 살 법한 곳들을 찾아다니는 여정을 관객들도 함께하는 셈이다. 나지막한 구릉과 구릉이 이어지며 끝없이 펼쳐지는 밀밭과 포도원, 그 한가운데를 지그재그로 잇는 넓지 않은 도로와 길 양쪽으로 늘어선 나무와 나무들, 그리고 군데군데 나타나는 중세의 고택들, 이탈리아 토스카나 지방의 이런 대표적 풍광들이 영화 후반을 아름답게 장식한다.

엔딩 부분에서 클레어 할머니가 읽어주는 소피의 편지글 속에 이 영화가 주고자 하는 메시지가 담겨 있다. 여행을 통해 얻을 법한 인생의 어떤 성찰이나 깨달음으로 연결될 수도 있겠다.

'클레어, 지난 인생에 대한 아쉬움은 누구에게나 있어요. 하지만 정말 소중한 걸 놓쳐 버렸다면 그 미련은 평생 가슴에 돌덩이로 남게 되죠. 돌아갈 수 있다면? 다시 할 수 있다면? 되돌릴 수 있다면? 이제 50년 전 선택은 기억에서 지워 버리고 사랑에 대한 한 가지만 기억하세요. 사랑에 늦었다는 말은 없답니다.

이젠 용기를 내세요. 가슴의 소리를 따라가는 거예요. 때로는 가족을 떠나고 먼바다를 건너야 한다 해도 그 뜨거운 사랑을 느낄 수만 있다면 저라면 용기를 내어 그걸 잡겠어요. 눈물로 엇갈린 운명, 용기로 되돌릴 수 있어요.'

〈레터스 투 줄리엣〉 배경지

우리는 상처 끝에 구원을 만난다

랜드

Land, 2020 / 미국 / 로빈 라이트 감독 / 로빈 라이트, 데미안 비쉬어

'길을 잃거나 세상을 잃어버리고 나서야 우리는 비로소 스스로를 발견하기 시작한다. 자신의 위치와 관계의 무한한 범위도 이때부터 깨닫게 된다.'

헨리 데이비드 소로의 고전 『월든(Walden)』 8장에 서술된 내용이다. 19세기 중반에 20대 청년이었던 소로가 미국 매사추세츠의 월든 호숫가 오두막에 3년 가까이 홀로 살며 알게 된 세상의 이치일 것이다.

170여 년이 지난 오늘날, 불의의 사고로 가족을 잃은 한 여인은 미국 중부 내륙 와이오밍주의 산속 오두막에 3년 이상을 홀로 살았다. 문명과 동떨어진 호숫가 생활을 통하여 소로는 후세의 우리에게 삶의 지혜와 교훈들을 남겨줬지만, 산속 오두막에 칩거했던 그 여인은 자신의 삶을 온전히 되찾았다. 죽음 같은 고통 속에 시달리다 찾아간 그 산속에서 구원을 받은 것이다. 2021년 봄에 국내 개봉됐던 로빈 라이트 주연 감독의 미국 영화 〈랜드〉 속 여인의 이야기로 들어가 보자.

"지금 기분이 어떤지 말해줄 수 있어요?"

"사람들이랑 같이 지내는 게 힘들어요."

정신과 의사에게 상담받는 여인의 모습과 함께 화면이 열린다. 자발적인 병원 방문이 아니고, 자매 동생의 권유에 마지못해 응했음을 실토한다. 관객의 눈에 비친 그녀는 환자임이 분명하다. 무표정한 얼굴에는 정신적으로 깊은 내상을 앓고 있음이 읽힌다.

이어 잔잔한 음악과 함께 타이틀 자막이 오르며, 도시를 떠나는 그녀의 차가 자그맣게 비친다. 광활한 벌판이 시원하고, 거대한 풍력발전기들이 서 있는 풍경이 더없이 아름답지만 운전석에 앉은 그녀의 표정은 어둡다.

어느 시골 마을에 차를 멈춘 그녀, 산악 생활에 필요한 장비들을 사들이고 다시 길을 떠난다. 잠깐의 망설임 끝에 가게 앞 쓰레기통에 핸드폰을 버린 걸로 보아선 세상과 통하는 모든 문을 닫는 듯하다. 비포장도로를 거쳐 한참 만에 도착한 산 중턱 오두막집, 얼마 전 세상 떠난 노인이 살던 집이라고 설명하는 안내인에게 그녀는 자신이 몰고 온 차를 적당한 가격에 처분해 달라고 부탁한다. 세상과 통하는 마지막 가교까지 걷어차는 모양새다. 이런 첩첩산중 오지에 차도 없이 어떻게 홀로 살려 하는지 못내 걱정된다는 눈치로 안내인은 떠났고 그녀는 홀로 남는다.

치밀한 계획을 세워 온 건 아니다. 하루하루 고통스러운 현실을 피해 허겁지겁 달아나 왔다. 보이는 건 울창한 숲과 계곡과 하늘뿐이다. 난생처음 맞닥트린 이런 오지 생활이 순탄할 리는 없겠지만 그래도 초기 한동안은 인적 없는 고독 속에서 마음의 평온을 느낀다. 그러나 밤마다 들짐승 울음소리에 시달리고, 전기와 수도 따위 문명의 이기와는 동떨어진 곳에서 장작을 패 땔감 만들고, 강에서 낚시를 하거나 엽총으로 사냥하여 하루의 끼니를 겨우겨우 채워가는 일상이 그녀에겐 점차 힘에 부치기 시작한다.

엎친 데 덮친 격으로 어느 날 먹을 것을 찾아 헤매던 거대한 곰의 습격을 받아 오두막 안이 난장판이 되어 버렸고, 처음 가져와 쌓아 둔 캔 음식들도 초토화돼 버린다. 혹한의 겨울을 버텨낼 비상식량 대부분이 없어진 셈이다. 폭설이 쌓이면서 먹을 것 구하기가 여의치 않아지고 그녀는 점차 오두막 안에서 고립된 채 굶주림에 지쳐간다. 기아가 한계에 이르는 비몽사몽의 어느 순간, 엽총으로 자결까지 시도하다 자신을 애타게 찾고 있을 자매 동생을 떠올리며 정신 잃고 쓰러진다. 죽음에 이르기 직전, 우연히 근처를 지나던 사냥꾼 남자가 오두막집에 들어서며 두 사람의 인연이 시작되고 영화는 후반으로 접어든다.

누구든 살아가면서 크든 작든 상처와 아픔을 겪는 과정을 피해 갈 수는 없다. 상처의 깊이에 따라선 일상의 시간들이 아무런 의미가 없어지면서, 세상을 벗어나고픈 충동에 휩싸이기도 한다. 바로 눈앞에서 남편과 어린 아들을 순식간에 잃어버린 영화 속 여인의 경우가 그랬다. 이후 그녀의 삶이 어떨지, 그 마음의 상태가 충분히 공감되는 것이다.

사냥꾼 남자의 도움으로 목숨을 건진 그녀는 산 아랫마을 살며 수시로 찾아오는 그의 계속되는 도움으로 덫 놓는 법, 사냥 총 쏘는 법 등 산속 생활에 필요한 기본 노하우들을 습득해가며 점차 홀로서기 일상에 적응해간다. 작은 텃밭을 일구며 자급자족도 하고, 야외 욕조 뜨거운 물 속에 누워 쉬며 주변 풍광의 아름다움을 새삼 확인하는 등 마음의 여유도 생길 즈음. '당분간 오지 못한다'는 말을 남기고 돌아간 남자의 발길이 예상보다 오래 끊긴

다. 이상한 생각과 함께 하루하루 기다리던 그녀가 그의 행방을 찾아 몇 년 만에 처음으로 산을 내려가면서 영화는 결말로 다가간다.

　소중한 이들을 떠나보내고 홀로 남겨진 사람들의 구원에 관한 이야기다. 홀로 살기를 원했으나 결국은 누군가의 도움으로 상처를 치유하고 삶의 희망을 되찾게 된 여인, 절망에 빠진 누군가를 도움으로써 결국은 스스로 구원받게 된 남자, 두 사람의 만남과 이별이 별다른 사건 전개 없이 건조하고 잔잔하게 이어지지만, 영화를 보고 나면 왠지 스스로 위로받은 느낌에 마음 한편이 따스해질 것이다. 세상은 더불어 함께 살아가야 하는 것임을 새삼 일깨워준다.

영화의 배경은 미국 와이오밍과 캐나다 앨버타 등지에 남북으로 길게 뻗은 로키산맥이다. 여인이 산을 내려가 찾아간 곳은 미국 와이오밍주의 산악마을 퀸시였고, 그녀의 오두막은 퀸시 인근의 인디언 보호구역 산악지대로 그려지지만, 실제 촬영은 캐나다 앨버타 주의 작은 마을 디즈베리와 인근 무즈산에서 이뤄졌다. 어쨌든 로키산맥의 청량한 대자연과 한 시간 이상을 함께하는 것이다.

다시 소로의 고전 『월든』의 경구를 떠올려본다.

'자신의 인생을 단순하게 살면 살수록 우주의 법칙은 더욱더 명료해진다. 그때 비로소 고독은 고독이 아니게 되고, 가난도 가난이 아니게 된다. 그대의 삶을 간소화하고, 간소화하라.'

온전한 나를 찾고 싶은 이들이여

먹고 기도하고 사랑하라

Eat Pray Love, 2010 / 미국 / 라이언 머피 감독 / 줄리아 로버츠, 하비에르 바르뎀

"하나님, 계세요? 지금까지 한 번도 이렇게 기도드린 적이 없어서 죄송해요. 그동안 당신이 주신 축복에 감사드려요. 근데 너무 힘들어요. 남편과 완전히 딴 배를 탄 느낌이에요. 뭘 어떻게 해야 할지 모르겠어요. … 이 결혼 생활을 유지하기가 너무 힘들어요. 어떻게 하면 좋을까요? 말씀만 해주시면 뭐든 다 따를게요. 이런 나 자신이 너무나 싫고 용서가 안 돼요."

서른한 살의 엘리자베스 길버트는 뉴욕의 성공한 작가다. 1년 전에는 맨

해튼에 멋진 집까지 장만했다. 사람들은 통상 그녀를 '리즈'라 부른다. 매사에 완벽을 추구하고 흐트러짐이 없다. 뭔가에 꽂히면 끝장을 봐야 하고, 뭐든 자신이 좋아하는 것에 대해선 철저하게 몰입하고 집착이 강하다. 주변 모든 이들은 리즈를 칭찬하며 부러워하지만 정작 본인은 힘들다. 이런 완벽주의를 유지하는 데에 너무나 많은 에너지가 소모되기 때문이다.

힘든 자신을 겉으로 드러내지 않으려 애쓰다 보니 속으론 늘 스트레스에 절어 산다. 그러나 이제 한계에 봉착했다. 결정적인 원인은 남편 스티븐 때문이다. 스물세 살에 좋아서 결혼했으니 이제 8년째 함께 살아왔지만 남편은 지금껏 한 번도 경제활동을 해본 적이 없다. 오히려 사업을 벌이려다 여러 번 말아먹는 등 완전히 리즈의 경제력에만 의존해 살아왔다.

아이 같은 남편을 오래 뒷바라지하는 데 지쳤고, 이제 와서 자기 계발을 위해 대학원에 진학하겠다고 조르는 남편의 모습에는 완전히 질렸다. 더 이상 결혼생활을 이어갈 자신이 없어졌다. 결국 리즈는 이혼을 결심한다. 물론 남편이 쉽게 합의해 줄 리가 없었다. 자신이 모은 재산 대부분을 남편에게 주는 조건으로라도 이혼을 성사시키려 소송을 시작한 리즈는 집을 나와 친구 집에 잠시 얹혀산다.

이혼 소송의 고통으로 방황하던 리즈는 자신이 대본을 쓴 연극 공연장에 갔다가 주연 배우 데이비드와 필이 통해 한동안 사랑에 빠진다. 그러나 이 관계 또한 오래가지 못하고 끝난다. 상대에 집착하고 헌신적인 그녀와 달리 데이비드는 부담과 구속을 싫어하고 매사 자기중심적이었다. 어딘가에 기대고 싶었던 리즈로선 역시 갈증을 느낄 수밖에 없었다.

연이은 실패로 깊은 수렁에 빠진 리즈에겐 돌파구가 필요했다. 20대 초반에 결혼해 지금껏 아내로서, 작가로서 치열하게 살아왔지만 정작 자신을 돌보는 데에는 너무나 소홀했음을 뼈저리게 느낀 리즈는 일단 멀리 떠나보기로 마음먹는다. 그동안 머릿속에만 그려왔던 선망의 여행지를 찾아 1년간 아무 생각 없이 오로지 자기 자신에게만 충실해보기로 결심한 것이다. '머무는 것보다 힘든 건 떠나는 거다. 누구에게도 상처 안 주고 조용히 떠나자. 무조건 멀리멀리 가는 거다.'

2010년 개봉된 미국 영화 〈먹고 기도하고 사랑하라〉는 현존하는 미국 작가 엘리자베스 길버트(1969~)의 자전적 에세이를 영화화한 작품이다. 2006년 같은 제목으로 발간돼 전 세계 1천만 부 가까운 베스트셀러에 올랐

던 이 책은 작가 본인이자 주인공 리즈의 진정한 자아 찾기를 담은 힐링 에세이다. 영화에선 작가보다 두 살 많은 줄리아 로버츠가 주인공 리즈 역을 맡아, 결혼과 사랑에 실패한 여성이 여행을 통해 상처를 치유하고 진정한 자아와 행복을 찾아가는 과정을 섬세하게 보여준다.

자신이 진정 원했던 삶이 어떤 거였는지 의문을 갖던 리즈가 일단은 루틴한 일상에서 과감하게 벗어나 보자고 결심한 후 맨 처음 찾은 곳은 이탈리아다. 로마에 도착해선 테베레 강가의 산탄젤로 성 테라스에 올라 일몰 즈음의 로마 시내와 바티칸 시국 전경을 바라보며 인생 새 출발의 의지를 다진다. 숙소를 계약한 후 느긋이 시내를 돌아다니다 나보나 광장의 피우미 분수 옆 벤치에 앉아 맛있게 젤라토를 먹는 표정에는 행복이 넘쳐난다.

'먹고 기도하고 사랑하라'라는 제목은 리즈가 거쳐가는 여행지 3곳과 연결된다. 이탈리아에선 욕망이 원하는 대로 열심히 먹고, 인도에선 기도하는 일상, 그리고 인도네시아에선 다시 사랑을 시작하는 동선으로 여행이 이어지는 것이다. 때문에 이탈리아 여정은 다양한 음식이 화면 가득 실리는 먹방 여행처럼 보이기도 한다. 모차르트의 〈마술피리〉 중 〈밤의 여왕〉 아리아가 흘러나오는 장면 역시 그렇다. 야외 카페에 앉은 리즈가 조수미의 아리아를 들으며 파스타를 먹는 눈빛과 표정은 황홀경 그 자체다. 친구와 함께 나폴리까지 찾아가 다이어트에 연연하지 말자며 피자를 먹는 장면 역시 마찬가지다. 한동안 잃고 있었던 삶의 의욕이 식욕과 함께 되살아난 것이다.

하루하루의 일상에 활력을 찾아가며 비로소 리즈는 삶 자체를 다시 사랑하게 되어간다. 아우구스투스 황제의 영묘(陵墓) 아우구스테움을 둘러보던 리즈는 이 오래된 고성을 통하여 소중한 깨달음도 얻는다.

'우린 변화를 두려워해. 현상 유지한답시고 끔찍하게 망가지지. 근데 오
랜 세월 혼란을 겪은 이곳은 달라. 한때 화재와 노략질로 파괴됐지만 이곳
은 다시 세워졌어. 내 인생이 혼란스러웠던 게 아니라 집착이 문제란 걸 알
았어. 때론 무너져도 괜찮아. 무너지면 다시 세울 수 있잖아.'

두 번째 여행지 인도 북부로 날아간 리즈는 뉴델리 남서쪽에 인접한 도시
파타우디의 한 아쉬람(수도원)에 머문다. 이탈리아에선 먹고 싶은 거 마음
대로 먹고 즐기며 삶의 활력을 되찾았다면 인도 여행에선 기도와 명상으로
이어지는 수련 생활을 통하여 영성을 키워가는 기회를 얻게 된다. 특히 텍
사스에서 온 중년 남자 리처드와 우정을 쌓아가는 과정에서 리즈는 자신을
비난하고 자책해왔던 그동안에서 벗어나 스스로를 용서하게 된다. 모자라
면 모자란 대로, 있는 그대로의 자신을 받아들이게 된 것이다. 리즈의 독백
이 이를 말해준다. '인도 여행은 한 줄로 요약된다. 내 안에 있는 신을 발견
하는 거다. 신은 완벽한 인간을 기대하지 않는다. 신은 내 안에 계신 거다.'

인도에서 '나' 자신을 사랑하는 쪽으로 눈이 트였다면 세 번째 여행지 인
도네시아에선 새로운 사랑을 만나게 된다. 발리에 살며 이혼의 상처를 치유
하던 브라질 남자 펠리프를 만나 동병상련의 공감으로 서로를 사랑하게 된
것이다. 하지만 결정적인 순간에 리즈는 펠리프의 구애를 거부하고 발리를
떠나려 한다. 모처럼 일궈낸 내적 균형을 새로운 사랑 때문에 잃고 싶지 않
아서였다. 이번 사랑 역시 실패로 끝나 더 큰 상처를 입을지도 모른다는 두
려움도 컸다. 그러나 '때론 사랑하다가 균형을 잃기도 하지만 그래야 더 큰

균형을 찾아낼 수 있다'는 주술사 케투의 조언으로 그녀는 새로운 깨달음을 얻는다. 다시 펠리프에게로 달려간 리즈는 '건너가다'라는 뜻의 이태리어 '아트라베르시아모(attraversiamo)'를 외치며 그와 함께 배에 오른다. 그리곤 펠리프가 원했던 사랑의 섬을 향하여 바다를 '건너며' 영화는 끝난다.

니체의 '자라투스트라는 이렇게 말했다' 1부에 등장하는 광대의 줄타기와 '밧줄'의 비유가 이때의 리즈의 마음과 잘 연결이 된다.

'인간이란 짐승과 초인을 연결해 주는 밧줄, 심연 위에 걸려 있는 하나의 밧줄이다. 저편으로 건너가는 것도 위험하고, 뒤돌아보는 것도 위험하고, 벌벌 떨거나 멈춰 서는 것도 위험하다. 인간을 사랑할 수밖에 없는 것은 그가 건너가는 존재이면서, 건너다 추락도 하는 존재이기 때문이다. 그들은 저편으로 건너가는 자들이기에 나는 그들을 사랑한다.'

사족) 미국 CNN은 지난 2016년 7월, 작가 엘리자베스 길버트의 두 번째 이혼을 발표했다. 그녀 또한 자신의 페이스북에 "많은 여러분들께서 '펠리프'라고 알고 있는 그 남자와 헤어졌어요. 〈먹고 기도하고 사랑하라〉 여행의 마지막 부분에서 만나 사랑에 빠졌던 바로 그 남자죠."라고 밝혔다. '그는 지난 12년간 정말 저의 멋진 배우자였고, 우리는 아름다운 시간들을 함께 보냈어요.'라고 이어지는 내용으로 보아 이 결별은 그녀에게 또 하나의 실패나 상처를 의미하는 건 아닌 듯하다. 또 다른 '건너감'이요, 삶의 일부일 뿐임을 짐작할 수 있다.

여행의 끝에서 만난 삶의 정수(精髓)

월터의 상상은 현실이 된다

The Secret Life of Walter Mitty, 2013 / 미국 / 벤 스틸러 감독 / 벤 스틸러, 크리스틴 위그, 숀 펜

남정네가 저렇게 소심해도 되는 걸까? 아침 시간에 노트북 앞에 앉아 엔터키를 누를까 말까 한참을 망설인다. 연애 사이트에서 자신이 관심 둔 여성에게 윙크 한 번 보내는 게 저리 힘들다. 고리타분한 잠바 차림으로 출근길에 나선 주인공, 거대한 아파트를 배경으로 왜소하기 그지없다. 현대의 도시라는 거대한 톱니바퀴의 자그마한 부속품 하나에 불과한 모습이다. 전철을 기다리며 누군가와 시시콜콜한 통화를 하던 그 남자, 잠시 어딘가로

눈길이 꽂히더니 어느새 슈퍼맨처럼 멋지게 날아 맞은편 아파트 창문을 깨고 돌진해 들어간다.

돌발상황! 잠시 후 대폭발이 일어나고, 그 와중에 강아지 한 마리를 구출해 건물을 탈출한 주인공, 자신이 그렇게도 짝사랑하는 여인 앞에 영웅의 모습으로 선다. 그녀에게 당당하게 강아지를 돌려주며 단숨에 그녀의 사랑까지 얻어낸다. 이 무슨 황당한 시추에이션인가?

관객들이 잠시 멍~해지는 와중에 영화 속 남자는 곧 몽상에서 깨어 제정신 현실로 돌아온다. 소심한 남자가 머릿속에서만 그려내는 공상, 소위 '멍때리기'의 첫 번째 장면이면서 영화의 오프닝이다.

〈월터의 상상은 현실이 된다〉의 주인공 월터 미티는 이런 식으로 시도 때도 없이 저 혼자 망상에 빠져드는 일이 습관화되어 있다. 현실에서 이룰 수 없는 일들을 상상으로 즐기며 자기 위안을 삼고 있는 것이다.

월터 미티는 잡지사 '라이프(LIFE)'지의 필름 현상 부서에서 일한다. 잡지에 실리는 사진들이 자신의 손을 거치며 영혼과 의미가 부여된다는, 나름대로의 자부심은 있다. 전 세계 현장에서 보내오는 멋진 사진들을 다루는 일이지만, 정작 그가 일상을 보내는 공간은 좁고 어두운 작업실일 뿐이다. 가족이라곤 노모와 노처녀 여동생뿐이다. 연애 사이트의 자기소개 난에 써넣을 이력조차 별다른 게 없는 인생이다. 해본 것 없고, 가본 곳 없고, 인생에 특별한 거라곤 하나 없는 그야말로 심심이 노총각. 옆 부서에 근무하는 이혼녀를 짝사랑하지만 이렇다 할 고백 한 번 못 해보고 있다.

때는 2007년 봄, 마흔두 번째 생일을 맞은 날 월터는 회사가 인수당했다는 소식을 듣는다. 라이프지는 1936년 창간되어 보도사진 분야에서 국제적 명성과 인기를 얻어온 시사잡지였다. 인터넷 급증과 광고 급감으로 경영난이 심각하다는 소문은 들어왔지만 다른 직원들처럼 월터에게도 청천벽력 같은 소식이다. 16년 동안 공들여 일해 온 잡지가 2주 후 폐간된다니, 인터넷판으로 바뀐다고는 하지만 회사에 엄청난 구조조정이 있을 것이다.

자신이 여기서 살아남을 수 있을지 어떨지 절체절명의 순간에, 월터에겐 업무상 큰 문제가 생겨버렸다. 2주 후 출간될 마지막 호의 표지 사진을 분실한 것이다. 기한 내에 그 사진을 찾아내지 못하면 월터는 분명 해고될 것이다. 사진을 보내왔던 이는 평소 연락조차 되지 않고 세계 오지에서만 작품을 찍고 있는 전설의 사진작가 숀이다.

막다른 골목에 몰린 월터는 분실한 25번 사진을 찾기 위해 무작정 숀을 찾아 오지로 떠난다. 그를 좇아 북해의 그린란드와 아이슬란드를 헤매는 동안 평생 겪어본 적 없는 온갖 상황들과 맞닥뜨린다. 헬기에서 바다로 뛰어내리거나 화산 폭발 현장에서 죽을 고비를 넘기기도 한다. 기어코 숀을 만나야겠다는 집념이, 평소 그에게 드러나지 않던 독종 기질을 불러낸 것이다.

이렇게 생애 첫 여행은 그를 자각시키고 변화시킨다. 비로소 세상과 만나고 자신의 참모습에 눈을 떠가는 여정이 된 것이다. 아프가니스탄 위험지역을 거쳐 히말라야 깊숙이 들어가 결국은 숀을 만나고, 25번 사진의 미스터리를 풀기까지의 후반부는 이전과 전혀 달라진 월터의 모습을 보여준다. 비로소 사랑을 얻어내고 또한 자신에게 내재돼 있던 꿈과 가치를 확인하며 영화는 끝이 난다.

> To see the world,
>
> things dangerous to come to ,
>
> to see behind walls,
>
> to draw closer,
>
> to find each other and to feel,
>
> That is th purpose of LIFE
>
> 세상을 바로 보며,
>
> 다가오는 수많은 위험을 극복하고,
>
> 벽 너머를 볼 줄 알며,
>
> 더 가까이 다가가,
>
> 서로를 알아가고 서로를 느끼는 것,
>
> 그것이 바로 '라이프'의 목적.
>
> 〈비행기 이륙 장면에서 활주로에 나타나는 글귀〉

사람들은 대체로 스스로의 가치를 잘 모른 채 살아간다. 내가 하는 일이 통속 사회의 외관상 기준에 못 미친다고 많이들 자조한다. 스스로의 왜소함에 불안해하며 뭔가에 쫓기듯 허겁지겁 살아가기도 한다. 자신의 참된 가치를 인식하게 되는 건 스스로의 자각이나 노력에 의한 경우도 있지만, 외부로부터의 우연한 계기를 통해서일 때도 많다. 주인공 월터의 경우는 두 가지가 동시에 이뤄졌다. 25번 필름을 찾아야만 하는 절박함이 계기가 되었다. 어쩔 수 없이 또는 호기심에 이끌려 일상을 탈출하고 여행을 떠난 것이 자신의 인생을 새롭게 돌아보는 계기가 되었다.

월터가 천신만고 끝에 사진작가 숀을 찾아냈을 때 그는 히말라야 설산 한 편에서 눈표범이 나타나는 순간을 포착하려 망원 렌즈를 주시하고 있었다. 그러나 한순간 눈표범이 잠깐 나타났어도 숀은 셔터를 누르지 않고 지켜보기만 한다. 왜 그런지 궁금해하는 월터에 대한 숀의 대답은 '진정 아름다운 것들은 관심을 바라지 않는다.(Beautiful things don't ask for attention.)' 이다. 여행에서 멋진 정경을 만나면 그 자체를 느끼기보다는 사진 등 기록으로 남기기에 급급한 이들을 부끄럽게 만드는 말이기도 했다.

늘 관심에 목말라하고 소외를 두려워하고 그래서 뭔가를 쉬지 않고 해 나가야만 하는 현대의 우리들이다. 비루한 자신의 모습을 돌아볼 여유도 없고 또는 고결한 자신의 가치를 알아보지도 못한 채 뭔가를 놓치며 살아간다. 통속적인 것에 좀 더 초연해질 수 있다면 그만큼 더 행복해질 수 있음을, 숀이 월터에게, 영화가 우리에게 일깨워준다.

히말라야 설산에서의 숀의 모습을 통하여 월터는 삶의 정수(精髓, Quintessence)를 보았다. 영화의 엔딩 반전인 라이프지 마지막 호 표지 사진을 통해 숀은 또한 월터의 일상이 곧 '삶의 정수'임을 모두에게 일깨워준다.

우리의 일상, 스스로 아무리 비루하다 느낄지라도 어느 부분에 분명 자신이 몰랐던 삶의 정수가 있는 것이다. 영화 속 주제곡인 〈이제 눈을 떠라(Wake up)〉의 노랫말처럼 심장 차가워지기 전에 어딘가 낯선 세상으로 여행을 떠나보면 어떨까. 월터 미티가 세상 밖으로 뛰쳐나갈 때 흘러나왔던 주제곡을 떠올리면서 말이다.

'내 가슴속이 공허함으로 가득 채워져 가는데 누군가는 내게 울지 말라고한다. 하지만 나 이제 늙어가고, 내 심장 차가워지기에 그 말이 다 거짓인줄 난 잘 안다.'

행복은 함께 나눌 때만 의미가 있다

인투 더 와일드

Into the Wild, 2007 / 미국 / 숀 펜 감독 / 에밀 허쉬

'내가 사는 곳은 대초원만큼이나 적적하다. 나는 혼자만의 해와 달과 별들을 가지고 있으며 혼자만의 작은 세상을 가지고 있다. 밤에는 길손이 내 집 옆을 지나거나 문을 두드리는 적이 한 번도 없었는데, 마치 내가 이 세상 최초의 인간이거나 마지막 인간이기라도 한 것 같았다.'

하버드를 졸업한 28세의 헨리 데이비드 소로(1817~1862년)가 자신이 사

는 월든 호숫가의 오두막집을 묘사한 대목이다.

'난 행복한 삶을 살았다. 주님께 감사드린다. 모두 안녕, 신의 축복이 함께 하길!'

애틀랜타 에모리대를 졸업한 크리스토퍼 존슨 맥캔들리스(1968~1992년)가 알래스카 오지에서 24세 젊은 나이에 홀로 죽어가며 남긴 글이다.

둘 다 명문 사립대를 졸업했기에 마음먹기에 따라선 부와 출세로 향하는 길이 쉬울 수 있었다. 하지만 그들은 자유와 자연을 택했다. 자연과 하나 되는 삶을 동경했고 여건이 되자 이를 즉각 실행에 옮겼다. 소로는 2년 2개월 동안의 호숫가 삶을 통하여 고전 명작 『월든(Walden)』을 후세에 남겼고, 맥캔들리스는 대학 졸업 직후 떠난 2년 4개월의 여행 이야기를 '인투 더 와일드'란 제목의 소설과 영화를 통해 세상에 알렸다. 국내엔 덜 알려졌지만 여행 영화를 꼽을 땐 늘 상위권에 거론되기도 한다. 마니아 층 또한 두텁다.

'길 없는 숲에 기쁨이 있다. 외로운 바닷가에 황홀이 있다. 난 사람을 덜 사랑하기보다 자연을 더 사랑한다.'

바이런 시집 『해럴드 공자의 순례 여행(Childe Harold' Pilgrimage)』 4편의 시 한 구절이 자막으로 열리며 영화는 시작된다. 그리곤 '엄마! 도와줘요', 음울한 아이의 목소리가 메아리쳐 울리고, 꿈속 아들 목소리에 놀란 엄마가 화들짝 잠이 깨며 일어난다.

'우리 크리스가 살아 있어요.'

새벽 침실의 대화 몇 마디로 아들을 애타게 찾는 부부의 불행을 짐작할 수 있다. 아들 크리스토퍼는 대학 졸업과 함께 아무런 말도 없이 종적을 감췄다. 실종신고도 했고 다방면으로 수소문해보지만 2년이 지나도록 아무런 소식이 없다. 영화의 화면이 설원을 달리는 기차 속으로 옮아가면서 주인공 크리스토퍼의 여행 이야기는 시작된다.

인간의 손길이 닿지 않는 알래스카 오지로 들어가, 야생의 대자연 속에서 오로지 자신의 몸 하나로 자급자족하며 몇 개월을 살아내는 것, 오랜 시간 품어온 그의 꿈이었다. 졸업과 함께 대학이란 굴레를 벗자마자 그는 과감하게 털고 떠난다. 가족을 포함해 누구에게도 떠난다는 사실을 알리지 않았다. 저축했던 돈 24,000달러는 전액 국제구호단체에 기부해 버렸다. 무전여행에 필요한 기본 물품과 장비와 좋아하는 책들을 커다란 배낭에 가득 채워 그는 자유를 찾아 머나먼 방랑길에 나선다.

출발할 때 몰고 갔던 승용차도 도중에 버리고 나니 훨씬 홀가분해졌다. 북부 캘리포니아의 퍼시픽 크레스트 트레일(PCT)을 걷다가 산속을 내려와, 히치하이킹으로 지나는 차량의 도움을 받으니 먼 거리도 쉽게 이동할 수 있었다. 돈이 필요할 땐 일자리를 찾아 아르바이트를 했다. 밀 농장이나 햄버거 가게 등에 취업하여 유쾌하게 어울리며 돈도 벌었다. 버려진 카약을 이용해 콜로라도강을 따라 멕시코 국경을 넘어가 해안 동굴에서 36일을 살아도 보았다.

다시 미국 땅으로 돌아올 때는 화물기차에 몰래 숨어들기도 했다. 미국 남동부 애틀랜타에서 시작해 2년 동안 북미대륙 곳곳을 누비던 여행길은 북서쪽 알래스카에 이르러 1차 종지부를 찍는다. 매일매일 살아 있음을 느끼며 행복과 보람으로 충만한 시간이었다. 그리곤 그가 그토록 꿈꿔왔던 최종 목표, 야생에서의 삶을 위해 설원과 강을 건넌다. 알래스카 대자연 속으로 뚜벅뚜벅 걸어 들어가는 것이다.

인간의 발길이 닿지 않는 오지에서의 수렵과 채집 생활은 그러나 그가 꿈꿔왔던 그대로일 수는 없었다. 4개월 동안 야생과의 사투를 하이라이트로 보여주며 결국은 그의 외로운 죽음으로 영화는 끝을 맺는다. 죽음을 앞둔 그에겐 어떤 깨달음과 함께 일말의 후회도 엿보인다. 그가 남긴 일기에 심정의 일단이 담겨 있다.

'2년 동안 대지를 방랑했다. 사회와 소비문화로부터의 자유. 극단주의자, 자연과 아름다움을 감상할 줄 아는 여행자. 나의 집은 길이다. 2년간의 방랑에 종지부를 찍을 가장 위대한 모험을 시작했다. 내면의 허상을 쫓아내고 정신의 혁명을 당당히 완성시킬 극한의 투쟁. 몹쓸 문명에 더 이상 물들지 않기 위해 달아난 나는 그러나 홀로 대지 위를 거닐다 야생에서 길을 잃었다.'

크리스토퍼는 원래가 자연주의자는 아니었다. 억압과 위선에 찬 물질 만능 세상에 조숙하게 환멸을 느끼면서 인간과 문명으로부터의 탈출을 꿈꾸게 된 것이다. 자유와 자연을 향한 그의 동경은 불행한 성장 환경 속에서 키워졌다. 어릴 적부터 계속된 부모의 불화와 폭력이 트라우마가 되었고, 사춘기 되어 알게 된 자신의 출생의 비밀이 지울 수 없는 상처를 남겼다. 부모로 대변되는 사회 전체가 위선으로 가득 차 보였고, 이는 문명 세상에 대한 반항과 혐오로 이어진 것이다.

그가 마지막 4개월을 살았던 공간은 폐차 버스 속이었다. 그런 오지에 버스 따위가 버려져 있을 거라곤 상상할 수 없었기에 크리스토퍼는 그 폐차를 마법의 버스라고 불렀다. 어느 날 사슴 사냥꾼 한 사람이 인근을 지나다가 그 버스를 발견해 놀랐고, 그 속에 한 젊은이가 숨진 채 누워 있는 걸 보고 더 놀랐다. 사망한 지 2주일 지난 후였다. 버스 속에는 책과 카메라와 일기 등 수많은 유품들이 있었기에 신분 확인은 쉬웠고, 마지막 4개월을 포함한 그의 긴 방랑 여행의 행적도 소상히 알려질 수 있었다. 그의 이야기는 한 산악 작가에 의해『인투 더 와일드(Into the wild)』란 소설로 만들어졌고, 2007년 동명의 영화로 개봉되면서 세상에 널리 알려졌다.

이 영화를 제작, 감독한 숀 펜은 개성파 배우로 더 유명하다. 수많은 주연 작품들이 있었지만 2013년 개봉된 〈월터의 상상은 현실이 된다〉에서 보여준 전설의 사진작가 숀 오코넬 역은 야생의 크리스토퍼 모습과 많이 닮았다. 숀 팬 감독이 얼마나 〈인투 더 와일드〉 속 주인공 모습을 머릿속에 담고 있었는지를 엿볼 수 있다.

영화가 개봉된 후 데날리 국립공원 인근의 이곳 오지는 갑자기 관광 명소로 돌변했다. 소설과 영화에 감동한 이들이 너도나도 찾아와 마법의 버스

앞에서 기념 촬영을 하고 가는 것이다. 2020년 6월에는 이 마법의 버스가 '알래스카 주 방위군의 치누크 헬기에 의해 문명 세계로 옮겨졌다'는 뉴스가 있었다. 워낙 오지이다 보니 이곳을 찾는 관광객들이 조난당하는 사고가 늘면서 알래스카 당국이 조치를 취한 것이다.

여행 영화에서 빠질 수 없는 게 음악이다. 이 영화에는 굵직한 저음 목소리의 기타 음악이 여러 곡 흐르며 아름다운 영상과 조화를 이룬다. 〈Guaranteed〉, 〈Society〉, 〈Rise〉란 제목의 이 곡들은 모두, 미국의 유명 록밴드 펄 잼(Pearl Jam)의 보컬인 에디 베더(Eddie Vedder)가 불렀다. 이들 중 〈Guaranteed〉는 2008년 골든글로브 시상식에서 주제가상을 받기도 했다.

알래스카에 오기 전 2년간의 여행에서 만난 이들은 한결같이 크리스토퍼를 좋아하고 사랑하게 된다. 오지로 홀로 들어가는 그가 걱정스러워 자신의 장화를 건네주던 트럭 운전사, 그를 잃어버린 아들처럼 여기며 아껴준 집시 부부, 그가 가장 좋아했던 밀 농장 주인 웨인, 그와 사랑을 나누고 싶어 했던 16세 소녀 가수, 그를 양자로 입양하고 싶다며 눈물을 흘리던 영세 사업가 노인. 모두가 오지 바깥세상에서 크리스토퍼를 기다리며 그와의 재회를 애타게 고대하는 사람들이다.

'Happyness only real when shared.'

(행복은 함께 나눌 때만 의미가 있다.)

죽음을 앞두고 크리스토퍼가 읽던 책 〈닥터 지바고〉의 행간에 써넣는 글귀다. 부모에 대한 용서의 마음과 함께, 여행 동안 만났던 모든 이들에 대한 그리움이 이 한 줄에 담겨 있다.

음습한 밀실 고독한 숨, 천재의 복수

향수: 어느 살인자의 이야기

Perfume: The Story Of A Murderer, 2006 / 미국 / 톰 티크베어 감독 / 벤 위쇼, 더스틴 호프만

　　악취가 들끓는 18세기 프랑스 파리의 시장통에, 생선 내장들 틈바구니에서 태어나 버려졌으나 가까스로 살아난 아기가 있었다. 역사에 아무런 흔적도 남기지 않는, 냄새라는 덧없는 영역에서 천재성과 명예욕을 발휘하며 만인으로부터 덧없는 사랑을 구하다가 천신만고 끝에 그 사랑을 얻었고 그리곤 흔적도 없이 사라져 갔다. 세상의 기준으로는 버러지처럼 태어나 혐오스러운 인생을 살았지만 악착같은 생명력으로 진드기처럼 살다 간 스물아홉

살 청년의 이야기가 있다.

〈향수, 어느 살인자의 이야기〉는 독일 작가 파트리크 쥐스킨트가 1985년 발표하여 세계적인 반향을 불러일으킨 원작 소설을, 독일의 톰 티크베어 감독이 2006년 영화화하여 소설과 마찬가지로 전 세계에 히트시킨 작품이다. 로드무비의 범주에 들진 않지만 주인공이 고향을 떠난 7년간의 여정이 소설과 영화에서 가장 중요한 분기점으로 그려진다. 일상에서 탈출한 절대 고독 속의 오랜 여정을 통해서 주인공은 비로소 참된 자아에 눈뜨고 자신의 천재성을 통한 새로운 인생의 목표를 설정하게 되는 것이다. 고독한 천재 '장 그르누이' 이야기로 들어가 보자.

온갖 오물과 배설물로 질퍽거리는 근대의 프랑스 파리 어느 시장통, 더러운 옷을 걸친 사람들이 고개 숙여 거리를 오고 간다. 말을 탄 관료들이 지나가고 더러운 좌판에서 더러운 빵을 파는 장사꾼들이 호객행위들을 하고 있다. 악취로 진동하는 생선가게 좌판에서 생선 내장을 손질하던 한 젊은 산모가 갑작스러운 산통 끝에 질퍽한 바닥에 드러누워 사내아이를 쏟아낸다. 갓난아이를 더러운 바닥에 그대로 내팽개쳐 둔 채 산모는 아무 일 없었던 듯 다시 일어서 핏기없는 얼굴로 좌판 위 생선 머리를 자르고 내장을 끄집어내 바닥에 버린다.

더러운 개 한 마리가 버려진 그 생선 내장들을 게걸스럽게 먹어 치운다. 썩은 생선 토막 위에선 흰 구더기들이 꿈틀대며 들끓는다. 바로 그 옆에는 방금 세상에 나온 핏덩이 아기가 더러운 바닥에 누워 거친 숨을 이어가고 있다. 갑자기 째지는 듯한 아이 울음소리가 나고, 버려진 아이를 발견한 사람들에 의해 산모는 신고되어 영아 살인죄로 교수형에 처해진다. 영화의 오프닝은 이렇게 그려진다.

울음소리로 자신의 존재를 알려 엄마를 죽이고 자신은 살아남은 이 아이의 이름은 장 바티스트 그르누이, 선천적으로 민감한 후각을 가지고 태어났다. 잔 뷔시라는 유모, 테리에 신부, 가이아르 부인, 무두장이 그리말 등의 손으로 넘겨지고 넘겨지며 비참한 삶을 살아올 수밖에 없었던 아이다. 너무 탐욕스럽게 젖을 빨거나 어떤 극한의 경우에 처해도 결코 죽지 않는 악착같은 생명력, 그리고 사람이라면 누구나 지녀야 할 냄새가 이 아이에겐 전혀 없다는 사실이 모두를 꺼림칙하게 만들어 이 사람 저 사람 손으로 넘겨져 온 것이다.

자신은 아무런 냄새도 풍기지 않는 무취이면서도 세상의 온갖 냄새에는 비상한 반응을 보인다. 어둠 속에서 냄새만으로 사물을 추적하여 찾아낼 수 있을 정도의 능력까지도 이 아이는 가지고 있다. 죽을 고비를 여러 번 넘기며 소년으로 성장한 아이는, 무두장이 밑에서 일하던 어느 날 너무나 매혹적인 향기에 이끌린다. 그리곤 향기의 진원인 한 처녀를 찾아내어 아무런 죄의식 없이 그녀를 목 졸라 죽이고 그 향기를 자신의 것으로 취한다.

그의 첫 번째 살인이 이루어진 얼마 후 소년은 한 향수 업자의 눈에 들어 그 밑에서 조수로 일하게 된다. 꿈에 그리던 일인 향수 제조에 몰두하게 된 것이고 마침내는 모두에게 인정받는 향수의 대가로 성장한다. 그리곤 지상 최고의 향수를 만들겠다는 광적인 일념하에 갓 피어난 젊은 처녀들의 향기를 채집하려 그녀들을 한 명씩 살해하기 시작한다. 그가 원했던 것은 '특별한 사람들' 즉 아주 드물지만 사람들에게 사랑을 불러일으키게 하는 그런 냄새였고, 바로 그런 냄새를 지닌 소녀들이 그의 제물이 되었다.

사랑의 마음을 불러일으키는 소녀들을 골라 스물네 명까지 살해하고 그 냄새를 채집한 그에게 마지막으로 남은 스물다섯 번째 대상은 이 도시의 홀아비 부집정관의 외동딸, 잇따르는 연쇄 살인사건으로 어린 딸을 가진 부모들은 물론 온 도시가 공포의 도가니인 와중에서도 그는 냄새 하나로 기어이 소녀의 은신처를 찾아내 살해한다. 비로소 원하는 냄새들을 모두 채취한 그르누이는 스물다섯 명 소녀들의 향기를 담은 지상 최고의 향수를 만들어 내는 데 성공한다. 사람들에게 사랑의 마음을 불러일으켜 그들을 지배할 수 있게 하는 그런 향기를 결국은 만들어낸 것이다.

이 향수는 나중에 살인죄로 체포되어 교수형에 처하게 된 그의 목숨을 극적으로 살리는 역할도 하지만 그를 죽게 만드는 원인으로도 작용한다. 이 과정에서 보이는 집단의 광기는 가히 충격적이다. 사람들에게 사랑의 감정에 취하게 만드는 향수의 힘이, 그를 만인의 지배자로 만들기도 했지만, 그를 흔적 없이 사라지는 존재로 만들기도 하였다.

이 세상 누구도 알지 못하는 자신의 천재성, 자아도취의 그것이 아닌 확실한 그 천재성을 세상에서 오로지 자신만이 알고 있다면 그런 자가 느낄 수밖에 없는 고독이란 얼마나 가혹한 것일까? 그런 자의 인생의 목표가 그의 천재성을 객관적으로 입증하는 것이요, 그 입증이라는 것은 만인을 대상으로 하는 것이라면 영화 속 주인공 장 바티스트 그르누이는 스스로의 목표를 이루었고 그의 인생은 성공한 삶이었다. 세상의 기준으로는 비록 벌레 같은 삶을 살다 갔을지언정 말이다. 모두로부터의 버림 속에 진드기 같은 생명력으로 세상에 대한 복수를 꾀하는 장 그르누이의 모습, 250년이 지난 우리 시대 우리 사회 어딘가에도 여전히 수많은 그르누이들이 음습하고 고독한 숨을 들이쉬고 있을 것이다.

평범한 일상이 사무치게 그리운 이들

에브리데이

Everyday, 2012 / 영국 / 마이클 윈터바텀 감독 / 존 심, 셜리 헨더슨

매주 한 번씩 먼 여행길에 나서는 가족이 있다. 이른 새벽에 울리는 알람과 함께 겨우 눈을 뜬 여인, 일상의 고단함이 몸 전체에 배어 있다. 여인이 흔들어 깨우는 네 아이들 역시 마찬가지다. 즐거운 여행을 위해 눈 비비고 일어나는 설레는 모습들이 아니다. 아침을 먹고, 먹여주고, 옷을 입고, 입혀주고……. 이른 아침 다섯 식구는 집을 나선다. 딸 둘은 학교로 가고 어린 아들 둘과 엄마는 여행길에 오른다. 비 오는 밭길을 걸어 버스를 타고, 기차

를 타고, 다시 지하철로 바꿔 타 오랜 시간 어딘가로 향한다. 전혀 여행 같지 않은 수백 km의 여정을 따라 그들이 매주 한 번씩 도착하는 곳은 교도소. 아이들 아빠가 수감되어 있는 그 교도소 면회실에서 그들은 비로소 한 가족이 된다.

아침에 일어나 오순도순 둘러앉아 식사하고, 각자 저마다의 하루를 지낸 후 저녁 되면 집안에 모여 잠시 함께 시간 보내다 잠자리에 드는 평범한 일상이란, 늘 화목하고 즐거운 것만은 아닐 것이다. 때로는 얼굴 붉히며 실랑이도 하고 가끔씩은 눈을 흘기며 서로를 원망하기도 할 것이다. 그러나 그대로 좋은 것이다. 평범하고 그다지 행복이랄 것도 없는 그저 사소한 하루의 일상이 사무치게 그립고 애절한 사람들도 있는 것이다. 〈에브리데이〉는 이런 지극히 '평범한 일상'을 간절히 원하는 한 가족의 이야기이다. 영화 속 가족의 '일상적이지 않은 일상'을 지켜보면서, 우리의 평범한 일상이 얼마나 소중하고 고귀한 것인지 새삼 절실하게 깨닫게 된다.

영화 속 남편 이안은 마약과 관련된 일로 교도소에 수감 중이다. 오로지 주말에 면회오는 아내와 아이들을 기다리는 게 유일한 낙이다. 이런 남편을 대신하여 어린 4남매를 떠안고 살아가는 아내 카렌은 낮에는 마트, 저녁에는 술집에서 일하며 가족의 생계를 꾸려나간다. 고단한 일상에도 불구하고 그녀는 매주 한 번씩 수백 킬로미터 떨어진 런던 근교 교도소까지 아이들을 데리고 꼬박꼬박 남편을 면회 가는 일은 거르지 않는다.

심약한 남편은 임시 외출한 기회에 감방으로 마약을 밀반입하다가 걸려

가중 처벌되기도 한다. 남편에 대한 실망과 함께 힘들고 외로운 일상에 지쳐가던 그녀는, 주변의 평범한 남자 친구의 접근과 배려에 잠시 흔들리며 마음을 빼앗기기도 한다. 이윽고 5년이란 세월이 흘러 남편은 출소하고 온 가족이 그렇게 갈구하던 평범하고 평온한 일상이 되돌아왔다.

남편의 부재 동안 잠시 다른 남자에게 한 눈이 팔렸던 스스로에게 죄의식을 느끼던 아내 카렌은 어느 날 밤 남편에게 자신의 일탈을 고백한다. 그러나 자신이 사랑하는 사람은 남편밖에 없다며 용서를 구하지만 남편 이안은 역시 잠시 이성을 잃고 흥분하며 분노를 표출한다. 파국으로 치달을까 우려하던 관객들의 시선을 뒤로하고 그러나 영화는 다시 평온을 되찾은 가족의 일상을 보여주며 담담하게 끝이 난다.

가족과의 면회가 끝나 아내와 아이들이 돌아가고 홀로 남은 남편이 감방 침대에 누워 상념에 젖어드는 장면이 반복해 나오는데. 그다음에는 여지없이 아름다운 음악과 함께 서정적인 사계절 풍광들이 화면 가득 펼쳐진다. 죄수 이안의 머릿속을 가득 메우고 있는 고향마을 정경이다. 먹구름 낀 하늘과 드넓게 펼쳐진 벌판, 그 사이를 가로지르는 수평선 위에 오롯이 서 있는 나무 한 그루 또는 자그만 집 한 채. 산들산들 흔들리며 그윽이 익어가는 밀밭의 정경, 새들이 내려앉고 돼지들이 꿀꿀거리는 농장의 모습, 모두가 평화로움 그 자체이다. 양들이 한가로이 풀을 뜯고 사슴들이 뛰노는 숲과 들판, 그 사이를 가로지르는 시냇물 그리고 해 질 녘 붉게 물든 서쪽 하늘……. 면회 오가는 과정에 펼쳐지는 잉글랜드 중부쯤의 이런 정경은 남편이 누워 있는 감옥 속 좁은 방과 선명하게 대비된다.

　영국의 시골 마을에서 소박한 삶을 살아가는 한 가족의 일상과 함께, 5년 이란 세월 동안 흘러가는 시간과 사계절의 변화를 눈과 귀, 온몸으로 느끼게 해주는 영화다. 반복되는 일상과 별다른 사건 전개 없는 단조로운 스토리와 대화들로 인해 자칫 지루해질 수 있는 분위기는 주기적으로 반복되는 계절의 변화와 그에 어울리는 음악 선율로 인해 포근해진다.

　감독은 배우가 아닌 실제 친남매 4형제 아이들을 모두 함께 캐스팅해서 그들 본명 그대로 영화에 출연시켰다. 실제로 이들 남매 형제들이 늘 생활하는 집이나 학교에서 5년 동안 영화를 찍어냈다. 자연스럽게 카메라는 90분 동안에 5년 세월 동안의 아이들 성장 모습과 부부의 변화를 사실적으로 담아낼 수 있었다.

　영화 초중반 어느 순간에 아이들 모습이 살짝 변해 있음을 인식하게 되면서, 이윽고 영화를 보는 몇 분의 시간이 곧 영화 속 몇 년의 세월로 흘러가고 있음을 실감할 수 있게 된다. 엔딩 자막을 바라보며 마지막 장면과 오프닝 장면에서의 아이들 모습을 돌이켜 생각해 보면 5년이란 시간의 경과와 함께 과연 네 아이들이 육체적이나 정신적으로 성장한 모습임을 인식할 수가 있다. 틀에 짜인 시나리오 없이 즉흥적 상황에 따라 긴 시간 동안 촬영해 나간 감독의 뚝심 덕택에 관객들은 한 가족의 일상을 논픽션 다큐멘터리 한 편으로 들여다보게 된다. 일상의 소중함을 새삼 깨닫는 해주는 잔잔한 감동과 함께.

찰나의 순간, 본능이라는 불가항력

포스 마쥬어: 화이트 베케이션

Force Majeure, Turist, 2014 / 스웨덴 등 / 루벤 외스트룬드 감독 / 요하네스 바 쿤게, 리사 로벤 콩슬리

두 아이를 둔 중년의 가장으로서 부끄러운 이야기다. 쥐구멍 속에 영원히 숨어버리고 싶었던 경험, 영원히 지우고 싶은 기억이다. 어느 해 겨울, 그의 가족 네 식구는 스위스 알프스에 위치한 리조트로 스키여행을 떠났다. 맞벌이 부부로 늘 바빴던 그네 가족에게 겨울방학 중 일주일 휴가는 1년 전부터 계획해왔던 꿈같은 여행이었다.

해발 2,000m가 넘는 스키장의 알프스 설경은 그야말로 동화 속 그림 같았다. 아이들을 위해 급경사가 아닌 완만하고 기다란 코스를 선택했다. 네 식구가 일렬종대로 활강하기를 수없이 반복했다. 아이나 어른이나 각자 품고 있었을 나름의 스트레스들이 첫날 하루에 모조리 풀리는 듯 모두 즐거웠다.

악몽 같은 그 사건은 둘째 날 점심때 일어났다. 오전 두 번의 활강을 마친 그네는 깎아지른 설산을 눈앞에 마주하며 발코니 레스토랑에서 점심을 먹는 중이었다. 네 식구 모두가 최고의 기분 상태였다. 갑자기 이상한 울림이 있더니 산꼭대기로부터 엄청난 양의 눈덩이들이 쏟아져 내려오기 시작한다. 잠깐 '눈사태 아닌가?' 생각했으나 레스토랑 안 사람들은 모두가 자리에 그대로 앉아 있다. 모두가 핸드폰으로 그 모습을 사진 찍고 있는 걸로 보아 별일은 아닌 모양이다.

당황하는 아내와 겁먹은 아이들에게 "괜찮아. 그냥 앉아 있으면 돼."라고 안심시키며 그도 남들처럼 핸드폰 셔터를 몇 번 눌렀다. 마음속으론 약간 겁을 먹으면서도 남들처럼 태연을 가장하며 몇 초의 시간이 흘렀을까. 그런데 그게 아닌 것 같다. 갑자기 엄청난 굉음과 함께 높이 50m는 됨직한 '눈 폭포'가 그들이 앉은 발코니 식당을 향해 쏟아지며 돌진해오는 것이 아닌가.

진짜 눈사태?

자기도 모르게 그는 벌떡 일어났다. 어느 틈엔가 딸과 아들을 양팔로 감싸 안고 있는 아내의 모습도 얼핏 보였다. 겁에 질려 하얗게 질린 아내의 눈빛과 한순간 부딪혔다. 그리곤 그의 등 뒤로 아내의 외침이 들린다. "여보!"

"아빠, 아빠!" 찢어지는 듯 부르는 소리가 들리며 잠시 기억을 잃었다. 기억을 잃은 건지 잃고 싶었던 건지는 그도 잘 모른다.

얼마의 시간이 흘렀을까?

눈 더미 속에 파묻혔어야 할 자신이 어딘가에 홀로 서 있다. 왼손엔 핸드폰이, 오른손엔 스키 장갑이 꼬옥 쥐어져 있다. 정신을 차려 눈을 돌려보니 객실 복도다. 가족들은 사고 현장에 놔둔 채 혼자만 정신없이 도망쳐 나온 모양이다. 지금쯤 발코니 레스토랑은 눈사태 속에 파묻힌 지옥일 것이다. 어찌할지 모른 채 몇 초 동안 멍하니 서 있었다. 주변은 이외로 조용하다. 객실 청소 아줌마는 눈사태 사고를 모르는 건지 태연하게 청소도구 카트를 몰고 있다.

식구들은 살아 있을까?

지옥문 앞에 홀로 서 있는 느낌이다. 레스토랑 쪽으로 황급히 달려갔다.

100여 미터 거리다. 문 앞에서 잠시 숨을 고르고, 지옥의 레스토랑 문을 천천히 열었다. 뭔가 좀 이상하다. 아수라장이어야 할 사고 현장이다. 눈 먼지로 사방이 뿌옇긴 하지만 사람들은 조금 전처럼 여전히 웃고 떠들며 식사하고 있는 것이 아닌가. 바깥쪽 식탁 그 자리에 아내와 두 아이만 넋이 나간 듯 멍하니 앉아 있다.

영문은 모른 채 '휴우~' 가슴을 쓸어내리며 천천히 가족들 쪽으로 걸어간다. 지나는 식탁 대화에서 'Controlled Avalanche'라는 단어가 두 번 들린다. '통제된 눈사태…?' 그러니까…, 진짜 눈사태가 아니라 '눈사태 이벤트'였다는 말인가? 그의 가족만 모르는, 모두가 다 아는 이 리조트만의 즐거운 이벤트…….

아무 일 없었던 듯이 그는 자리로 가 천천히 앉았다. 그의 옆자리 아들과 맞은편 아내와 딸 모두 아무 반응이 없다. 셋 모두 '가장'인 그의 존재는 잊은 듯 고개 숙이고 그냥 앉아만 있을 뿐이다. 스키리조트 휴가 이틀째 점심시간이 그랬다. 그 이후 남은 휴가 기간 동안 스키리조트에서 그가 가족과 함께 보낸 시간은 과연 어땠을까.

2014년 개봉된 스웨덴 신예 감독의 작품 〈Force Majeure, Turist〉는 빌딩 높이의 눈사태가 닥치는 절체절명의 순간에 가족들은 '나 몰라라' 내팽개쳐두고 혼자 도망친 남자의 이야기다. 우리나라에선 '여행자'란 뜻의 부제목을 '겨울 휴가'쯤으로 해석될 'White Vacation'으로 바꿔 개봉했다. 67회 칸 영화제 '주목할 만한 시선' 심사위원상도 수상했고, 뉴욕타임스가 선정한 2014년 올해의 영화 TOP 10에도 포함될 정도로 연출이 탄탄한 작품이다. 포스터만 보면 재난 영화로 비치지만, 한편으론 정교하게 또 한편으로 느슨하게 짜인 심리 드라마에 가깝다. 사건을 중심으로 하는 게 아니라, 사건 이후의 남자와 가족들의 심리 상태가 설득력 있게 묘사된다.

영화 속에서 아이 둘은 '우리 아빠 맞나?' 하며 실망감이 대단하다. 왜 안 그러겠는가. 아내 역시 마찬가지다. '세상에… 그런 위기 순간에 식구들 놔두고 저 혼자 튀다니…. 그 순간에도 자기 핸드폰은 기어코 챙기면서….' 가족을 지켜줄 내 남자라 믿고 지금껏 살아왔는데, 앞으로 어떻게 이런 남자를 믿고 평생을 살 수 있을까 하는 절망감이다.

아내를 더욱 분노케 하는 것은 남편의 위선과 거짓말이다. '나는 도망간 게 아니다. 그 자리 조금 옆에 있었는데 당신이 경황없어 나를 못 본 것뿐이다.'라고 둘러댄 것이 화근이 되었다. 남편에겐 거짓말할 의도는 없었다. 단지 너무나 충격적인 자신의 본모습에 그 스스로도 너무 실망이 크고 부끄러워서, 사실 자체를 인정하고 싶지 않았던 것뿐이다.

눈사태 해프닝이 있은 후 어색하고 싸늘한 분위기가 계속 이어지던 다음 날 또 다른 에피소드가 이어진다. 스키 타다 뒤처진 아내가 위쪽에서 쓰러지는 소소한 사고가 발생한 것이다. 엄마 걱정하는 아이 둘을 그 자리에서 세워두고 남자는 단숨에 코스를 거슬러 뛰어올라 쓰러진 아내를 들쳐 안고 내려온다. 두 아이가 '아빠 최고'라며 손뼉 치고 환호하는 모습 앞에서 부부는 함께 껴안고 펑펑 눈물을 쏟는다. 이런 자작극을 벌여서라도 남편에게 만회의 기회를 주지 않고는 견딜 수 없는 아내의 심정이 고스란히 엿보이는 장면이다.

불가항력…, 이성적 사고의 여유가 없는 찰나의 순간에는 '본능'이 곧 불가항력일 것이다. 내 목숨이 경각에 달려 있는 어느 한순간에 본능을 초월한 고매한 이성이 과연 작동할 수 있을까? 심리 드라마 같은 영화 한 편으로 시원한 알프스 설원을 간접 여행하면서 자신의 내면까지 슬그머니 들여다보게 된다.

힘든 세상 버팀목, 온전한 내 편 하나

계춘할망

Canola, 2016 / 한국 / 창감독 감독 / 윤여정, 김고은

'한눈팔지 말라이. 닌 장남이난 꼭 제주 비바리영 결혼해사 헌다.'

육지로 대학 보낼 때 아버지의 신신당부였는데 졸업하고 직장 다니면서 이 말씀을 어기게 됐다. 육지 여성을 만났고 결혼을 결심하게 됐기 때문이다. 고향에 함께 가서 부모님께 허락을 받아야 하는데, 피치 못할 사정으로 파트너 혼자만 제주에 보내게 됐다. 제주가 처음인 그녀 입장에선 몹시 황당하고 내키지 않는 여정이었겠다. 고향 부모님 또한 원치 않는 육지 처녀

를 며느릿감이라고 혼자만 내려보내는 아들이 참으로 야속했을 터이다. 그러나 양측은 3박 4일 동안 함께 지내며 시부모와 며느리의 관계를 맺는 걸로 원만하게 합의를 본 모양이다. 미래의 아내 혼자 제주로 내려보낸 후 내내 찜찜하고 그녀에게 창피스러웠던 게 한 가지 있었다. 바로 '똥돼지'를 키우는 제주 고향 집 '통시'였다. 며칠 후 그녀가 올라오고 나서도 화장실이 어땠는지 궁금은 했지만 너무 미안하고 민망해서 물어볼 수가 없었다.

최근에 제주를 배경으로 하는 영화 한 편을 보다가 오래전 이 일이 생각나 혼자 웃었다. 영화 속 주인공은 제주도 구좌읍 평대리 해안에 사는 계춘이 할망이다. 평생 물질로 살아온 해녀다. 아들이 몇 년 전 죽었고 며느리는 육지로 도망가 버렸기에 혼자 남겨진 손녀딸을 맡아 금과옥조로 키운다. 어느 새벽에 혼자 마당에 나가 화장실 보던 손녀가 울며 할머니를 찾는다. '통시'에 있던 '도새기(돼지)' 놈이 받아먹는 양이 적다고 심술을 부렸거나 만만하다고 어린애를 놀려 먹은 모양이다. 황급히 뛰쳐나온 할머니가 막대기를 들고 "이리 나와라 이놈이 도새기 새끼야." 하며 돼지를 쫓아보지만 만만치가 않다. 2016년에 개봉된 영화 〈계춘할망〉 초반의 풍경이다.

이때만 해도 이 영화에서 제주 할머니로 분한 배우 윤여정 씨가 몇 년 후 미국에서 한국 배우 최초로 오스카 트로피를 거머쥘 줄은 누구도 짐작 못했을 것이다. 2021년 4월 25일 제93회 아카데미 시상식에서 윤여정 씨가 대배우 브래드 피트의 호명을 받고 나가 수상 소감을 밝히는 5분은 우리나라 영화 팬들에겐 적지 않은 감동이었다. 지금 생각해 보니 윤여정 씨는 제주에 머물며 〈계춘할망〉 역할과 연기를 잘해낸 경험 덕택에, 5년 후 미국 영

화 〈미나리〉에 출연해서도 비슷한 역할을 탁월하게 연기할 수 있었던 걸로
보인다.

영화 속 홍계춘 할머니는 손녀딸 혜지와 함께 서울 나들이를 갔다가 재래
시장에서 손녀를 잃어버렸다. 김포공항 인근의 북적거리는 한 전통시장에
서 손녀의 새 옷을 고르다 잠시 방심한 것이다. 호기심 많은 다섯 살 아이도
처음 접하는 서울 분위기에 많이 들떠 있다가 잠시 할머니 손을 놓았으리
라. 끝내 손녀딸을 못 찾고 혼자만 제주로 돌아온 할머니가 이후 어떤 삶을
살았을지는 쉽게 짐작할 수 있다.

그리고 12년 세월이 흘렀다. 기적처럼 손녀가 나타난다. 그러나 예전 같
지가 않다. 어릴 적 나고 자란 고향 집인데도 적응을 잘 못하는 눈치이고,
할머니를 대하는 태도 역시 영 살갑지 않다. 불량소녀로 성장한 듯 동네
사람들 말로는 숨어서 담배 피우는 모습도 봤다고 한다. 서울에서 고아처럼
혼자 살았을 테니 그럴 수 있다고 할머니는 생각한다. 시간이 흐르며 몇 가
지 사건이 일어나고 손녀의 비밀이 밝혀지면서 영화는 결말로 향해간다.

제주를 배경으로 하면서 제주 사람들의 이야기를 담은 예전의 영화들에
비한다면 출연 배우들의 진용은 윤여정 씨 말고도 막강한 편이다. 데뷔 10
여 년 만에 이미 스타 자리에 올라 있는 김고은 씨의 연기력 또한 말해 뭐할
까. 거기에 김희원, 양익준, 류준열, 최민호 등 연기와 지명도 면에서 쟁쟁
한 조연 배우들이 영상과 스토리를 짜임새 있게 구성해준다.

후반 군데군데 눈물샘을 자극하는 신파 분위기도 등장하지만 그다지 거

슬리지는 않는다. 따뜻한 감동을 선사해주는 전형적인 가족 영화요 성장 영화다. "세상살이가 힘들고 지쳐도 온전한 내 편 하나만 있으면 살아지는 게 인생이야. 내가 네 편 해줄 테니 너는 너 원대로 살으라." 혜지가 노심초사 숨기고 있는 비밀을 어렴풋이 간파한 할머니가 조용히 다가와 해주는 응원의 이 말은, 열여덟 살 사춘기 소녀의 인생에 얼마나 천금 같은 보약이 될 것인가?

"하늘이 넓어, 바다가 넓어?" 여섯 살 손녀가 할머니에게 물었던 질문이다. '바다가 하늘을 품고 있기에 바다가 더 넓다'는 생각은 성년이 된 혜지가 저절로 알게 된 답이다. 결말 부분에 등장하는 '고백'이란 제목의 그림은 하늘보다 넓은 바다를 배경으로 하고 있다. 두 여자 아이가 할머니(또는 죽은 엄마) 양손을 붙잡고 바닷속을 헤엄쳐 밝은 햇살로 향해가는 장면이다. 혜지가 할머니에게 말하지 못했던 진심을 고백하는 이 그림을 펼쳐놓고 계춘 할망이 오열하는 장면은 영화의 클라이맥스에 해당한다. 할머니가 찾는 혜지가 될 수 없는 자신의 아픔, 그리고 자신도 할머니에게 또 다른 손녀딸이고 싶은 간절한 염원이 그림 속에 고스란히 녹아 있다.

영화의 주 무대는 제주 동북 지역 구좌읍 평대리와 하도리 마을이지만 중산간 오름들과 서귀 올레시장, 소섬 우도와 성산일출봉 등 제주의 다양한 풍광들이 싱그럽게 화면에 실린다. 영화 속 동선을 따라 촬영지 현장들을 둘러보는 것만으로도 외지인들에게는 추억에 남을 제주 테마 여행이 될 수 있다.

영화 속 혜지가 자신의 염원을 담아 그린 작품 '고백'

마을 해녀들이 제주 민요를 구성지게 부르며 물질하러 가는 오프닝 장면의 하도리 해변, 지금은 '빈 하루'란 이름의 민박집으로 변해 있는 평대리의 계춘할망네 집, 그 집 바로 옆에 혜지가 서울서 온 아빠와 만나던 카페 '바당봉봉', 혜지가 혼자 거닐던 하도리 별방진과 동네 해녀들이 경쾌하게 에어로빅을 추던 별방진 앞 정자 광장, 혜지가 남자 친구와 자전거 타고 가던 월정리 인근 행원 풍력발전단지 등은 모두 제주올레 20코스와 21코스에 위치한다. 이 구간을 걷는 올레꾼이라면 저절로 만나게 되는 곳들이다. 당연히, 모르면 그냥 지나치는 것이고 미리 안다면 영화 속 장면들과 함께 한층 뜻깊은 여정이 되는 것이다.

계춘할망이 신세 한탄을 하며 고사리를 꺾던 곳과 혜지가 남자 친구와 음악을 듣던 곳은 둘 다 사려니숲이다. 절물휴양림의 거대한 나무숲과 비슷한 분위기이다. 혜지가 미술 선생님과 함께 그림을 그리던 송당리 아부오름 장면도 제주 중산간을 대표하는 모습일 듯하다. 스승과 제자가 말발굽 모양의 분화구 너머 바라다보는 풍광이 그윽하기 그지없다. 영화 초반에 안덕면 단산(또는 바굼지 오름)의 봉우리 두 개를 배경으로 한 유채꽃밭과 결말 부분에 멀리 형제섬과 송악산이 보이는 산방산 아래 사계리 유채꽃밭 정경은 영상만으로도 충분히 현장에 있는 듯 생생하고 아름답다.

별로 기대를 안 하고 고향에 대한 약간의 의무감으로 이 영화를 골랐는데 초반부터 이어지는 아름답고 수려한 영상에 화들짝 놀랐다. 바닷가 마을의 평화로움과 해녀들이 숨비소리 내며 '물질'하는 모습 등이 유채꽃 만발한 들판과 그 뒤로 펼쳐지는 중산간 오름들 자태와 어우러지며 심금을 울렸다. 제주 사람들로선 20여 년 전 할망 어멍들이 살아갔던 모습을 보며 가슴 한

편이 저려올 수도 있고, 외지인들에게는 제주 자연의 아름다움을 새삼 확인

하는 랜선 여행이 될 것이다. 2012년 개봉된 〈지슬〉이 제주의 '아픔'을 가장

잘 담아낸 영화라면, 2016년 개봉된 〈계춘할망〉은 제주의 '자연'을 가장 잘

담아낸 영화로 남겨질 듯하다.

가장 소중한 것을 찾아 떠난 긴 여행

애드 아스트라

Ad Astra, 2019 / 브라질, 미국 / 제임스 그레이 감독 / 브래드 피트, 토미 리 존스

"당신은 일밖엔 관심이 없지. 늘 나 혼자인 것 같아. 우린 서로에게 뭘까. 당신이 너무 멀게 느껴져. 내 옆에 있을 때도 당신 마음은 다른 곳에 있지. 늘 당신에게 가까이 가려고 애쓰는 내 모습이 너무 초라하고 싫어. 내 인생도 소중해. 당신만 기다리며 살 순 없어."

로이 소령은 남들과 어울리지 못하는 성격이다. 늘 고독하지만 혼자 있을 때가 가장 안정적이고 마음이 편안하다. 부부 관계에서도 마찬가지다. 이런 그에게 아내는 점점 지쳐갔고 얼마 전 마지막 메시지를 남겨두고 그를 떠났다. 그러나 직장에선 최고로 인정받는 그다. 자신의 일 분야에선 누구도 범접할 수 없는 능력과 경력의 소유자이다. 아버지는 로이가 사춘기 때 멀리 떠났다. 특수 임무를 맡기 위해 가족을 버린 것이나 다름없다. 떠난 지 13년 뒤 실종되었고 이후 오늘날까지 아버지는 국가적 영웅으로 추앙받아 왔다.

오랜 세월이 흐른 지금, 죽은 줄로만 알았던 아버지가 살아 있다고 한다. 정확한 위치는 모르지만 짐작되는 그곳으로 찾아가서 부친과 소통하고 설득하여 뭔가의 큰 문제를 해결하고 와 달라는 국가의 요청을 받는다. 수락 여부는 본인의 선택에 달렸지만 로이 소령은 망설임 없이 그 임무를 수락한다. 워낙 멀고 먼 거리이다 보니 가는 데에만 3개월 넘게 걸린다. 아버지와 동료 대원 몇 명 외에는 누구도 가보지 못했던 곳이고, 아버지를 포함해 누구도 돌아오지 못했던 그 여정에 아들 로이가 홀로 길을 나선다.

2019년 개봉한 〈애드 아스트라〉는 우주를 배경으로 한 SF영화다. 그러나 무한한 우주 공간에서 미지의 사건 또는 전대미문의 존재와 조우하는 예전의 우주 영화들과는 결이 다르다. 배경만 우주 공간으로 넓혀 놓았지 실은, 먼 여행을 통해 인생의 소중한 것들을 깨달아가는 성찰에 관한 영화다. 명배우 브래드 피트의 중후한 내면 연기가, 먼 길을 떠나는 자의 심리 상태와 그 변화 과정을 사실적이면서 섬세하게 그려낸다.

영화는 우주 어딘가로부터 촉발된 전류 급증 현상인 '써지(The Surge)'가 지구를 강타하면서 시작된다. 누구도 예상치 못한 채 갑자기 휘몰아치는 이

전기 폭풍으로 지구는 큰 혼란에 빠진다. 각종 첨단 전자기기들이 마비되고 대규모 정전 및 통신 장애로 이어지며, 전 세계 사망자 수도 단기간 내에 4만 3천 명에 이르게 된다.

미 항공우주국 NASA는 태양계 외곽인 해왕성 근처에서 일어난 대규모 폭발을 그 원인으로 보았고, 이때 방출되는 고에너지 입자들이 지구까지 날아오는 동안 가속되며 그 위력이 증폭된 것으로 분석한다. 그리고 이 폭발은 13년 전에 실종된 유인 우주선 리마 프로젝트에서 조절 또는 제어되고 있는 것으로 보았다. 이 우주선은 외계 생명체를 찾기 위한 인류 최초의 태양계 외곽 유인 탐사선으로, 29년 전에 발사되어 16년 동안 임무를 수행하다가 갑자기 통신이 끊기며 실종 처리된 바 있다.

NASA는 이 우주선에 탑승한 대원들이 의문의 사고로 모두 사망하고, 탐사대장 클리포드 맥브라이드 박사만이 살아남아 해왕성 근처에 떠 있는 것으로 추정했다. 더불어 그가 이번 써지 사태 해결의 키를 쥐고 있을 것으로 믿었기에 그의 아들 로이 맥브라이드 소령을 차출하여 비밀리에 우주로 보내기로 결정한 것이다.

가족 대신 우주를 택한 아버지에 대한 원망과 애증 그리고 경외와 존경의 마음으로 살아온 아들 로이 맥브라이드, 아버지의 뒤를 이어 최정예 우주 인으로 성장한 그가 죽은 줄로만 알았던 아버지를 만나기 위해 홀로 우주로 향한다. 수성-금성-지구-화성-목성-토성-천왕성-해왕성 순으로 이어 지는 태양계 8개 행성 중 가장 외곽 지역까지 물리적 거리 43억 2천만km를 다녀오는 머나먼 여행길이다.

달과 화성을 거쳐 해왕성까지 가는 여정 내내 영화는 주인공 로이 자신의 내면을 술회하는 내레이션이 이어지기 때문에 일부 관객들에겐 다소 지루 하다는 평도 있었지만, 우주영화에 걸맞게 스펙터클한 장면들도 많았다. 우 주 안테나를 수리하던 로이가 갑작스러운 써지 돌풍에 휘말려 지상으로 추 락하는 오프닝 장면부터 박진감이 넘친다.

달에 거주하는 미래 인간들의 생활상은 오늘날의 지구촌 우리 모습과 너 무도 흡사하여 신기해 보이고, 달 표면에서의 추격 신과 총격전은 여느 우 주영화에서도 접할 수 없었던 기이한 장면이다. 붉은 행성 화성의 모습과 해왕성 근처에서의 우주 유영 장면들도 신비롭고, 결국은 지구에 도달해 구 조 대원들이 내미는 손길과 접할 때의 로이의 안도하는 눈빛 또한 깊은 여 운을 남긴다.

우주 끝까지 여행하면서 로이가 발견한 건 허무와 고독 외에 아무것도 없 다는 것, 'Nothing'일 뿐이다. 외계 생명체를 찾아내겠다는 신념을 여전히 포기하지 못하는 아버지는 아들에게 "너무나 아름답구나. 이 무한한 세계를 놔두고 지구에 처박혀 인생을 낭비해?"라고 반문한다. 그러나 오랜 세월 우주를 방황하며 살아온 아버지의 모습엔 열정으로 포장된 광기와 고독만 남아 있을 뿐이다. 아들의 눈에 비친 아버지의 인생은, 어디에도 정착 못하는 떠돌이의 삶일 뿐. 눈앞의 소중한 것들은 보지 못하고, 있을지 없을지 모르는 먼 곳의 것들만 찾아 헤매는 삶이었다.

영화의 제목은 '역경을 헤치고 별을 향하여'라는 뜻의 라틴어 경구 '페르 아스페라 애드 아스트라(Per Aspera Ad Astra)'에서 따왔다. 따라서 제목 'Ad Astra'는 우주 공간의 '별을 향하여'란 뜻으로 직역될 수도 있지만, 영화 속 로이 소령의 관점에서 '별'의 의미를 넓힌다면 '가장 소중한 것을 찾아서'로 의역되는 게 맞겠다.

오랜 세월 그리워했던 아버지를 찾아 먼 길을 여행하여 결국은 조우했고, 비록 집으로 모셔오진 못했지만 로이는 새롭게 태어난다. 아버지의 우주선을 폭파시켜 얻은 에너지가 그를 머나먼 지구로 돌아올 수 있게 해준 동력이 되었듯이, 멀고 먼 여행을 통해 얻은 깨달음이 앞으로 남은 그의 인생을 새롭게 살아갈 추진력을 얻게 해준 셈이다. 고독의 극한을 경험하는 여정에서 그에게 '가장 소중한 것'이 무엇인지를 성찰하게 된 것이다. 떠났던 아내가 기대에 찬 표정으로 다가오고, 이전과는 다르게 따뜻한 표정을 한 로이의 내레이션과 함께 영화는 끝이 난다.

"지금 아주 평온해요. 잠도 푹 잤습니다. 악몽 없이. 삶에 의욕을 느껴요. 내 주변 상황에도 관심을 갖고 더 주의를 기울이게 되었죠. 이젠 소중한 것에만 집중하며 살아갈 겁니다. 내 삶이 어디로 흘러갈지 아직은 모르지만 걱정하지 않아요. 가까운 사람들과 의지하며 살면 되죠. 난 그들의 짐을 나누고 그들은 내 짐을 나누면서 함께 살아갈 거고, 사랑할 겁니다."

사족)

프란시스 코폴라 감독의 〈지옥의 묵시록(Apocalypse Now)〉을 본 이들에 겐 〈애드 아스트라〉의 많은 장면들이 어쩐지 익숙할 것이다. 우주 공간 속 클리포드 박사와 로이 소령을 베트남 전장의 커츠 대령과 월라드 대위로 치환해 보면 두 영화의 닮은꼴이 선명하게 눈에 들어온다.

젊음과 사랑, 그 덧없음이여

조제, 호랑이 그리고 물고기들

ジョゼと虎と魚たち, 2013 / 일본 / 이누도 잇신 감독 / 츠마부키 사토시, 이케와키 치즈루

'조제'에게는 집 밖을 나서는 순간 여행이 시작된다. 골목 담벼락에 피어
난 꽃들도 눈여겨보고, 길 가는 고양이와도 반갑게 눈인사 나눈다. 하늘 위
자유롭게 떠다니는 뭉게구름도 한 움큼 붙잡아 집에 가져오고 싶다. 세상에
서 가장 무서운 호랑이도 언제 한번 볼 날이 올까? 생전 만나본 적 없는 바
다에도 나가보고 싶고, 그 속에 살고 있는 물고기들과도 이야기 나눠 보고
싶다. 언제 그런 날이 올 수 있을까.

프랑수아즈 사강의 소설『한 달 후, 일 년 후』는 지속되지 않는 사랑의 허무함에 대해 이야기한다. 언젠간 시들어질 사랑에 몰입하다 결국은 헤어져 다시 고독해지는 이들의 모습을 담고 있다. 옮긴이의 말처럼 '한때는 사랑했지만 세월이 흐르면 변하고 잊히게 마련인 남녀 간의 사랑과 젊음의 덧없음을 아련하게, 조금은 냉소적으로 설파하고' 있는 것이다. 의대생 자크와 동거 중인 25세의 조제, 이런 조제를 사랑하는 유부남 베르나르, 성공만이 인생 목표인 무명 여배우 베아트리스, 이런 베아트리스를 짝사랑하는 50대 유부남 알랭 등 여러 청춘과 중년들의 각기 다른 사랑의 모습들이 그려진다.

『슬픔이여 안녕』,『브람스를 좋아하세요?』등 사강의 명작 그늘에 가려져 있던 이 작품은, 2003년 개봉된 일본 영화〈조제, 호랑이 그리고 물고기들〉로 인해 갑자기 세간의 관심을 끌게 된다. 영화는 장애를 가진 여성 쿠미코와 대학생 츠네오의 사랑과 여행과 이별에 관한 이야기를 담담하게 그리는데, 사강 소설의 등장인물 '조제(Josee)'를 제목의 일부로 삼았다. 국내에선 2016년 봄에 재개봉을 앞두고 영화 잡지 '무비 패밀리'가 영화팬들을 대상으로 한 조사에서 '내 인생 잊지 못할 사랑 영화' 1위에 선정되기도 하였다. 영화 속으로 들어가 보자.

스물다섯 살 쿠미코는 방 안에만 갇혀 지낸다. 어릴 때부터 뇌성마비를 앓아 하반신을 못 쓴다. 같이 사는 할머니가 가끔씩 끌어주는 유모차에 타고 동네 한 바퀴 돌아오는 게 세상 구경의 전부다. 그것도 낮에는 안 나가고 사람들 왕래가 없는 이른 새벽에만 나간다. 할머니가 장애를 가진 손녀를 주변 사람들에게 드러내는 걸 매우 싫어하기 때문이다. 대신에 할머니는 재활용 쓰레기장에 버려진 헌책들을 한 권도 빠트리지 않고 수거해다 주신다. 덕택에 쿠미코의 방은 읽을거리들로 가득 채워져 있다. 거의 하루 종일 책만 읽고 지낸다. 학교 교과서에서부터 소설책, 여행 가이드북, 도색잡지 등 온갖 책들이 쌓여 작은 도서관을 방불케 한다.

이 책 중에서도 사강의 『한 달 후, 일 년 후』를 가장 좋아한다. 소설 속 문장들을 거의 다 암기할 정도로 수없이 읽고 또 읽었다. 여러 등장인물 중 같은 또래의 여성 조제를 워낙 좋아하다 보니, 자신의 이름도 조제로 바꿨다. 누가 이름을 물어오면 쿠미코 대신 조제라 답한다. 부유한 가정에서 자라 거침이 없고 자유분방한, 소설 속 조제처럼 살고 싶은 쿠미코의 마음을 보여준다.

어느 날 새벽도 예전처럼 유모차 타고 산책 중이었다. 가파른 비탈길에서 할머니가 넘어지며 유모차를 놓치는 바람에, 안에 타고 있던 쿠미코가 큰 사고를 당할 뻔했다. 마침 근처를 지나던 대학생 츠네오가 도움을 주게 되고, 할머니는 답례로 츠네오를 집으로 초대로 아침식사를 대접한다. 헌책으로 가득한 방에서 할머니의 수발에 의지해 살아가는 쿠미코의 일상이 또래의 츠네오에게 깊은 연민을 안기며, 츠네오의 방문이 잦아지고 둘 사이엔 애틋한 감정이 싹튼다. 장애인 손녀가 혹시 입게 될 마음의 상처를 걱정한 할머니가 츠네오의 방문을 매몰차게 막으며 둘 사이는 한동안 멀어진다.

대학 졸업 후 직장 생활하다가 할머니의 죽음 소식을 전해 들은 츠네오는 혼자 남겨진 쿠미코가 걱정되어 자신의 자취방 짐을 정리하곤 쿠미코의 집으로 이사해 와 합친다. 이런 단조로운 이야기들로 이어지다 1년 후 헤어지며 둘 사이가 끝나는 것으로 영화도 끝이 난다. 별다른 사건이 있었던 것도 아니고, 둘 사이의 사랑이 어긋난 것도 아닌, 평이하고 담담한 이별이다. 그럼에도 영화는 깊은 여운을 남긴다.

제목 '조제, 호랑이 그리고 물고기들'은 모두 쿠미코의 꿈과 로망이 투영된 존재들을 일컫는다. 타고난 환경과 성격 모두가 자신과 정반대인 사강 소설 속 '조제'는 쿠미코가 선망하는 존재이자 살아가고 싶은 모습 그 자체다. 물론 가능성은 1도 없지만 말이다. 사진과 그림으로만 봐왔던 '호랑이'는 쿠미코에겐 세상에서 가장 두렵고 무서운 존재이다. 두려움을 느끼는 상황과 맞닥트리거나 무서운 존재를 만난다는 건 상상만으로도 끔찍하다. 몸이 부자연스러운 그녀 혼자로선 피하거나 대처할 수 있는 능력이 전혀 없기 때문이다. 그러나 자신을 보호해줄 듬직한 누군가가 곁에 있다면 상황은 달라진다. 츠네오의 연인이 되어 그가 끌어주는 유모차를 타고 제일 먼저 원해서 찾아간 곳은 동물원 호랑이 우리 앞이다. 철창 속에 갇혀 으르렁대는 호랑이를 몸 사려 바라보며 쿠미코는 말한다. "좋아하는 남자가 생기면 세상에서 제일 무서운 걸 보고 싶었어. 남자가 안 생기면 호랑이는 평생 못 봐도 상관없다고 생각했어. 근데 이렇게 보게 되네."

쿠미코를 등에 업고 바다를 찾아간 여행에서 돌아오던 날 둘은 '물고기 모텔'에 투숙한다. 츠네오에게 들려주는 독백 같은 말들 속에 미래에 대한 그녀의 불안과 체념의 심정이 녹아 있다.

'깊고 깊은 바닷속이 옛날에 내가 살던 곳이야. 난 거기서 헤엄쳐 나왔어. 그곳은 빛도 소리도 없고 바람도 안 불고 비도 안 와. 정적만이 있을 뿐이지. 그렇다고 외로웠던 건 아니야. 처음부터 아무것도 없던 곳이었으니까. 천천히 시간이 흐를 뿐이지. 난 두 번 다시 거기로 돌아가진 못할 거야. 언젠가 네가 사라지고 나면 난 길 잃은 조개껍질처럼 혼자 깊은 해저에서 데굴데굴 굴러다니겠지. 그것도 그런대로 나쁘진 않아.'

영화 결말 부분에서 관객들은 두 사람의 뜬금없는 헤어짐에 아쉬움과 허탈감을 느끼게 된다. 여행에서 돌아온 직후 "우리는 몇 달을 더 같이 살았다."라는 츠네오의 독백과 함께 담백한 이별 장면이 이어진다. 이유는 단 하나, 그가 도망쳐 나온 것이다. 고향에 데려가 부모님께 인사를 시키려고까지 마음먹었던 그였지만 시간이 흐를수록 자신이 없어졌다. 쿠미코와 함께 하는 일상에서 물리적 신체적 어려움은 시간이 가면서 나아질 수 있는 게 아니었던 것이다. 30대를 눈앞에 둔 청춘이기에 고민할 수밖에 없는 현실의 벽이다.

그러나 이런 이별의 상황은 둘의 사랑이 막 시작되던 영화 초반 쿠미코의 독백 속에 이미 다 예견돼 있다. 사강의 소설『한 달 후, 일 년 후』에서 유부남 베르나르가 조제에게 하는 말을 쿠미코가 암송해 츠네오에게 들려주는 장면에서다.

"언젠가 그를 사랑하지 않는 날이 올 거야. 그리고 언젠가는 나도 당신을 사랑하지 않겠지. 우린 또다시 고독해지고. 모든 게 다 그래. 그냥 흘러간 1년의 세월이 있을 뿐이지."

관객의 눈엔 갑작스러운 이별이지만 쿠미코에겐 그렇지 않다. 츠네오가 떠난 후 다시 예전처럼 혼자의 방에서 생선을 굽는 모습은 씩씩해 보인다. 이전까진 늘 풀어헤친 산발이었던 그녀의 머리는 단정하게 빗고 정리되어 있다. 항상 타고 다녔던 유모차가 전동차로 바뀐 마지막 장면 또한 변화된 모습이다. 누군가 끌어줘야만 하는 유모차 속에서 무기력했던 그녀가 전동차를 몰며 혼자 씩씩하게 달리고 있다. 마음속에 늘, 언젠가의 이별을 예견하고 대비하고 있었음을 보여준다. 영화 〈기생충〉의 대사처럼 쿠미코에겐 '다 계획이 있었던' 모양이다. 그럼에도 관객들이 느끼는 여운은 오래간다. 홀로 남겨진 쿠미코가 앞으로 과연 어떤 삶을 살아갈지 걱정도 커진다. 원작 소설의 작가 다나베 세이코의 표현처럼 '엇갈릴 운명이기에 더욱 격렬하고, 짧은 인연이기에 더욱 강렬하게 혀끝에 남는' 여운의 영화 〈조제, 호랑이 그리고 물고기들〉.

우리 사는 세상, What a Wonderful World!

12 몽키즈

Twelve Monkeys, 1995 / 미국 / 테리 길리엄 감독 / 브루스 윌리스, 매들린 스토, 브래드 피트

2035년 지구, 인류는 거의 멸종 상태다. 원인을 알 수 없는 바이러스가 전 세계를 강타한 지 벌써 수십 년 지났기 때문이다. 1996년 가을, 미국 전역에서 발견된 바이러스는 급속도로 브라질, 이탈리아, 콩고, 파키스탄, 태국, 중국 등으로 번지는가 싶더니 순식간에 전 세계 대기를 오염시켜 버렸다. 지구상 인류 50억 명이 바이러스 발생 1년 만에 사망하고 말았다. 겨우 살아남은 1퍼센트의 인간들은 오염된 대지를 피하여, 땅속 수백 미터까지

갱도를 파고 들어가 지하세계를 이루어 살아가고 있다. 땅속에서 두더지 같은 삶을 30년 넘게 살아가는 그들의 희망은 오직 하나, '어서 빨리 치료제와 백신이 개발되어 지상으로 올라가 맑은 공기 마시며 살아가는 것'이다.

지하세계의 지도부는 치료제와 백신 개발을 성공시키기 위하여 중요한 프로젝트를 기획한다. 바이러스 창궐이 시작된 1996년 과거 당시로 누군가를 타임머신 태우고 보내어, 바이러스의 원류(源流) 즉 변이 전 초기 정보를 파악해 오는 것이다. 치료제와 백신 개발을 위한 필수 과제다. 그러나 시간여행은 파견 요원의 목숨을 담보로 해야 한다. 오늘날로 치면 유인 화성 탐사와 마찬가지라서 타임머신 오작동이라도 있을 경우엔 우주 미아가 되는 것처럼 영원히 과거 세계를 떠돌아야만 하는 것이다.

1995년 개봉된 SF영화 〈12 몽키즈〉는 인류를 멸망시킨 바이러스의 원류를 조사하기 위하여 미래 세계에서 현재 또는 과거로 시간여행 보내지는 한 남자의 이야기이다. 〈다이 하드〉와 〈식스 센스〉의 브루스 윌리스가 그 주인공이고, 〈흐르는 강물처럼〉과 〈가을의 전설〉로 유명한 브래드 피트가 바이러스 유포 의심자로 나온다. 두 명의 명배우가 펼치는 연기와 탄탄한 스토리 구성 덕에, 마니아들 사이에선 깊이와 여운이 남다른 작품으로 평가되고 있다. 단순한 재난 영화와는 결이 다른 것이다.

2035년 지하세계는 바이러스 오염을 막기 위해 강력한 공권력을 행사하는 독재체제를 유지하고 있다. 주인공 제임스 콜은 이런 체제하에서 장기 복역 중인 죄수다. 10년 전 공권력에 반항하다가 중형을 선고받고 투옥된

것이다. 타임머신을 타는 건 목숨을 걸어야 하는 위험한 일이지만 성공하
면 사면을 보장받을 수 있기에 그는 권력층의 제안을 수락한다. 그리곤 타
임머신에 오른다. 그러나 계획은 초장부터 어긋난다. 바이러스가 처음 발견
된 1996년 필라델피아로 가야 했는데, 1990년 볼티모어로 잘못 떨어진 것
이다. 타임머신 오작동 때문이다.

　현지에서 경찰 폭행죄로 체포된 그는 미치광이로 취급되어 감방 대신 정
신병원에 가둬진다. '6년 후 바이러스가 퍼져 지구상 50억 명이 죽는다. 이
를 막기 위해 미래에서 왔다!'라고 떠드는 이 남자를 누가 정상인으로 보겠
는가. 정신병동에 갇혀 지내며 동료 또라이 환자인 제프리와 친해지고, 담
당 정신과 의사인 캐서린에겐 깊은 인상을 남기던 어느 날 제임스는 감쪽같
이 병동을 탈출해 사라진다. 2035년 미래로 돌아간 것이다. 그리곤 6년 후,
1996년 볼티모어에 다시 나타난 제임스는 여의사 캐서린을 납치해 필라델

피아로 향한다. 곧 바이러스를 살포할 것으로 의심되는 지하 조직 '12 몽키즈'의 보스 제프리를 찾아가는 것이다. 그는 제임스가 정신병동에 있을 때 친했던 미치광이 종말론자였다. 그를 빨리 저지시켜 인류 멸망을 막고 싶었던 것이다.

납치되어 동행하는 캐서린은 단순한 정신병자로 알았던 제임스가 미래를 알고 있는 초능력자이고, 그의 황당한 말들도 다 사실임을 결국엔 알게 된다. 그리고 이어지는 공항 라스트 신(Scene), 누구도 예상 못했던 반전(反轉)과 죽음이 관객들을 한숨짓게 만들고, 그리고 영화는 끝이 난다. 일어날 일은 결국은 일어나도록 운명 지어진 것이다.

"이미 일어날 일이라 아무것도 바꿀 수 없다면, 꽃향기라도 맡아야죠." 제임스와 강제로 동행하는 동안 그의 말들이 모두 사실임을 알게 되면서 그를 신뢰하고 사랑하게 된 캐서린이 했던 말이다. 곧 죽을 목숨이라면 남은 시간, 마이애미 해변으로 날아가 함께 사랑이라도 나누자는 것이다. '내일 지구에 종말이 올지라도 오늘은 한 그루의 사과나무를 심겠다'던 어느 현자의 마음을 연상케 한다. 태어나서 한 번도 바다를 본 적이 없다는 제임스의 말이 처음엔 황당했으나 결국 캐서린은 믿게 된다. 그를 이해하게 된 캐서린 덕택에 세상의 종말은, 인생 처음 보는 바다 위 아름다운 섬에서 맞게 되었다. 그러나 운명은 이마저도 허용치를 않는다.

영화 중반에는 미 대륙 서부의 웅장한 자연 풍광을 담은 그림 한 장이 화면 가득 담기는 장면이 나온다. 미국 화가 알버트 비어슈타트(1830~1902)의 〈요세미티 밸리(Valley of Yosemite)〉란 제목의 그림이다. 아침햇살이 붉게

요세미티 계곡을 비추면서 대지 위 생명들이 희망찬 하루를 시작하는 정경을 담고 있다. 과거로의 시간여행에서 갓 돌아온 주인공이 지하세계 병실에 누워 천장에 걸린 이 그림을 바라보는 장면이다. 그의 심정이 절절하게 느껴진다. 저런 지상의 공기와 대자연이 그에겐 얼마나 절실하고 간절한 로망일까? 어릴 적 지하세계로 들어가 수십 년 살다가 2035년 미래에서 1996년 현실로 잠깐 시간여행 다녀온 제임스로선 지상의 그 신선했던 공기를 결코 잊을 수가 없다. "이 공기를 마시는 게 너무 좋아!" 캐서린이 운전하는 차 속에서 제임스가 차창으로 고개 내밀어 황홀하게 숨을 들이켜며 외쳤던 말이다.

영화 속에 등장하는 그림. 알버트 비어슈타트의 〈요세미티 밸리(Valley of Yosemite)〉

2020년 초반만 하여도 가을쯤 되면 우리의 일상은 예전으로 돌아갈 줄 알았다. 사태가 이렇게 전 세계적으로 장기화될 줄은 누구도 예상 못 했다.

코로나 팬데믹은 우리에게 많은 것을 일깨워준다. '현대 과학과 인류의 지성으로 컨트롤 못 할 건 이 세상에 없다'는 믿음이 그 얼마나 허망한 것이었던가. 마스크 안 쓰고 식당, 호프집, 야구장에서 함께 어울려 웃고 떠들던 나날들이 그 얼마나 행복한 시간이었던가. 그러나 사회적 거리두기가 2단계 혹은 4단계였던 작년이나 다 해제된 2023년 오늘이나 우리 사는 세상은 그때 그대로 늘 축복이다. 열심히 꽃향기를 맡으려 하고, 열심히 사과나무를 심을 일이다.

영화 〈12 몽키즈〉를 보고 나면, 우리가 무심했던 주변 사람들과 주변 모든 것들이 나에게 얼마나 소중한 존재인지 새삼 깨닫게 된다. 우리가 살아가는 '지금' 그리고 '이곳'이 그 얼마나 아름다운 세상인지 비로소 실감되는 것이다. 영화가 끝나고 엔딩 자막이 올라갈 때 흘러나오는 루이 암스트롱의 〈What A Wonderful World〉 역시 우리가 살아가는 '지금' 그리고 '이곳'을 노래하고 있다.

'저 파란 하늘과 하얀 구름을 바라본다. 축복처럼 밝은 한낮과 성스러운 듯 어두운 밤. 그래 난 실감하지. 이 얼마나 아름다운 세상인가?'

지하세계에 살았던 주인공이 잠깐 지상으로 나왔을 때의 그 느낌이 가사에 그대로 실렸다. 지금 우리가 살며 숨 쉬는 세상이 바로 이렇다.

사람들은 고독해지면 모두가 똑같다

해피 투게더

春光乍洩, Happy Together, 1997 / 홍콩 / 왕가위 감독 / 장국영, 양조위

'아휘, 우리 다시 시작하자.'

오랜만에 나타난 보영은 항상 이렇게 말했다. 아휘에겐 반가운 말이면서 늘 상처가 깊어진 후에 듣는 말이었다. 둘은 잠시 함께했고 곧 헤어지기를 반복했다. 보영은 자유분방한 영혼이다. 무책임하면서 이기적이다. 배려라는 걸 전혀 모른다. 반면에 아휘는 일편단심 보영을 사랑한다. 헌신적이다. 둘이 만나면 돈 쓰는 건 언제나 아휘 몫이다. 떠나고 나면 보영을 증오했다

가도 돌아와 다시 시작하자고 하면 아휘는 여지없이 이를 받아들인다. 이번에도 다시 시작하기 위해 둘은 함께 여행을 떠나보기로 했다.

1995년 5월 12일, 홍콩을 출발해 지구 반대편 아르헨티나에 닿았다. 중고차 몰고 이과수 폭포로 향하는 도중에 길을 잃었다. 서로 짜증 내며 티격태격하다가 결국은 또 헤어지고 만다. 같이 있는 게 지겹다며 보영이 떠나버린 것이다. 부에노스아이레스로 돌아온 아휘는 탱고 바의 호객 안내원으로 취직한다. 중고차 사느라 돈을 많이 써버렸기에 홍콩 돌아갈 여비를 다시 모아야 했다.

어느 날 보영이 남자 셋과 떠들썩하게 차에서 내리며 탱고 바로 들어갔다. 그새를 못 참고 돈 많은 양놈 애인을 만든 모양이다. 옷도 잘 차려입었고 차도 좋고 공공연하게 스킨십도 진하다. 그러다 언제는 보영이 어떻게 알았는지 아휘의 셋방으로 갑자기 찾아왔다. 양손과 얼굴이 온통 피투성이가 된 채였다. 그동안 품었던 미움의 마음은 간데없이 사라지고 아휘는 얼른 보영을 받아들이곤 지극정성으로 간호해준다. 그리고 둘은 다시 시작한다.

남녀 간의 진부한 러브 스토리가 이와 같을 것이다. 그렇지만 남녀가 아닌 남남 커플 이야기라면 흔한 경우는 아니겠다. 1997년 개봉된 홍콩 영화 〈해피 투게더〉는 두 게이(gay) 남자의 이야기다. 퀴어(queer) 또는 동성애 영화에 속하지만 왕가위 감독은 전혀 성별(性別)을 의식하지 않고, 그저 두 '사람'의 애틋하고 어긋나는 사랑 이야기만을 그렸다. 서로 같이 있고 싶고 서로 사랑하는데 성별이 무슨 상관이냐는 식이다.

왕가위는 오우삼 감독과 함께 1980-1990년대 홍콩 영화 르네상스를 이끈 주역이다. 〈영웅본색〉을 시작으로 비슷한 류의 누아르 연작으로 성공하다 할리우드로 진출한 오우삼과 달리 왕가위는 홍콩에 충실했다. 〈열혈남아〉와 〈아비정전〉으로 출발해 〈동사서독〉과 〈중경삼림〉을 거쳐 〈해피 투게더〉와 〈화양연화〉로 정점을 찍는 그의 필모그래피에서 보듯 분야도 뉴웨이브 쪽으로 다양했다.

왕가위가 주로 홍콩과 주변만을 맴돌다 처음으로 태평양을 건너 지구 반대편으로 무대를 옮긴 작품이 바로 〈해피 투게더〉이다. 칸 영화제 감독상 수상으로 서구 영화계에 처음으로 자신의 역량을 알린 작품이기도 하다. 〈해피 투게더〉는 해외판 제목이고, 원제목은 '(구름 사이로) 잠깐 내비치는 봄 햇살'이란 의미를 담은 '춘광사설(春光乍洩)'이다. 일본에서만은 '부에노스아이레스(ブエノスアイレス)'란 제목으로 개봉됐다.

암튼 다시 시작한 영화 속 두 남자는 이후 어떻게 되었을까? 피투성이가 된 채 찾아온 보영(장국영 분)은 아휘(양조위 분)의 집에 눌러살면서 간병과 보살핌을 받는다. 더 많은 월급을 받으려 식당 주방에 취직한 아휘는 일하는 도중 수시로 집에 전화를 걸어 보영의 상태와 안부를 묻는다. 보영이 곁에 있다는 자체가 아휘에겐 큰 행복이었고 신혼의 신랑처럼 퇴근시간을 기다리게 된다. 그러면서도 자유분방한 보영이 언제 또 떠나버릴지 아휘는 늘 불안했다. 보영은 보영대로 아휘의 그런 지나친 애정과 구속이 부담스럽다. 벗어나고 싶다. 결국 보영은 그의 천성대로 다시 아휘를 떠나고 영화는 이별 후 둘의 몇몇 에피소드를 이어간다. 감각적 영상과 감정 전달이 특징인 왕가위 영화에서 스토리 연결이나 개연성을 따지는 건 무의미하다. 등장인물들의 인생과 일상의 단편들을 그저 보여줄 뿐이다.

〈해피 투게더〉는 남미에 대한 여행 욕구를 강력하게 유발시키는 영화다. 아르헨티나 수도 부에노스아이레스는 동서와 남북의 거리가 17km인 마름 모꼴 도시이지만, 일반인들은 주로 폭 2km의 센트로 지역과 그 아래쪽 산 텔모(San Telmo)와 라 보카(La Boca) 지구를 많이들 여행한다. 영화 속 도시의 모습도 대부분 이 일대를 비춘다. 거대한 만(灣)이나 다름없는 라플라타강(Río de la Plata) 인접 지역이다.

부에노스아이레스 도심의 카페 토르토니(Cafe Tortoni)에서의 탱고 공연

영화로 가장 유명해진 곳은 아휘가 호객 안내원으로 취직했던 산 텔모의 탱고 카페 '바 수르(Bar Sur)'다. 2020년 봄에 10부작으로 방영됐던 JTBC 여행 프로그램 '트래블러-아르헨티나 편'에서도 이 탱고 카페가 등장한다.

비프스테이크로 저녁식사를 마친 배우 3인이 영화 속 현장을 찾아가 넋을 잃고 탱고 라이브를 관람하는 장면이다. 등장인물들이 바뀌었고 영화에선 흑백이었지만 TV로는 컬러 영상이라는 차이만 있을 뿐 카페의 모습과 분위기는 영화 속 25년 전 그대로였다.

술 취한 아휘가 보영이 묵고 있는 숙소로 찾아갔던 코스모스 호텔도 구글에서 검색이 된다. 아직까지도 영업을 한다는 의미다. 둘이 재회하기 직전 잠깐 비추는 호텔 네온사인 장면이 워낙 강렬했다. 영화에서 두 번이나 등장하는 오벨리스코(El Obelisco)는 부에노스아이레스의 상징탑이다. 도심 속 7월 9일 대로(Avenida 9 de Julio) 복판에 우뚝 솟아 있는 야경 그리고 밤 시간을 알려주는 전광판과 함께 이 도시를 강렬하게 인상 지웠던 장면이다. 두 남자가 옥신각신하며 새벽 조깅에 나섰던 아베야네다 다리(Puente Nicolás Avellaneda) 서쪽으로는 탱고의 발상지로 유명한 라 보카 지구다. 이 일대 카미니토(Caminito) 벽화 거리는 여행자들이 가장 많이 찾는 곳이기도 하다.

부에노스아이레스에서 북쪽으로 1,200km에 위치한 이과수 폭포는 영화 초반부터 두 사람이 함께 가고 싶어 했던 곳이다. 왜 이과수인지는 중요치 않다. 둘이 아르헨티나에 처음 도착해 스탠드를 하나 샀는데 거기에 장식된 멋진 폭포가 마음에 들었고, 알아보니 이름이 이과수였을 뿐이다. 영화 결말에서 둘은 서로 다른 모습으로 이과수와 함께하고 있다. 보영은 부에노스아이레스의 골방에서 스탠드 속 폭포를 바라보며 절망하고 있는 반면. 아휘는 혼자 브라질 쪽 이과수 폭포 앞에 서 있다. 보영과 함께하지 못함을 아쉬워하면서도 표정은 새 출발을 향하고 있다. 그리고 화면은 아르헨티나 쪽 이과수로 바뀌면 무려 2분 동안 거대 폭포의 장관을 보여준다. 이 일대 지명이 말해주듯 '악마의 목구멍(Garganta del Diablo)'으로 빨려 들어가는 모든 것들은 다시는 세상 밖으로 나올 수 없을 듯하다. 예전처럼 둘의 '다시 시작'하는 일은 어려워 보이는 것이다.

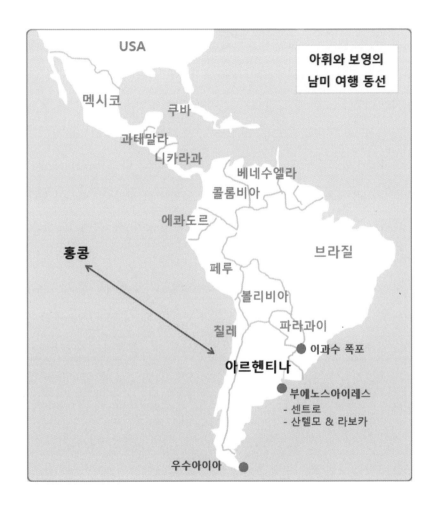

영화 엔딩 부문에서 양조위가 서 있던 브라질 쪽 이과수 폭포

'우리 함께 행복하자'는 경쾌한 음악과 홍콩의 활기찬 야경이 함께 어우러지는 엔딩은 이전의 아르헨티나 장면들과는 극단적으로 대비된다. 그리고 지극히 반어적(反語的)이다. 영화 속 1997년 2월은 홍콩의 중국 반환을 4개월 앞두고 무기력과 허무와 혼란이 도시를 감싸던 시점인 것이다.

6년 후인 2003년 만우절 날, 장국영이 홍콩의 한 호텔에서 투신자살로 생을 마쳤다는 거짓말 같은 뉴스를 접한 이들 중에는, 남미에 홀로 남겨진 채 절망에 빠져 울던 보영의 모습을 떠올린 이들도 많았을 것이다. 영화 속 양조위의 독백은 성 소수자인 아휘와 보영에만 국한되는 건 아닌 듯하다.

'난 늘 그와 많이 다르다고 생각해왔는데, 사람들은 고독해지면 똑같다는 걸 깨달았다.'

3부

세상의 로드무비

여행과 영화

기억되는 한 살아 있는 것이다

노매드랜드

Nomadland, 2020 / 미국 / 클로이 자이 감독 / 프란시스 맥도맨드

1997년 IMF 한파는 대한민국 많은 이들의 삶을 위기로 몰아넣었다. 그로부터 10년 후엔 소위 서브프라임 모기지 사태가 미국 경제를 강타했다. 오랜 기간 부동산 시장에 쌓여왔던 거품들이 사방에서 푹푹 꺼져갔다. 집을 담보로 은행에 빚을 낸 개인들은 여기저기 거리로 나앉아야 했다. 집값이 급락하면서 은행이 빚 대신 집을 회수해갔기 때문이다. 기업들의 파산도 줄을 이었다. 미국 중서부 탄광촌의 한 석고보드 회사도 그 여파를 피해 갈 순

없었다.

'2011년 1월 31일, 88년 역사의 'US석고'는 수요 감소를 버텨낼 수 없어서 네바다 주의 엠파이어 공장을 폐쇄했다. 7월에는 공장 지역 우편번호 자체가 없어져 버렸다.'

이런 쓸쓸한 자막으로 영화는 시작된다. 황폐한 얼굴의 한 여인이 차 트렁크 박스 속에서 옷 한 벌을 꺼내 들곤 가슴에 꼬옥 품는다. 그리곤 코를 들이박으며 숨을 크게 들이켠다. 남편이 입던 회사 근무복이고, 남편은 지금 이 세상에 없음을, 여인의 간절한 눈빛을 통해서 관객들은 직감한다.

그녀의 이름은 '펀(Fern)', 60대 초반 나이에 남편을 잃었다. 자식도 없다. 그야말로 외톨이가 되었다. 젊은 날 석고 광산 회사에 다니는 남편을 따라 이곳에 정착했고, 이 지역 학교 보조교사로 또는 남편이 다니는 회사 인사과 직원으로 평생을 일하며 이곳서 살았다. 해발 1200m가 넘는 이 삭막한 광산촌을 한때는 떠나고도 싶었지만, 고아 출신의 사랑하는 남편을 혼자 남겨둘 수는 없었다.

엠파이어(Empire)는 'US석고'라는 1개 회사에만 경제를 의존하는 탄광촌이었지만, '제국'이라는 이름에 걸맞게 한때는 잘 나가던 공업도시였다. 유일한 회사가 폐업하자 이젠 버려진 도시, 죽은 도시가 되었다. 그 와중에 남편이 암 선고까지 받아 투병하다 눈을 감아버렸다. 모두가 떠났지만 펀은 떠날 수 없었다. 죽은 남편을 홀로 남겨버린다는 느낌 때문이다. 마땅히 갈 곳도 없었다. 이런 그녀가 무엇을 할 수 있을까?

가재를 처분하여 중고 밴(VAN) 한 대에 모든 살림을 옮겼다. 집 대신 그

속에서 먹고 자며 생활한다. 차를 몰아 주변 이곳저곳으로 이동하며 그때그때 일용직 '알바'를 뛰어 생활비를 충당한다. 새로운 삶의 목표나 미래에 대한 희망을 가질 나이도 여건도 아니었다. 그저 하루하루 '살아낼' 뿐이었다.

차 안에서 먹고 자고 용변까지 보지만 한적한 사막지대를 달릴 땐 잠시 차를 세워 숲속에서 바지를 내리고 앉아 일을 보기도 한다. 아마존 물류센터의 포장 알바, 식당이나 농장의 잡부 역할 등 구할 수 있는 일거리는 어디든 무엇이든 다 찾아 했다. 생활 보호 대상자로 신청하면 구호단체로부터 지원을 받을 수도 있었으나 그녀는 마다했다. 스스로 일하며 자급자족하기를 택했다. 무기력하게 어딘가 누군가에게 의존하기보다는 자존감 있는 삶을 원했던 것이다. 일정한 거주지 없이 먹거리 찾아 계절 따라 움직이는 티베트 유목민들처럼, 말 대신 차량과 함께 옮겨 다니는 노매드(nomad) 생활에 그녀는 점차 적응이 되어갔다. 평생 한 곳에서 일만 하느라 안 가본 낯선 길들을 마음 놓고 달려보는 여행의 일상이 좋아졌다. 누군가 동정 어린 시선으로 '집이 없느냐'고 물어오면, 자신은 'homeless'가 아니라 'houseless'일 뿐이라고 여유롭게 말해준다.

네바다 주를 벗어나 RV 차량 노매드족들이 모여드는 애리조나 주의 한 커뮤니티 캠프 행사에 참석하면서 펀은 같은 처지의 많은 이들을 만나게 된다. 새로운 이들과 새롭게 교류하며 소통을 이어가기 시작하는 것이다. 경제난에 따른 실직, 가족과의 이별이나 소통 단절, 또는 은행 빚에 집을 빼앗긴 경우 등 각자의 사연은 달랐지만 모두가 차량 한 대에 의지해 유목민의 삶을 살아가는 같은 처지들이다. 외롭고 가난하지만 밝은 표정을 잃지 않는 자유로운 영혼의 소유자들이었다. 펀 자신도 비로소 그동안의 고립감에서 벗어나 노매드로서 제2의 인생에 정착이 되어가는 것이다.

다큐 형식으로 담담하게 이어지는 영화는 로드무비답게 미국 5개 주를 넘나들며 북미대륙 서부와 중부의 풍광들을 광범위하게 비춰준다. 영화의 시작은 주인공 펀 부부의 삶의 터전이었던 네바다 주의 폐광촌 엠파이어다. 차량 속에서 먹고 자는 생활이었지만 죽은 남편과의 추억이 깃든 이곳을 떠나지 못해 한동안 주변을 맴돌다 처음으로 네바다 주를 벗어난 건 애리조나 주의 쿼츠사이트(Quartzsite)로 가면서이다. 실존 유튜버 밥 웰스가 주최하는 RV 노매드 캠프 행사인 RTR(Rubber Tramp Rendezvous)이 영화 속에 연출 없이 그대로 담기기도 한다.

중반으로 접어들면서 무대는 중부 내륙으로 옮겨간다. 관객들은 영화 속

편을 따라서 사우스다코타 주의 배드랜즈(Badlands) 국립공원과 월(Wall)
마을과 니들스아이 터널(Needles Eye Tunnel) 그리고 네브래스카 주의 스
코츠브러프(Scottsbluff) 지역 등을 함께 여행하게 된다. 펀은 이곳들에서
식당이나 농장 일 또는 캠프 호스트 일 등을 하면서 좋은 사람들도 만나고
함께 여행도 즐기며 나름대로 소중한 일상을 살아간다.

미국 중부를 관통하는 50번 국도(U.S. Route 50)는 우리나라의 50번 영
동고속도로처럼 북미대륙을 동서로 횡단한다. 총 거리 4,800km에 이르는
이 머나먼 거리 중 특히 네바다 구간 658km는 '미국에서 가장 외로운 도로
(The Loneliest Road in America)'란 별칭으로 유명하다. 펀이 운전하는 차
량 '선구자(Vanguard)'가 이 길을 달리는 정경은 아마도 관객들 뇌리에 영
화의 대표 이미지로 오래 남을 것이다.

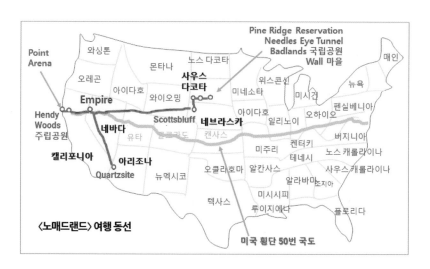

캠프에서 만났던 데이브의 초대를 받아 서부로 떠난 캘리포니아 여행에

선 앤더슨 밸리의 핸디 우즈(Hendy Woods) 주립공원의 거대한 나무숲 정경도 그려진다. 여러 여행지들의 풍광을 보여주는 화면들은 밝지도 않고 서정적이지도 않다. 웅장하지만 대체로 거칠고 칙칙하다. 하지만 내내 황량한 아름다움이 느껴진다. 펀을 비롯한 등장인물들의 내면을 들여다보는 듯하다.

함께 정착해 살자는 데이브의 구애에 잠시 마음이 흔들리긴 하나 이른 새벽 펀은 조용히 차를 몰아 데이브를 떠난다. 샌프란시스코 북쪽에 위치한 포인트 아레나(Point Arena) 해변에 잠시 차를 세우고 걷는 장면은 영화의 클라이맥스다. 곧 폭풍우가 몰아칠 듯 거센 파도가 부서지는 해안 절벽 위를 그녀는 더없이 편안한 표정으로 걷는다. '그래 이런 게 나의 삶이야.'라고 읊조리는 듯하다. 그리곤 하늘을 향해 심호흡 크게 하며 두 팔을 활짝 편다.

2021년 골든 글로브와 아카데미 시상식, 두 곳 모두에서 작품상과 감독상을 동시에 받은 작품이다. 2020년 미국에서 개봉된 영화들 중 최고작으로 입증된 것이다. 중국계 여성 감독 클로이 자이가 가장 주목받고 있지만, 이 영화의 주역은 단연 아카데미 여우주연상 3관왕의 프란시스 맥도맨드다. 그녀는 이 작품의 제작자이기도 하다. 배우로서 그녀의 진가를 더 확인하려면 세 편의 이전 작품, 〈블러드 심플(1984년)〉, 〈파고(1996년)〉, 〈쓰리 빌보드(2017년)〉를 이어서 보면 좋다. 특히, 코엔 형제가 연출한 〈블러드 심플〉은 그녀의 데뷔작이자 지금의 남편 조엘 코엔과 인연을 맺어준 작품이기도 하다.

영화 속 중요 인물 밥 웰스(Bob Wells)는 구독자 66만을 보유한 실존 유튜버이다. 채널 'CheapRVliving'를 검색해 들어가면 영화 속과 똑같은 모습의 그를 영상으로 만날 수 있다. 영화 후반에 펀과 밥이 둘의 인생 사연을 서로 털어놓는 장면이 나온다. 펀에게서 죽은 남편의 이야기를 듣던 밥은 5년 전 죽은 자신의 아들 이야기를 털어놓으며 잠시 말을 잇지 못한다. 오늘이 바로, 자살한 아들의 서른세 번째 생일이라면서……. 모두가 가슴속에 아픈 사연을 묻어 놓고 사는 것이다.

두 사람의 대화는 영화 끝나고도 머릿속에 오래 남는다. 떠난 이들을 잊지 못하는 사람들에겐 '기억되는 한 살아 있는 것(What's remembered… lives)'이라는 펀의 말이 위안이 된다. 우리 모두는 '언젠간 다시 만나게 된다(See you down the road)'는 밥의 말도 심금을 울린다. 루도비코 에이나우디(Ludovico Einaudi)의 피아노 곡(Oltremare)이 흐르는 엔딩 장면 또한 오래 기억에 남을 만하다.

35

'딸아, 너의 최고의 모습을 찾아 가'

와일드

Wild, 2014 / 미국 / 장 마크 발레 감독 / 리즈 위더스푼, 로라 던

2013년 출간된 유시민 씨의『어떻게 살 것인가』머리글에는 셰릴 스트레이드가 쓴 논픽션『와일드』의 마지막 장면이 생생하게 묘사된다. 멕시코 국경 근처에서 출발해 시에라 네바다산맥과 케스케이드산맥을 따라 캐나다 국경 근처까지 4,300km의 PCT를 홀로 걸은 셰릴이 콜로라도강변에 발톱여섯 개가 다 빠진 발을 편안하게 담그고 아이스크림을 핥아 먹는 장면이다. 어두웠던 삶을 뒤로하고 새 출발의 문턱에 선 20대 여자의 느긋한 행복

감이 유 작가의 글을 통해 독자들에게 고스란히 전해진다.

지금은 50대 중반의 나이에 세계적 명사가 되어 있는 그녀다. 2012년 봄 출간되자마자 베스트셀러가 된 그녀의 자전적 에세이『와일드(Wild)』는, 2014년 같은 제목의 영화로 만들어져 세계인들의 주목을 받았다. 활자 속에서 상상으로만 그려졌던 대자연의 풍광과 한 여성의 내면이, 사이먼 가펑클의 익숙한 음악과 함께 아름다운 영상으로 관객들 눈에 펼쳐진다.

그녀가 걸은 PCT는 미국 서부를 종단하는 '퍼시픽 크레스트 트레일(The Pacific Crest Trail)'을 말한다. 미국 서남단의 멕시코 국경지대에서 출발하여 캘리포니아주, 오리건주, 워싱턴주를 가로질러 북서쪽 캐나다 국경지대에서 끝나는 장거리 트레킹 코스다. 최고 해발 4,000m까지 넘어야 하는 험준한 지형, 수천 킬로미터에 걸쳐 야생의 위험이 상존하는 이 머나먼 길을,

세상의 밑바닥까지 내동댕이쳐진 20대 중반 여성이 석 달 이상 혼자 걸어낸 것이다.

찢어질 듯 가난했고 아빠의 음주와 폭력이 일상적 공포였던 유년 시절, 그럼에도 딸에게는 늘 웃음과 낙관을 잃지 않던 어머니, 이어지는 부모의 이혼과 함께 엄마와의 안전하고 행복한 시간이 어린 인생 처음으로 찾아왔다. 불행이 늘 그렇듯 행복의 시간은 찰나. 자신의 유일한 희망이자 삶의 동아줄이었던 엄마가 암으로 세상을 떠난다.

자포자기 심정이 된 그녀에게 마약이 도피처가 되면서 몸과 마음은 금세 허물어지기 시작한다. 난잡한 일상이 정신적 자학과 자책으로 이어지며 스물 중반의 인생 전체가 송두리째 파괴되는 어느 순간, 퍼시픽 크레스트 트레일에 관한 안내 책자가 눈에 들어왔다. 머나먼 길로 떠나라는 어머니의 계시처럼 필이 꽂혔다. 세상 밖 어디론가 멀리 떠나고 싶었던 그녀에게 꼭 필요한 길이었고, 예전에 어머니가 알던 그 딸의 모습으로 돌아가게 해 줄 것만 같은 그런 길이었다.

'나는 항상 다른 사람들이 원하는 대로만 살아왔어. 언제나 누구의 딸, 엄마, 그리고 아내였지. 나는 나 자신이었던 적이 한 번도 없었단다. 엄마가 우리 딸에게 가르쳐 주고 싶은 게 딱 하나 있다면 바로, 너의 최고의 모습을 찾으라는 거야.'

생전의 엄마가 늘 자랑스러워했던 그 딸로 되돌아가기 위해 셰릴은 모든 걸 정리하고 험난한 그 길로 떠난다. 자그마한 자신의 키만큼이나 높고 무거운 배낭을 메고 아름답지만 험준한 그 길 위에서 셰릴은 자신의 과거와 만난다. 매일 이어지는 회상 속에서 지난 인생의 단편들이 주마등처럼 지나간다. 짐승, 인간, 고립 등 위기의 순간이 오지만 그때그때 스스로의 힘으로 헤쳐 나간다. 인생 밑바닥에서 마지막 도피처라고 생각해 시작했던 그 길에서 셰릴은 비로소 자신의 과거를 용서할 수 있었고, 엄마가 생각했던 예전의 그 자랑스러운 딸의 모습을 되찾을 수 있었다.

"몸이 그대를 거부하면 그대의 몸을 초월해라.(If your nerve deny you, go above your nerve.)" 트레킹 초반에 나오는 에밀 디킨슨의 시 첫 구절, 앞으로 걸어야 할 먼 길을 눈앞에 둔 당시에는 그저 셰릴의 각오일 뿐이었다. 그러나 이 한 구절은 여정 동안 그녀의 내면 의지로 더 단단히 승화되었고 결국은 그녀의 성취에 결정적 동인(動因)이 된다.

멀고 긴 여정을 마치고 마침내 종착지 '신들의 다리(Bridge of the Gods)'에 섰을 때의 그녀는 3개월 전의 그녀는 이미 아니었다. 영화의 주제 음악이나 다름없는 사이먼 가펑클의 〈엘 콘돌 파사〉가 엔딩을 장식한다. "I'd rather be a sparrow than a snail. I'd rather be a hammer than a nail." '좁은 세상 달팽이보다는 저 하늘 나는 새가 되리라' 다짐했고, '박혀 있는 못보다는 자유로운 망치가 되고 싶어' 했던 그녀 셰릴 스트레이드, 어두운 인생 터널은 자신의 의지와는 무관하게 만났지만 그 터널을 벗어난 건 온전히 스스로의 의지에 의해서였다.

"혼자 걸으면 외롭지 않으세요?"

도중에 만난 누군가가 물었다. 셰릴은 대답한다.

"내가 있던 그곳이 더 외로웠어요."

사람들은 대체로 덜 외로워지기 위해 어디론가 떠나고 더 행복해지고 싶어 하며 오늘을 산다. 서 있는 자리가 외롭고 오늘이 덜 행복하다고 느낄 때 사람들은 어딘가로 떠나고 다른 무언가를 찾아 헤맨다. 하루 일정을 마친 셰릴이 텐트 속에서 일기장에 써넣는 메리 올리버의 시 「여름날(The Summer Day)」 몇 구절이 관객들 뇌리에 오래 남는다.

'Tell me, what else should I have done? (말해보세요, 제가 달리 무엇을 했어야 했나요?)… Tell me, what is it you plan to do with your one wild and precious life? (말해보세요, 당신이 이 소중한 삶을 걸고 하려는 일이 무엇인가요?)'

영원한 자유를 찾아 떠난 여행

델마와 루이스

Thelma & Louise, 1991 / 미국 / 리들리 스콧 감독 / 수잔 서랜든, 지나 데이비스, 브래드 피트

▶ 내 이름은 델마 디킨슨, 서른 넘긴 건 확실한데 정확한 나이는 잊고 산다. 철없던 열여덟에 남편을 만나 4년 연애하고 결혼했다. 집안일 말고 남편 없이 할 수 있는 게 나에겐 하나도 없다. 남편 앞에서는 늘 주눅이 든다. 항상 바쁜 남편은 나를 식모나 가정부쯤으로 여기나 보다. 내가 바깥에 나가는 꼴은 못 본다. 그저 집안에만 틀어박혀 있기를 바란다. 남들도 다 그러겠거니, 결혼생활이란 게 다 이런 것이겠거니 여기며 산다. 내 단짝 루이스

는 나처럼 한심스럽게 살고 있지는 않다. 내가 잘못 살고 있는 거나 아닌지, 요즘 들어 부쩍 그런 생각이 많아졌다.

▷ 내 이름은 루이스 소여, 혼자 산다. 식당 웨이트리스로서 반복되는 일상이 지겹고 따분하긴 하지만 혼자라서 그런지 자유롭고 속 편하다. 물론 미래가 보장이 안 되는 답답한 삶이다. 남친 지미와 결혼은 하고 싶은데 그가 주저하고 있다. 모아 놓은 돈도 없고 준비도 안 되었다는 게 이유다. 클럽에서 기타 연주하며 하루 벌어 하루 먹고사는 그의 처지가 이해는 된다. 내 삶에 뭔가 돌파구를 찾아야 할 텐데 아직까지는 뾰족한 방안이 없다. 이번 주말에는 머리도 식힐 겸 델마를 데리고 근교 별장에 가서 신나게 놀다 와야겠다. 순진한 그녀가 꽉 막힌 남편에게서 주말여행 허락을 받아내기는 낙타가 바늘구멍에 들어가기처럼 어려워 보인다. 뭐 어떻게 되겠지.

▶ 이렇게 기분 좋을 수가 없다. 내 단짝 루이스 덕택에 금요일 오후 이렇게 그녀 차를 타고 신나게 고속도로를 달리고 있다. 남편 없이 이렇게 여행을 떠나 본 적은 한 번도 없었다. 주말 동안 여행 다녀오겠다는 말은 감히 하지도 못하고 식탁에 메모만 남겨놓고 나왔다. 퇴근하고 돌아오면 메모를 보고 미쳐 환장할 남편이다. 에라 나도 모르겠다. 돌아가서 루이스 핑계 대면 어찌 넘어가겠지. 그저 여행에만 충실하자.

▷ 옆에 앉은 델마가 무척이나 신이 난 모양이다. 운전하며 담배 꼬나문 내 모습이 멋져 보이는지, 자기도 생담배 물고 내 흉내도 내보고 그런다. 콧소리 흥얼거리기도 하고 저 혼자 온몸을 흔들어대기도 하며 난리가 아니다. 저리 발랄한 내 친구가 고리타분한 꼰대 남편 만나 집안에만 처박혀 있었

으니 얼마나 답답했을까. 그나저나 별장까지 갈 길이 아직 먼데, 델마가 졸라대니 할 수가 없다. 저기 보이는 마을 카페에 차 세우고 잠시 한잔하며 좀 쉬었다 가기로 하자.

▶ 이 남자가 너무 조여 온다. 기분은 묘하면서도 좀 부담스러워진다. 짧은 시간에 데킬라와 맥주를 너무 많이 마신 것 같다. 머리가 많이 어지럽다. 이제 춤 그만 추고 자리로 돌아가야겠다. 밖에 나가서 술 좀 깨고 들어오자. 근데 이 남자, 이제 됐다는데 자꾸 부축하고 밖에까지 따라 나온다. '나 혼자 놔두고 들어가세요. 이거 놔요, 왜 이러세요.' 자꾸 옷을 벗기려는 남자 손을 뿌리치는 순간 왼쪽 뺨이 번쩍 한다. 숨이 턱 막히며 다시 번쩍, 코뼈가 부러지는 것 같은 통증이 몰아친다. 뭔가 크게 잘못되었다. '루이스 도와줘! 루이스 어디 있어!'

▷ 이건 아니다. 뭔가 크게 잘못되었다. 이 개자식이 마지막 한마디 지껄인 게 화근이었다. 남자 뒷머리에 총을 겨누고, 밑에 깔린 델마를 구해냈는데, 뒤돌아보지 말고 그냥 자리를 뜨면 되는 거였다. 남자가 뭐라고 한마디 하는 게 들렸다. 나도 모르게 뒤돌아보았다. 다시 뭐라고 빈정거리는 말을 한마디 더 한다. 내 마음속 나도 모르는 뭔가가 솟구치는 걸 느꼈을 뿐이다. 단지 그것뿐이었다. 남자는 이미 누워 있고 왼쪽 가슴은 피로 흥건하다. 내 손에 들린 권총이 바르르 떨고 있다.

두 여자의 설레는 주말 여행길은 첫날 어느 순간 살인범의 도피길로 변해 있었다. 겁에 질려 자수를 권유하는 델마를 무시하고 루이스는 믿을 만한 애인 지미에게 전화해 도피자금을 송금받았다. 멕시코로 국경을 넘어 들어가 새로운 인생을 시작하는 것이, 궁지에 몰린 루이스의 희망이었다.

감성적이면서 세상 물정 모르는 델마가 살인의 원인을 제공했듯이 두 번째 불운도 그녀가 불러들였다. 빤질이 청년 제이디에 혹해 함께 하룻밤을 보내고는 루이스의 도피자금을 도둑맞은 것이다. 빈털터리가 된 채 망연자실한 루이스를 위해 이번엔 델마가 대담한 짓을 저질렀다. 도둑맞은 돈을 구하기 위해 혼자 편의점에 들어가 권총 강도가 된 것이다. 강간 방어라는, 정상 참작도 가능했을 살인 용의자에서 이제 두 여자는 2인조 살인 강도범이라는 중범죄인으로 격상(?)되었다.

자포자기 심정으로 사막을 질주하다 보니 과속 단속 경찰관을 총으로 위협해 트렁크에 감금해버리는 지경에 이르렀다. 추근대는 사내의 대형 유조차를 권총으로 쏴 폭파시켜 버린 건, 세상을 향한 두 여자의 처음이자 마지막 복수나 다름없었다. 후련하긴 했으나 돌아올 수 없는 다리를 건넜음을 의미하기도 했다. 사방을 포위해 온 대규모 경찰 병력 앞에서 가련한 두 여자의 마지막 결심만 남았다.

1990년대 초반에 개봉된 영화 〈델마와 루이스〉는 오늘날까지도 페미니즘 로드무비의 대표작으로 꼽힌다. 미 대륙 중남부 아칸소에서 시작된 두 여자의 여행길은 서쪽으로 사막을 가로질러 오클라호마에 잠시 머물렀다가 살인사건을 만났다. 뉴멕시코를 거쳐 남쪽으로 멕시코 국경을 넘으려던 계획은 경찰의 추격 때문에 수포로 돌아갔다.

콜로라도로 들어서며 정처 없이 서쪽으로 서쪽으로, 두 여자의 스포츠카 선더버드는 밤과 낮을 달린다. 대평원과 협곡들, 사막 가운데 지평선까지 일직선으로 뻗은 도로, 영화 속 경이로운 대자연의 모습은 대부분 애리조나 북단에 위치한 모뉴먼트 밸리(Monument Valley)다. 수많은 옛 명화들에서 서부 황야를 특징짓는 배경으로 등장하는 곳. 나바호 인디언들의 성스런 고향, 수백 미터 높이의 절벽 기둥들, 애리조나와 유타 주 경계의 대자연, 문명의 흔적이라곤 찾을 수 없는 원시 대황야······.

LA타임스의 한 여행 칼럼에선 모뉴먼트 밸리를 일컬어 '대지에 뿌리내린 듯, 당신을 꼼짝 못 하게 묶어 놓는 마법의 상소'로 표현한 바 있다. 먼 길을 달려와 이곳을 지나던 가련한 두 여인도 모뉴먼트 밸리의 성스런 마법에서 멀리 벗어날 순 없었나 보다.

수십 대의 경찰차에 쫓겨 천 길 낭떠러지 앞에 차를 멈추곤 그랜드 캐년으로 잘못 알았던 그곳은 유타 주의 데드 호스 포인트 주립공원(Dead Horse Point State Park)이다. 모뉴먼트 밸리에서 북쪽으로 200km를 달려 간 그곳에서 둘은 영원한 자유를 찾아 스포츠카 선더볼드와 함께 하늘을 날며 최후를 맞는다.

티베트인들의 숙명, 내세를 향하여

영혼의 순례길

冈仁波齐, Paths of the Soul, 2015 / 중국 / 장양 감독 / 일반인들

티베트에서 만난 현지인들의 모습은 쉬이 잊히지 않는다. 차마고도 여행 때 스쳐 지난 두 청년도 마찬가지다. 쓰촨의 '샹그릴라'로 불리는 야딩(亞丁) 풍경구 인근을 걷다가, 오체투지 삼보일배로 나아가는 두 사람을 지나치며 잠시 눈인사만 나눴을 뿐이다. 차 한 대가 휙 지난 후 돌가루 같은 하얀 흙먼지에 눈 코 입을 쥐어 막으며 콜록거리는 나와 달리 두 순례자의 반복 움직임에는 변화가 없다. 오체투지(五體投地), 말 그대로 '온몸'을 땅에 던져'

절하고 또 절하며 나아간다. 두 다리와 양팔을 쭉 뻗으며 엎드림과 동시에 두 무릎과 두 팔꿈치와 이마, 이렇게 다섯 군데 신체 부위를 완전히 땅바닥에 붙이며 절하고는, 다시 일어나 예닐곱 발자국을 옮긴 후 다시 온몸을 땅에 던지며 같은 동작을 반복하는 것이다.

정상 걸음인 내가 느림보 두 사람을 추월하기 미안하고 죄스러운 마음에, 몇 발자국 앞서 지난 후 잠시 뒤돌아 목례를 했다. 무표정인 한 친구와 달리 형처럼 보이는 이가 미소 지으며 다정한 눈인사로 내 목례에 화답해온다. 나도 의식하지 못했을 내 눈빛에는 가당찮은 동정과 연민이 가득했을 터이지만, 그의 표정은 부처처럼 온화했다. '걱정 말고 그냥 가세요. 우리는 행복하답니다.'라고 말하는 것 같았다.

동티베트 차마고도 여행을 마치고 몇 년 후 서티베트인 시짱(西藏) 자치구 여행에서는 오체투지 순례자들이 그렇게 많음에 놀랐다. 수도 라싸의 성

지 조캉사원 앞에선 수십 명의 티베트인들이 각자 길쭉한 절판을 깔아 놓고 한 자리에서 오체투지를 반복한다. 포탈라궁 앞의 오체투지 순례자에겐 지나는 이들이 돈을 챙겨 주기도 한다. 받는 이는 고마움의 표정도 없이 당당하게 받아 주머니에 챙겨 넣는다. 동정 표시의 돈이 아니라 자신들의 몫까지 함께 빌어 달라는 무언의 부탁이 오가는 듯했다.

중국 영화 〈영혼의 순례길〉은 티베트인들의 오체투지 순례 여정을 담은 로드무비다. 2015년에 제작됐지만 티베트 문제에 민감한 중국 정부의 상영 금지 조치로 2년 후에 겨우 개봉되었다. 중국과 해외시장에서 호평이 이어지며 우리나라에서도 부산국제영화제에서 소개되고 2018년에 극장 개봉되었다. 열한 명으로 구성된 순례단이 멀고 먼 길 위에서 보내는 1년여 순례 여정을 아름다운 영상에 담아 보여준다.

이야기의 시작은 티베트 땅의 동남쪽 끄트머리, 망캉(芒康) 현의 외딴 마을 푸라 촌(普拉村)이다. 성도 라싸와 성산 카일라스 순례가 평생의 꿈인 티베트인들이 모여 산다. 죽기 전에 여행을 떠나고 싶어 하는 한 노인이 소망이 시발이 되어, 마을 사람 11명으로 구성된 세 가족 한 팀 순례단이 머나먼 여정에 오른다. 살생을 너무 많이 하여 내세가 두렵다는 소 백정과 자기 집 짓다가 사고로 숨진 인부들의 넋을 기리겠다는 중년 남성, 그리고 출산을 앞둔 임산부 등 어린 소녀에서 60대 노인까지 각양각색 사연의 남녀노소 11명이 매일 매 순간 한 방향을 향해 한 몸처럼 움직여 나아간다. 선두에는 노인과 임산부가 정상 걸음으로 앞서 걷고 후미에선 일상용품 실은 경운기가 뒤를 따르는 사이로, 어린 소녀 포함 나머지 8명은 오체투지 삼보일배로 나아가는 것이다.

관객의 눈에는 해발 4,000m의 티베트 고원 설산들이 황량한 아름다움으로 다가오지만 영화 속 순례자들에겐 주변 풍경은 의미가 없어 보인다. 예닐곱 발자국을 내디딘 후 온몸을 내던져 경배하는 한 동작 한 동작에만 집중한다. 작은 벌레가 앞에 보이면 잠시 멈추어 벌레가 지나가기를 기다려주고, 냇물이 앞을 가로막으면 그대로 물속으로 몸을 던지며 오체투지를 멈추지 않는다.

대략 10여km를 나아가고 날이 저물어오면 모두가 합심해 천막을 치고 정겨운 저녁 시간을 보낸다. 기도와 식사와 따뜻한 대화로 서로를 격려하며 하루 일정을 마친다. 부지런과 게으름에 누구의 차이가 없고, 공동체 생활에서 생길 수 있는 갈등이나 불평불만의 모습들은 전혀 없다. 그저 서로가 헌신하고 남을 배려하는 숭고한 모습들이 이방인인 관객의 눈에는 장엄해 보이기까지 하다.

영화에서 이들이 오체투지로 이동하는 거리는 2,500km에 이른다. 고향인 망캉에서 출발하여 성도(聖都) 라싸까지 1,200km에 성산(聖山) 카일라스까지 1,300km다. 우리 한반도 남북 거리가 1,000km임을 감안하면 실로 멀고도 먼 거리이다. 티베트는 고원지대라 목축은 잘되었으나 풀은 잘 자라지 못했다. 하여, 티베트인들의 몸속엔 단백질은 풍부했으나 비타민은 늘 모자랐다. 수시로 차를 자주 마셔줘야만 몸이 편안했다. 강우량도 많고 숲도 울창한 쓰촨과 윈난 지역 사람들이 차를 재배하여 먼 길을 짊어지고 가면, 티베트인들이 비싼 값에 쳐주며 자기들이 키운 말과 바꿔줬다.

이렇게 중국의 차(茶)와 티베트의 말(馬)이 물물 교환되던 오래된 옛길(古道)이 차마고도인데, 크게 보면 알파벳 T자 모양의 두 갈래 길이다. T자의 가로축은 쓰촨성 야안에서 캉딩, 리탕, 망캉을 거쳐 라싸로 이어지는 천장공로다. 알파벳 T자의 세로축은 윈난에서 라싸로 향하는 전장공로다. 보이차 산지로 유명한 윈난성 남쪽 시솽반나에서 시작해 따리, 리장, 샹그릴라, 옌징을 거쳐 천장공로의 중간지점인 망캉과 만나는 루트다.

영화 속 순례의 출발점인 망캉은 두 갈래 차마고도, 천장공로와 전장공로가 T자로 만나는 접점 지역이고, 그들이 라싸까지 이어가는 318번 도로는 차마고도 천장공로의 동쪽 구간 1,200㎞에 해당한다.

〈영혼의 순례길〉 배경 루트

라싸-망캉-청두 : 차마고도 천장공로
망캉-쿤밍 : 차마고도 전장공로

영화의 원제목 '캉린포체(冈仁波齐)'는 티베트의 성산 카일라스를 일컫는
다. 꿈에 그리던 라싸에 도착한 순례단은 한동안 머물며 공사판 일꾼 등 아르
바이트를 통해 자금을 모은 뒤 순례의 궁극 목적지인 성산 카일라스로 향한
다. 해발 5,630m까지 오르고 내리는 마지막 순례 여정을 이어가는 것이다.

차마고도 천장공로와 성산 카일라스는 중국 정부의 공안 통치 때문이긴
하지만 개인 자유여행으로는 쉬이 접근할 수 없는 오지에 해당한다. 취향에
따라선 다소 지루할 수도 있는 영화 한 편으로 지구상 가장 장엄한 고원 지
역을 여행하며 가장 순수한 영혼들과 조우한다. 그리고 나를 돌아다본다.

84세 이춘숙 할머니가 만난 세상

카일라스 가는 길

Journey to Kailash, 2020 / 한국 / 정형민 감독 / 이춘숙, 정형민

중국 영화 〈영혼의 순례길〉에서 연장자 노인은 마지막 순례지 카일라스에서 숨을 거둔다. 평생 소만 키우며 우물 안 개구리처럼 살아온 노인이다. 난생처음 바깥세상으로 나가 라싸까지, 그리고 꿈에 그리던 성지 카일라스까지 머나먼 길 2,500㎞를 걸어온 후 편안하게 눈을 감은 것이다.

노인의 시신은 일행들에 의해 극진히 모셔져 티베트식 장례 절차에 따라 하늘나라로 인도된다. 높고 평평한 언덕 위에 노인의 시신이 놓이고 스님들의 염불 소리와 함께 하늘에선 독수리들이 하나둘 모여들기 시작한다. 지상에 놓인 먹잇감을 향해 무섭게 달려든 독수리들이 순식간에 시신의 살점들을 쪼아 먹어치우는 장면은 관객의 상상에 맡긴 채 생략된다.

하늘에 장례지낸다 하여 천장(天葬)이다. 육신을 독수리 먹이로 바치면 영혼이 하늘나라로 올라간다는 믿음 때문에 천 년을 이어온 티베트인들의 전통 장례 방식이다. 육신을 새의 먹이로 바친다 하여 조장(鳥葬)이라고도 한다. 건조한 티베트 고원에선 시신을 묻어도 잘 썩지 않기 때문에 이런 풍습이 생겨났다. 시신이 썩지 않으면 영혼이 하늘로 올라갈 수도 없고, 그러면 내세를 기약할 수도 없다는 믿음 때문이다.

티베트 아리 지구에서 만나는 성산 카일라스

2019년 5월의 티베트 여행에서 카일라스 코라(순례)를 시작하던 날의 오싹함은 지금도 생생하다. 티베트의 공동묘지 격인 천장터가 주변에 있다는 말에 잠시 일행들과 헤어져 정규 코스를 이탈했다. 고도차 100m의 완만한 오르막 끝에서 만난 축구장 넓이의 언덕 공터는 음산했다. 하루 전 혹은 일주일 전 이 자리에선 슬픔에 젖은 가족들이 모여 앉아 고인의 육신과 영혼이 수십 마리 독수리들의 입을 통해 하늘로 올라가는 모습을 지켜보았을 터였다. 지금은 힘없는 까마귀들만 몇 마리 오르고 내리며 남은 살점 쪼가리라도 없는지 여기저기 기웃거리며 찾고 있다.

해발 4,900m 고지대라 바람에 실려오는 공기는 청량하고 상쾌했지만, 왠지 모를 퀴퀴한 냄새가 온몸을 감싸는 듯싶어 걸음이 빨라졌다. 유족들이 버리고 갔을 생활용품과 옷가지들 사이로 여성의 검은 머리통이 적나라하게 보이는 순간 온몸이 얼어붙었다. 머리칼 아래의 얼굴 형체가 상상으로 떠오른 것이다. 순간적으로 정신을 차려 달리듯이 천장터를 내려왔다.

앞서간 일행들을 따라붙으려 걸음을 빨리하다가, 오체투지 삼보일배로 나아가는 티베트인 아낙을 추월하기가 미안한 마음에 다시 걸음이 늦어졌다. 해발 5,630m의 돌마라 고개를 넘는 52㎞ 카일라스 코라는 나 같은 외지인들에겐 걸어서 3일 만에 종주하는 여행길이지만, 티베트인들에겐 보름 이상을 저렇게 온몸을 땅에 던져 절하며 나가는 고행의 순례길이다. 오체투지 삼보일배로 느릿느릿 나아가는 티베트인 아낙의 소망은 간절해 보인다. 이번 생은 이렇지만 다음 생은 보다 나은 환경에서 안온과 행복을 누렸으면 하는 바람인 듯했다.

불교에서 우주의 중심으로 통하는 수미산, 티베트에선 곧 카일라스산을 말한다. 티베트 땅에서도 오지 중 오지로 꼽히는 아리 지구에 위치한다. 신이 거주하는 성산(聖山)이기에 해발 6,714m 정상은 등반이 금지되고, 산 주변을 돌며 해발 5,630m까지만 오르고 내리는 카일라스 코라(순례)가 일반적인 트레킹 또는 순례 코스이다. 수도 라싸의 조캉사원과 함께 카일라스는 티베트인이라면 누구나 죽기 전에 꼭 한 번은 순례를 다녀오고 싶어 하는 성지이다.

2020년 개봉된 다큐멘터리 영화 〈카일라스 가는 길〉은 소재가 특이하다. 팔순 노모를 주인공으로 내세운 중년 아들의 두 번째 감독 작품이다. 90분짜리 이 로드무비 한 편을 보는 내내 놀랍고 조마조마했다. 고령의 할머니가 어떻게 저런 험난한 여정을 소화해낼 수 있는지 경이로웠고, 저런 고산지대에서 호흡은 괜찮은 건지 고산병으로 곧 쓰러지지나 않을지 불안불안 위태로워 보였다.

경북 봉화군 골짜기에 사는 84세 이춘숙 할머니, 서른일곱 젊은 나이에 남편을 잃고 홀몸으로 어린 남매를 키우고 의지하며 살아온 지 50년 세월이 가까워 온다. 문화인류학자이자 영화감독으로 성장한 아들과 함께 먼 여행길에 올랐고, 아들인 정형민 감독은 이런 모친의 모습을 제삼자의 눈으로 필름에 담는다.

울란바토르에서 시작된 여정은 몽골 고원을 종단하며 고비사막을 넘는다. 서쪽으로 방향을 틀어 몽골의 끝을 지나며 알타이산맥까지 넘는다. 이어서 남쪽으로 카자흐스탄, 키르기스스탄, 타지키스탄을 거치며 파미르 고원을 넘을 때까지, 황량하지만 아름다운 풍광들이 소녀처럼 들떠 보이는 할머니의 표정과 함께 감동으로 다가온다.

카일라스 코라(순례) 첫 날 만나는 풍경

고비사막에서는 남편의 기일을 지냈고, 파미르 고원에서는 할머니 자신의 85번째 생일을 자축했다. 국경 검문을 잘 통과할지 불안 속에 중국으로 들어갔고, 우루무치에서 타클라마칸 사막까지 신장-위구르 지역을 종단한다. 동쪽 멀리 칭하이성 거얼무에서 하늘 기차인 칭짱열차를 타고 드디어 티베트 땅 라싸에 이른다. 제일 먼저 성지 조캉사원에 들러 경배하고 포탈라궁의 야경을 보고, 도심 바코르 거리의 순례자들을 바라보면서 할머니는 감출 수 없는 감동에 혼자 그저 울먹거린다.

이춘숙 할머니의 여행 경로

다시 서쪽으로 1,300km를 이동해 '우주의 자궁'이라는 성호(聖湖) 마나사로바를 거닐고, 드디어 '우주의 중심'인 성산(聖山) 카일라스에 이른다. 자신의 삶도 이제 종착지에 가까워졌음을 잘 아는 할머니는 내내 부처님과 대화한다. 세월호 아이들처럼 집에 돌아오지 못하는 이들과 전쟁으로 고통받는 이들을 위해 끊임없이 기도하고 기도한다. 자신이 떠난 후 세상에 남겨질 중년 아들의 평안에 대한 할머니의 염원도 엿보이고, 소멸해가는 모친의 시간을 무심한 듯 지켜보는 아들의 속 깊은 마음 또한 고스란히 관객에게 전해져 온다.

체조를 하거나 주변을 걷거나 일기를 쓰거나, 영화 속 할머니는 한시도 쉬지 않고 몸을 움직여 무언가를 한다. 남아 있는 시간들을 순간순간 얼마나 소중하고 감사하게 여기고 계실지 쉬이 짐작이 된다. 관객으로서의 나를 돌아본다면, 그저 방관자처럼 고개만 끄덕이고 있을 일은 아닌 듯하였다. 소멸해가는 시간을 앞에 둔 건 나 역시 마찬가지인 것이다. 일상이 시들해지고 삶에 활기를 잃어가는 느낌이라면 영화 〈카일라스 가는 길〉에서 이춘숙 할머니를 만나보면 좋겠다.

20대 청춘 체 게바라의 무전 여행

모터싸이클 다이어리

The Motorcycle Diaries, 2004 / 미국, 영국, 독일 / 월터 살레스 감독 / 가엘 가르시아 베르날

"난 그때 여섯 살 꼬마였어요. 어느 날 낯선 중년 남자와 식사를 하게 되었는데 난 그가 아버지인 줄 몰랐습니다. 당연히⋯ 변장을 하셨기 때문에요. 물론 우리 자식들을 속이기 위해서였죠. 제가 의자에서 내려오다가 넘어졌을 때였어요. 그가 절 안아주었습니다. 그 느낌이 너무나 포근했어요. 그래서 전 어머니에게 말했지요. 엄마, 저 아저씨가 날 사랑하나 봐⋯⋯."

여섯 살 꼬마가 말한 '저 아저씨'는 체 게바라였다. 성인이 된 그의 딸 알레이다가 어느 TV와의 인터뷰에서 어릴 적 추억을 회고하는 내용이다. 체가 혁명 성공 후 쿠바에서의 안락한 삶을 포기하고 볼리비아로 떠나기 직전, 변장을 한 채 가족과 만나는 식사 자리에서다.

세상의 약자들을 위해 살았던 그의 인생 40여 년은 투쟁과 동시에 여행으로 점철된 삶이었다. 볼리비아행은 그에게 마지막 여행길이 되고 말았다. 스물세 살 의대생일 때 가슴 설레며 떠났던 남미대륙 종주가 그의 인생 첫 여행이었다. 8개월 동안의 이 여행이 이후 15년 그의 삶을 송두리째 바꿔놓았다. 고국 아르헨티나를 떠나 쿠바에서 혁명가로 성공하고 이어 볼리비아로 향하는 마지막 여행길까지 오르게 된 건 바로, 그의 첫 번째 여행의 영향이었다.

세상의 영웅은 두 부류일 것이다. 누구나 인정하는 대단한 성취를 일궈낸 인물, 그리고 자기를 희생하며 남을 위해 헌신하되 그다지 세상에 드러나진 않은 사람. 전자는 역사에 또박또박 기록되지만 후자는 대체로 묻힌다. 어쩌다 우연한 결정적 순간이 있어서 세상이 비로소 그를 알아보게 되는 경우도 있다. 체 게바라라는 영웅의 탄생은 그런 후자 쪽에 가깝다.

1960년 3월 어느 날 쿠바의 아바나 혁명광장에선 추모행사가 열리고 있었다. 불행한 사고로 숨진 다수의 희생자들을 추모하는 자리였다. 쿠바 혁명에 성공한 피델 카스트로가 연단 위에서 추모 연설을 하고 있었고, 무명의 사진작가 코르다는 관객들 틈에서 그 모습을 찍고 있었다. 연단 한쪽에 군인한 명이 잠깐 나타난 모습이 작가의 눈에 띄었다. 덥수룩한 수염에 베레모를 썼다. 관객 쪽 어딘가를 노려보는 눈매가 날카로웠고 베레모에 붙은 별 계급

장이 인상 깊었다. 작가는 별생각 없이 습관처럼 그를 향해 셔터를 눌렀다.

쿠바 혁명 수뇌부 중 한 명을 찍었을 뿐인 이 사진은 그러나, 30여 년이 지난 후 전 세계에 체 게바라 돌풍을 일으켰다. 사진을 찍은 작가 코르다가 로열티를 포기한다고 공언하면서부터였다. 그 돌풍은 사진의 작품성 때문이 아니었다. 사진 속 인물의 진정성 때문이었다.

체 게바라는 아르헨티나의 부유한 집안에서 태어났고 대학에서 의학을 전공했다. 의사로서의 편한 삶이 보장될 프랑스 유학을 포기하고 카스트로의 쿠바 혁명군에 합류했다. '인간의 질병을 치료하는 것보다 세상의 모순을 고치는 게 더 중요하다'는 깨달음 때문이었다. 혁명이 성공하고 쿠바 정세가 안정되자 정권 2인자로서의 권력을 버리고, 세상의 힘없는 민중을 위해 다시 길을 나섰다. 아프리카의 민중 해방을 위하여 콩고로 달려갔고, 이어 남미 인디오들을 위해 싸우다 볼리비아에서 죽음을 맞았다.

누군가는 그를 '관계없는 나라들을 위해 투쟁하고, 관계없는 사람들을 위해 싸우고, 관계없는 모든 것들과 관계를 만들어 나갔던 혁명가. 스스로 연마된 다이아몬드'라고 표현했다. 사르트르 또한 그에게 '20세기 가장 완벽한 인간'이라는 수식어를 붙였다. 일개 평범한 의학도를 이렇게 '완벽한 인간'으로 고양시킨 첫 계단은 바로, '여행'이었다.

여행 계획: 4개월간 8,000km,

방법: 대책 없음,

도구: 낡은 오토바이 포데로사,

목적: 책으로만 알던 대륙 탐험.

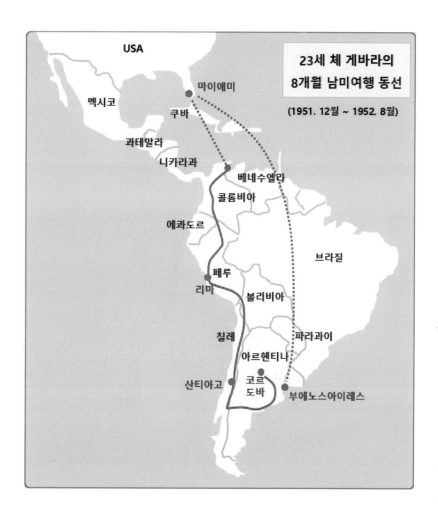

졸업을 한 학기 남겨둔 그는 이런 치기 어린 계획을 세우곤 친구이자 선
배인 알베르토와 함께 먼 여행길에 나섰다. 젊음이 가기 전에 자신들이 살
고 있는 라틴아메리카 전체를 눈으로 직접 만나보고 싶은 열망에서였다. 아

르헨티나의 고향 집에서 출발하여 칠레, 페루, 콜롬비아, 베네수엘라까지 올라가 종단하고, 대륙의 북단에서 돌아오는 여정은 당초 일정보다 두 배나 길어졌다. 20대 젊은이 둘이 중고 오토바이 한 대에 의존하여 거친 비포장 도로를 그렇게 오래, 그렇게 멀리 여행한다. 그들 앞에 어떤 일들이 있었을지 상상해볼 순 없지만, 일상에선 흔치 않을 어떤 '자각'이 있었을 거라는 짐작쯤은 쉽게 할 수 있다. 그의 8개월간의 여행 일기를 토대로 만든 영화가 브라질의 월터 살레스 감독이 연출한 〈모터싸이클 다이어리〉다.

20대 청년 의학도의 눈을 통해 라틴아메리카 전역의 풍광과 핍박받는 민중의 모습을 잔잔한 감동으로 그려냈다. 영웅이나 위인의 전기 영화가 아니다. 여행을 소재로 한 '로드무비'를 말할 때 늘 선두에 꼽힐 만큼 작품성도 뛰어나다.

아르헨티나 코르도바에서 영화 속 여행은 시작된다. 부에노스아이레스를 거친 후 칠레 해안을 거슬러 페루, 콜롬비아, 베네수엘라의 대륙 북단까지, 50년 전 체 게바라의 여행과 똑같은 순서대로 촬영이 이뤄졌다. 수려한 영상미의 영화 한 편으로 남미대륙의 다양한 풍광들을 편안하게 앉아서 만날 수 있다. 군소 도시들은 물론 안데스산맥과 잉카 유적, 중남미 광활한 사막과 광산지역 그리고 아마존강을 뗏목 여행하는 등, 한 번 여행으로는 쉽게 접할 수 없는 많은 여정들이 펼쳐진다.

체 게바라가 잉카 문명의 위대함을 새삼 실감하는 마추픽추

여행에서 만난 다양한 인간 군상과 그들의 현실 삶의 모습은 젊은 체 게바라의 자각의 근간이 된다. 조상 때부터 밭을 일구고 살아오던 농부들이 부당하게 땅을 빼앗겨 떠돌고 있는 모습들, 제대로 치료를 받지 못해 질병으로 신음하는 노인들, 강을 건너는 좁은 배 안에서 발 디딜 틈 없이 짐짝처럼 붙어 있는 사람들, 강 하나를 사이에 두고 세상과 격리된 채 고단한 삶을 사는 나

병 환자들…… 광산으로 일자리 찾아가는 굶주린 인디오 부부와 모닥불 앞에서 밤을 지새울 때는, 자신들이 여행 중이라는 말을 차마 꺼내지도 못한다.

'남겨진 것에 대한 울적함과 새로운 세계에 대한 흥분으로 가득하다.'

영화 오프닝에서 가족들의 걱정과 우려를 뒤로하고 여행에 나서던 주인공의 독백이다. 엔딩 장면의 독백은 그의 첫 여행의 결과를 압축해 보여준다.

'길에서 지내는 동안 내 속에서 무슨 일인가 일어났다. 대륙 여행은 생각 이상으로 날 변화시켰다. 난 더 이상 내가 아니다. 과거의 나와 같은 난 이제 없다.'

세월이 흘러 혁명가로 변신한 그는 우리에게 이런 말도 남겼다.

'우리 모두 리얼리스트가 되자. 그러나 가슴속엔 불가능한 꿈을 간직하자.'

1960년 3월 아바나 혁명광장 추모행사에서 사진작가 코르다가 찍은 체 게바라 사진

결국은 이루지 못한 파타고니아의 꿈

내일을 향해 쏴라

Butch Cassidy And The Sundance Kid, 1969 / 미국 / 조지 로이 힐 감독 / 폴 뉴먼, 로버트 레드포드

부에노스아이레스에서 새벽 비행기를 타고 엘 칼라파테 공항에 내리면서 남미대륙 꼭짓점 파타고니아 여행이 시작되었다. 8년 전 어느 가을날이었다. 이틀간 피츠로이 세로토레 트레킹을 하기 위해 엘 찰텐 마을로 가던 버스가 휴게소에 잠시 멈춰 섰다. 세계 여러 도시들까지의 거리가 큼직한 이정표에 표기된 휴게소였고, 서울까지 17,931km라는 표지판이 제일 반가웠다.

휴게소 안을 서성이다가 벽면 한편에 붙어 있는 지명수배 전단지 한 장에 눈길이 갔다. '사살 또는 생포 시 현상금 4,000불'. 사진 속 범인의 얼굴은 낯설었지만 '부치 캐시디'라는 이름은 바로 알아볼 수 있었다. 폴 뉴먼과 로버트 레드포드 주연의 오래된 영화 〈내일을 향해 쏴라〉의 원제목이 '부치 캐시디와 더 선댄스 키드(Butch Cassidy & The Sundance Kid)' 아니었던가? 실존 인물 두 명의 이름이 그대로 영화 제목이다.

현상금 4천 불짜리 수배 전단지는 수십 년 세월을 증명하듯 누렇게 색이 바랬고, 그 옆에는 더 색 바랜 사진 두 장도 눈길을 끌었다. 한 장은 영화 속 남녀 주인공 셋과 똑같은 분위기의 실존 인물 셋이 오붓한 시간을 보내는 정경이고, 다른 한 장은 갱단 일당 다섯이 함께 모인 기념사진이었다.

'1899년 미국 중부 내륙 와이오밍 주에서 갱단 '와일드 번치' 결성. 유니온 퍼시픽 열차 강도 사건으로 추격받기 시작. 1900년 네바다 주 대형은행 털면서 전국적으로 지명수배. 1901년 뉴욕 거쳐 남미로 피신하여 농장 운영하며 잠시 행복한 삶. 1905년 돈 떨어지자 아르헨티나 대형은행 털어 거금 탈취하고 칠레 땅으로 도피. 1907년 볼리비아에서 회사 경비원으로 취직 후 잠시 근무. 1908년 신분 노출되어 볼리비아 경찰의 추격을 받다가 둘 다 사살됨.'

20세기 초 미국을 떠들썩하게 했던 2인조 무장강도의 마지막 10년 여정이다. 멀리 남미대륙 복판에서 죽음을 맞았지만, 60년 후 그들은 잘 만들어진 영화 한 편을 통해 갱스터 영웅으로 되살아났다. 1969년에 개봉된 이 영화는 국내에선 '푸줏간 캐시디와 석양의 꼬마'라는 웃기는 제목으로 초반에 잠깐 내걸렸다. 원제목을 아무 생각 없이 직역한 탓이다. 그러다가 일본에서 개봉한 근사한 제목을 따라 부랴부랴 〈내일을 향해 쏴라〉로 바꿔 걸었다고 한다.

이들의 이야기기 스크린으로 옮겨지자 옛 시절 악당들은 단숨에 대중의 영웅으로 환호를 받았다. 세계의 관객들은 영화 속 무법자들에게 동정과 사랑을 아끼지 않았다. 영화란 그런 것이다. 실제와 다르게 과장 또는 미화되었다고 단정할 필요도 없다. 인간에겐 복잡다단한 면이 섞여 있어서 이들 중 대중의 기호에 부합할 만한 특정 부분만 조명하여 영화로 찍고 상업적으로 부각했을 뿐이다. 미국 서부 개척이 마무리되던 시대, 아직도 질서보다는 무법이 판치던 사회 분위기에서 2인조 갱스터가 벌이는 범죄 행각을, 유쾌하고 낭만적으로 그려낸 수작이다.

줄거리는 실존 인물들의 행적과 거의 비슷하지만 영화에선 생략 또는 달리 묘사된 부분도 있었다. 아르헨티나 파타고니아로 숨어 들어가 4년 동안 목장 생활을 하다 칠레를 거쳐 볼리비아로 올라간 실제와는 달리 영화에선 곧바로 볼리비아로 잠입해 강도 행각을 벌이는 것으로 단순화했다. 두 주인공이 장엄한 최후를 맞는 라스트 신은 실제와 다르게 미화되었다는 설이 유력하다. 선댄스가 먼저 총상을 입고 옆에서 괴로워하자 모든 게 끝났음을 간파한 부치가 그를 쏴 죽이고 자신도 자결했다는 식이다.

그들 갱단의 이름은 원래 '와일드 번치(Wild Bunch)'였으나 영화에선 '더 홀 인 더 월(The Hole In The Wall)'로 바뀌었다. 비슷한 시기에 만들어진 샘 파킨파 감독의 갱스터 무비 〈와일드 번치〉 때문이었다.

비슷한 플롯의 영화 〈텔마와 루이스〉처럼 이 작품은, 주인공들이 어떤 목적이나 이유로 여러 장소를 옮겨가며 겪는 여정을 보여주는 로드무비의 전형이다. 또한 두 남자가 콤비가 되어 각자의 개성과 매력을 보여주는 '버디 무비(Buddy Movie)'이기도 하다. 〈레인맨〉이나 〈미드나잇 카우보이〉 또는 우리 영화 〈투캅스〉처럼 버디 무비는 두 남자 주인공의 캐릭터가 지극히 대

조적이면서도 또한 조화롭다는 특징이 있다. 한쪽은 언변이 좋으며 용의주도하고 계획적이지만, 다른 한쪽은 지극히 내성적이고 즉흥적이다. 한쪽은 두뇌 회전이 빠르고 총 실력은 별로인 반면 다른 한쪽은 어눌한 성격에 권총 솜씨는 따를 자가 없다. 전자는 폴 뉴먼이 분한 부치 캐시디이고, 후자는 로버트 레드포드가 맡은 선댄스 키드이다.

상반되는 두 캐릭터지만 공통점이 있다. 어떤 상황에서도 비관하지 않으며 늘 낙관적이라는 것이다. 두 주인공의 이런 면이, 지극히 어둡고 암울한 범죄 행각을 다룬 이 작품을 관객들에게 밝고 유쾌하게 느껴지도록 기억에 남긴다.

그해 미국 아카데미 시상식에서 최우수 각본상과 주제가상 등을 받았다. 영국 아카데미 시상식에선 무려 9개 부문에서 수상을 했다. 당시의 대배우 폴 뉴먼을 제치고 로버트 레드포드가 남우주연상을 수상했다는 사실도 화제가 됐다. 이 수상이 계기가 되어 로버트 레드포드는 영화 속 자신의 이름을 따 '선댄스 영화제'를 설립하기도 했다. 〈섹스, 거짓말 그리고 비디오테이프〉, 〈분노의 저격자〉, 〈저수지의 개들〉 등의 작품들을 인정해주고 이 영화제의 수상작으로 선정하면서 스티븐 소더버그와 코엔 형제 그리고 퀜틴 타란티노 등의 감독들을 전 세계 유명 영화인의 반열에 올려놓기도 했다.

할리우드의 고비용 대중영화의 그림자에 가려지는 저예산 독립영화들을 지원해온 선댄스 영화제는 이렇게 전 세계 영화의 질을 한껏 높이는 역할을 해왔으니, 이 작품 〈내일을 향해 쏴라〉가 현대 영화사에 미친 영향은 대단한 것이라 할 수 있다. 이 작품에서 호흡을 맞추며 콤비를 이룬 폴 뉴먼과 로버트 레드포드는 4년 후 똑같은 감독의 영화 〈스팅(The Sting)〉에서 열연하여 또한 대성공을 거둔다. 최우수 작품상과 감독상 등 7개 부문에서 수상을 하였으니 전작보다 훨씬 더 큰 쾌거를 이룬 셈이고, 이후 둘은 세계적 대배우의 반열에 오롯이 함께 서게 된다.

파타고니아 토레스 델 파이네 지역의 전경

이 영화를 기억하는 이들에겐 비장한 라스트 신이 뇌리에 선명할 것이다. 수백 명의 볼리비아군에게 포위된 채 최후를 직감한 두 주인공, 어느 순간 쌍권총을 들고 분연히 뛰쳐나오고 그 모습은 화면 가득 클로즈업된다. 그리곤 모든 게 멈춰지는 정지 화면, 그 위로 '조준! 발사!' 명령 소리가 들리며 '탕! 탕! 탕!' 세 발의 총성과 함께 영화는 끝난다. 영화사 최고의 엔딩으로 꼽히기도 한다.

역삼각형 모양의 남미대륙, 그 맨 아래 꼭짓점 부분이 '바람의 땅' 파타고 니아다. 남위 40도 부근을 흐르는 콜로라도강 이남으로, 우리나라 땅의 열 배가 넘는 면적이다. 이곳까지 뻗어 내려온 안데스산맥을 중심으로 서쪽 3 분의 1은 칠레 땅이고 동쪽 3분의 2는 아르헨티나에 속한다. 한때 북미대륙 을 떠들썩하게 했던 그들은 수배를 피해 미국을 탈출하곤 남미대륙 꼭짓점 파타고니아로 숨어들었다.

몇 년을 살다 보니 그들이 도피해 살기에 파타고니아는 그야말로 낙원이었다. 돈이 떨어지자 마지막 한탕을 위해 볼리비아로 올라갔다가 군인들에게 사살되지만, 죽기 직전까지도 두 무법자의 머릿속은 온통 파타고니아에서의 편안한 여생으로 가득했을 것이다.

누구에게나 있을 수 있는 어떤 하루

대결

Duel, 1971 / 미국 / 스티븐 스필버그 감독 / 데니스 위버

간밤 모임에서 돌아와 아내는 소리소리 질렀다. 자신이 성추행당하는데 왜 가만있었느냐는 것이다. 겁쟁이 남편이라며 나를 몰아세웠다. 절친한 이웃인데 술 취해 실수한 거 가지고 야박하게 대할 필요가 있을까. 기분은 나쁘지만 너그럽게 이해하고 모른 체 넘어가 주는 게 성숙한 남자의 도량 아니겠는가.

아침밥도 못 얻어먹고 집을 나섰다. 먼 거리 출장 가는 남편을 아내는 거

들떠보지도 않고 침실에 누워만 있다. 속 좁은 여편네 같으니라구. 오늘은 1시간 미팅을 위해 왕복 여섯 시간 차를 몰아야 한다. 오늘 협상을 잘하고 와야 상반기 보너스도 좀 받을 수 있을 것이다. 출근 시간이라 잠시 교통 체증이 있었지만 도심을 벗어나 고속도로에 접어들자 시원하게 뚫린다. 창문 열어젖히고 최고 속도로 밟는다. 아내 때문에 찜찜했던 마음도 시원하게 뚫린다.

멀리 앞서가던 트럭 한 대가 금세 가까워졌다. 거대한 유조 트레일러다. 차선을 가로막고 시커먼 매연을 내뿜으며 서행하고 있다. 곧았던 왕복 2차선 도로가 살짝 휘어지며 시야가 트이는 순간, 얼른 차선을 바꾸며 급가속해 트레일러를 추월했다. 뒤처진 게 기분 나쁘다는 건지 트레일러도 갑자기 가속해 뒤쫓아 온다. 금세 내 뒤에 따라붙더니 요란한 경적과 함께 나를 추월하곤 진로를 방해하며 다시 속도 줄여 서행한다. 미친놈 아닌가.

앞에서 뿜어대는 시커먼 매연에 기침이 심하게 나온다. 유리창을 올린 후 얼른 차선을 바꾸며 액셀을 밟았다. 잠시 전속력으로 질주하고 나니 비로소 트레일러는 한참 뒤처졌다. 그러나 웬걸, 백미러엔 그놈이 다시 전속력으로 나를 뒤쫓아 오는 게 비친다. 무서운 속도다. 덜컥 겁이 난다. 다시 액셀을 밟아 최고 속도로 급가속했다. 잠시 후 때맞춰 주유소가 나타났기에 잽싸게 들어가 차를 세웠다. '휴~. 혼자 가라 미친놈아. 난 한숨 돌리고 갈게.'

그러나 잠시 후 트레일러도 뒤따라 주유소로 들어온다. 흉물스러운 뱀처럼 스멀스멀 기어와 내 차 옆에 멈춘다. 식은땀이 등을 타고 흘러내린다. 숨이 막히는 듯하다. 워낙 거대한 유조 트레일러라 높은 운전석의 운전자 모습은 보이질 않는다. '내가 괜히 떨고 있어. 저놈도 기름 넣으려고 왔을 뿐이야.' 이 기분 나쁜 상황을 얼른 피하고 싶어 기름 값 계산하곤 화장실도 안 가고 시동을 걸었다.

주유소를 출발한 지 5분도 안 지났다. 그놈이 어느새 내 뒤로 따라붙었다. 순식간이다. 발작처럼 경적을 울리며 길을 비키라고 날 위협한다. 얼른 구석으로 길을 비켜주며 왼팔을 창밖으로 내어 추월하라고 손짓해줬다. 그러나 앞서간 놈은 다시 내 차 앞에서 속도를 늦추며 진로를 방해한다. 시커먼 매연이 다시 내 차를 휩싼다. 날 골탕 먹이려는 게 분명하다.

내가 추월을 하려 해도 차선 두 개를 지그재그로 왔다 갔다 하며 진로를 방해한다. 완전 미친놈이다. 서너 번 그리 하다가 본인도 미안했는지 이번엔 왼팔을 창밖으로 내어 지나가라고 손짓한다. '휴~' 안도하며 얼른 추월하려 차선을 바꾸는 순간, 반대편에서 승용차 한 대가 돌진해오고 있다. '으악!' 하며 핸들을 꺾었다. 겨우 충돌을 면했다. 찰나의 순간이었다. 어떻게 저럴 수가 있나? 나를 죽이려 작정한 놈 아닌가. 완전 또라이, 정상은 아닌 놈이다.

마침 도로 옆으로 난 비포장 갓길을 이용해 전속력으로 액셀을 밟았다. 서행하던 그놈은 순식간에 나에게 추월당해 멀리 뒤처진다. 놈을 이긴 흥분에 들뜬 기분도 잠시, 다시 무서운 속도로 질주해온 트럭이 경적을 울려대며 이번엔 내 차 범퍼에 부딪혀온다. 역시 순식간의 일이다. '쿵!' 하는 충격에 차체가 휘청거린다. 혼미해지는 정신을 가다듬으며 액셀을 더 세게 밟았지만 그놈 역시 속도를 더 올리며 다시 내 차를 들이받는다.

네 번째 부딪혀오는 놈을 피하려 전속력으로 액셀을 밟던 순간 갑자기 나타난 휴게소를 향해 나도 모르게 급히 핸들을 꺾었다. 공중전화로 경찰에 신고를 해야 한다는 생각도 퍼뜩 들었다. 급히 꺾은 핸들과 급히 밟은 브레이크 탓에 차는 한참을 미끄러지며 울타리를 들이받곤 겨우 멈춰 섰다.

휴게소 직원이 달려와 괜찮냐고 물어온다. "방금 지나간 트레일러가 내 차를 들이받았어요. 나를 죽이려 했어요. 신고해야 돼요." 처절하게 호소했지만 직원 반응은 시큰둥하다. "네네, 그랬는가요? 들어와서 좀 쉬세요." 차에서 내려 화장실로 향했다. 머리가 심하게 어지럽다. 잠깐 비틀거리며 쓰러질 뻔했다. 세수를 했더니 조금은 개운해진다. 거울을 보며 마음을 가다듬었다. '그래, 길고 긴 내 인생에 고작 한 시간의 일이야. 잊어버리면 돼. 별 미친놈한테 걸려 애를 좀 먹었을 뿐이야. 인제 지난 일이야.'

고객과의 약속 시간은 이미 못 지키게 되어버렸다. 늦게라도 가서 용서를 빌고 오면 되는 거다. 악몽 같던 지난 한 시간은 없던 일로 치려고 애써 마음먹으며 식당 룸으로 들어서는 순간, '악!' 소리가 저절로 나왔다. 유리창 너머로 그 트레일러가 주차된 모습이 보이는 것이다. 아까 분명히 휴게소를 지나갔었다. 가다가 유턴해 돌아온 모양이다. 운전석은 비어 있다. 그렇다면 놈은 식당 안 대여섯 남자 손님들 중 한 명일 것이다. 지금 나를 곁눈질로 보고 있을지도 모른다. 다리가 후들거리며 오감이 마비되는 듯하다. 극심한 공포가 밀려온다.

이상은 1971년 영화 〈대결(Duel)〉의 전반부 이야기다. 4년 후 세계적 흥행작 〈죠스〉를 내놓을 스티븐 스필버그가 20대 초반에 만든 상업영화 데뷔작이다. 될성부른 천재는 떡잎부터 다름을 실감 나게 해주는 작품이다. 초 저예산으로 만든 단순 구조의 로드무비이면서 90분 내내 긴박감을 유지하는 게 기이할 정도다.

외형상으론 먼 출장길에 나선 자가용 운전자가 고속도로에서 대형 트레일러와 벌이는 신경전이 전부인 듯하지만, 저변에는 현대를 살아가는 중산층 남자의 고립감과 무기력 그리고 원인 모를 불안 심리가 두텁게 깔려 있다. 영화 후반 치열하게 진행되던 두 차량의 대결은 결국은 극적인 종말을 맞는다. 주인공이 펄쩍펄쩍 뛰며 좋아하는 것도 잠시, 석양이 지는 절벽 끝에서 속절없이 돌이나 던지고 앉아 있는 그의 모습은 허망 그 자체다. 이겼다는 게 아무런 의미도 없음을 보여준다.

　누군가가 아무런 이유 없이 나를 위협하는 상황은 영화 속에서만 일어나진 않는다. 전혀 예기치 않았던 일들, 단숨에 고립되고 주변의 남들은 누구도 나를 이해해주지 않는 황당한 상황 등은 누구에게든 언제든 일어날 수가 있다. 고달프거나 무료하더라도 아무 근심 없이 무난한 일상의 하루하루가 얼마나 소중한지, 새삼 깨닫게 해주는 스필버그 영화다.

나의 목표는 하나, 오직 살아남는 것

매드 맥스: 분노의 도로

Mad Max: Fury Road, 2015 / 오스트레일리아 / 조지 밀러 감독 / 톰 하디, 샤를리즈 테론

1979년에 만들어진 호주 영화 〈매드 맥스〉는 '길'을 주제로 한 액션 로드 무비였다. 영화 속 인물들은 끝없이 이어지는 길 위에서 인생의 시간들을 보낸다. 그렇다고 '여행'을 즐기는 여유가 보이진 않는다. 그저 살아남기 위해 길 위를 떠돌고 방랑할 뿐이다. 당시 무명의 멜 깁슨이라는 23세 젊은이를 전 세계에 알린 이 작품은 이후 시리즈 2편, 3편까지 성공적으로 이어졌다.

36년 만에 시리즈 4번째로 만들어진 2015년 작 〈매드 맥스: 분노의 도로〉는 영화의 내용과 어울리는 부제(副題)는 아니다. '분노(fury)'보다는 '살아남기(survival)' 위해 발버둥 치는 인간 군상들을 보여주기 때문이다. 머지않은 미래에 황폐화된 지구 어딘가를 떠도는 이들의 이야기이면서, 어떤 메시지나 서사가 있지는 않지만 종전의 액션 영화들과는 차원이 달라진 A급 오락물이다.

'내 이름은 맥스. 불이 타오르고 폭력이 난무하는 시대, 세상이 멸망하면서 누가 더 미친 건지 알 수가 없어졌다. 나인지. 이 세상인지…. 나의 목표는 단 하나, 살아남는 것.'

화면이 열리면서 사막 저 멀리를 내려다보는 사내, 그의 한 끼 식사로 희생되는 머리 둘 달린 도마뱀이 '변이 된 세상'임을 암시한다. 환청에 시달리는 듯 그가 뒤에서 무슨 낌새를 챘는지 서둘러 차를 몰아 내달리고 잠시 적막 3초. '죽은 자들에게 쫓기고 산 자들에게 쫓긴다'는 그의 독백처럼 엄청난 굉음의 무리들이 그를 뒤쫓는다. 단박에 포로가 되고 다시 탈출을 시도하다가 케이블카 줄에서 허망하게 도로 붙잡히는 장면까지의 오프닝 시퀀스, '압도적'이란 표현이 딱 어울린다.

핵전쟁 이후 반세기, 살아남은 소수의 인간들은 방사능 오염으로 대부분 앞 장면 도마뱀처럼 '열성 변이'가 되어버렸다. 인간 수명도 반 토막이 났다. 그런 인간들 일부를 모아 권력자 '임모탄'이 군림하는 도시 '시타델'은 10%가 지배계급, 90%가 피지배자들이다. 항상 피가 모자란 그들에게 깨끗한 혈액은 수명 연장의 주요 수단. 누구에게나 수혈이 가능한 깨끗한 O형 피를 가진 맥스, 임모탄 부하들에게 '채집'되어 수혈 포로 '피 주머니'로 전락했다. 5명의 여성과 탈출하는 여 사령관 '퓨리오사' 추적에 내몰린 맥스가 그녀들을 도와 '악'을 물리치고 '선'을 이룬 후 정처 없이 어디론가 떠나는 해피 엔딩…이, 내용 골격이다.

이처럼 단순한 이야기로 담아낸 두 시간은 그러나 바늘 하나 들어갈 수 없는 단단함으로 꽉 채워져 충만된다. 가장 큰 이유가 최대한 아날로그 촬영으로 만들어낸 액션의 리얼리티에 있을 것이다. '트랜스포머' 류의 할리우드 대작들에서 풍기는 CG나 판타지 분위기가 거의 느껴지지 않는다. 강약 변화 거의 없이 시종일관 같은 톤으로 이어지는 액션 신들이 너무나 사실적이고 디테일한 만큼 몰입도 또한 100퍼센트다. 인물들은 비현실적이다. 맥스와 여성들을 제외한 다른 모든 인물은 비정상 반미치광이들이다. 인물들의 이런 비현실성은 그러나 꿈과 희망을 잃어버린 미래 인류의 자화상일 수 있다는 점에서 너무나 '현실적'이다. 삶과 죽음이 늘 함께하는 영화 속 같은 일상에서 반 미치지 않고서야 어떻게 하루를 버텨낼 수 있을까.

리얼리티 못지않게 돋보이는 강점이 바로 '영상미'이다. 맥스의 등이 보이며 화면이 열리는 첫 장면부터 아름답기 시작하여, 지평선이 보이는 광활한 사막 추적 장면을 여러 각도에서 여러 색감으로 다양하게 담은 화면들이 끝없이 아름답다. 그중에서도 모래 폭풍 속으로 들어가기 직전과 들어간 후의 시퀀스는 비록 CG의 힘을 빌린 것이겠지만 명장면 중의 명장면으로 평가될 것이다. 그렇게 갈망하던 녹색의 땅, 어머니의 땅이 이미 지나쳐 온, 까마귀 가득한 늪지대였음을 알게 된 퓨리오사가 정신이 나간 채 모래 위에 꿇어 앉아 우는 장면도 잊을 수 없을 것 같다.

가끔 독특한 캐릭터의 조연들이 인상에 오래 남는 경우가 있다. 영화 〈지옥의 묵시록〉에는 커츠 대령을 전지전능의 신으로 맹신하는 사진기자가 나온다. 명배우 데니스 호퍼가 분했다. 커츠가 얼마나 위대한지 감격에 겨워 찬양하는 그의 모습은 미치광이 광신도에 가깝다. "임모탄 님이 나를 보셨어."라며 감격해 하던 '눅스'도 비슷한 캐릭터이다. 죽음과 가까이하면서 늘 천국의 영웅을 꿈꾸는 순수한 영혼이기에 언제 어디서나 누구에게나 헌신적이다. "Oh what a day! What a lovely day!"라고 외치던 장면은, 붉은 머리 여인을 행해 "나를 기억해줘."라고 읊조리던 장렬한 최후 장면과 함께 기억에 오래 남을 듯하다. 방사능 오염으로 태어난 영화 속 모든 '워보이

(War-boy)'들을 대표하는 캐릭터이다.

또 하나 인상 깊은 조연은 퓨리오사의 단 한 방 사격에 장님이 되는 '블릿 파머'. 눈에 붕대를 두르고 '레퀴엠' 음악과 함께 기관총을 난사하며 돌진하던 명장면을 남겼다. 관객의 입장에서 가히 '미친!' 이란 단어가 튀어나오는, 영화 전체를 관통하는 이미지. 그리고 빨간 내복 기타 맨도 가장 'Mad' 한 캐릭터들 중 하나. 이외에도 임모탄과 그의 난쟁이 아들 그리고 몇몇 여성 조연들 … 수많은 조연들이 톱니처럼 얽혀 하나의 멋진 바퀴를 만들어냈다. 맥스와 퓨리오사, 두 남녀 주인공의 역할은 여자 쪽이 한 수 위였지만 둘 다 말할 나위 없이 훌륭한 연기로 영화의 큰 축을 이루었다.

마지막 장면, 새로운 지배자로 추앙되는 퓨리오사가, 떠나는 맥스를 내려다본다. 이어서 어두워진 화면 가운데에 박히는 석 줄짜리 자막.

'Where must we go… we who wander this Wasteland in search of our better selves? 희망 없는 황야를 떠도는 우리, 어디로 가야 할까… 더 나은 삶을 찾아갈 수 있을까?'

영화 속 배경보다 100년쯤 앞선 시대를 살고 있는 지금의 우리들에게도 해당되는 질문이겠다.

밀림 속에서 만나는 광기의 군상

지옥의 묵시록

Apocalypse Now, 1979 / 미국 / 프란시스 포드 코폴라 감독 / 말론 브란도, 마틴 쉰, 로버트 듀발

내셔널리즘과 제국주의가 중심이 된 1, 2차 세계대전이나 종교 간 대리전에 가까웠던 중동전과 달리 미군의 베트남전은 색채가 참으로 묘했다. 겉으로는 자본주의와 공산주의 또는 제국주의와 민족주의의 대결이었지만 내면을 들춰보면 달랐다. 다양한 계층의 인간 군상들이 빚어내는 온갖 부조리와 모순들이 총체적으로 집약되었던 전장이었다. 이러한 이면의 모습들을 가장 적나라하게 표현한 작품이 프란시스 코폴라 감독의 〈지옥의 묵시록〉이

다.

미군 암살 요원이 사이공을 떠나 헬기와 정찰선을 갈아타며 긴 강을 가로질러 밀림 속 어딘가, 적군이 아닌 아군 그러나 미군에겐 암적인 존재인 어떤 영웅을 찾아가 만나는 내용이다. 전형적인 로드무비, 베트남 남부에서 북부로 그리곤 캄보디아 밀림 속으로 흘러 들어가는 긴 여정이 그려진다. 전쟁에 휘말린 이들의 공포와 광기는 물론 온갖 우스꽝스럽고 괴기스러운 형상들을 비추면서 말이다.

최정예 특전부대의 지휘자였던 전설적 인물 커츠 대령이 어느 날 자신의 부대원들과 함께 소리 없이 사라졌다. 미군 당국은 그가 캄보디아 밀림 속에서 자신만의 왕국을 만들어 살고 있다는 정보를 입수한다. 원주민들에게 신과 같은 존재로 군림하고 있다는 것이다.

그가 점차 미군에 적대적 존재로 변해가는 데에 당혹하던 CIA는 그를 제거하기로 결정하고 특수부대 윌라드 대위에게 암살 임무를 맡긴다. 특수전 요원으로 사이공 호텔에서 술과 마약에 절은 채 임무를 기다리며 지내던 윌라드 대위가 뭔지 모를 스트레스로 거울을 깨뜨리고 자해하며 피 흘리는 장면으로 영화가 시작된다.

곧이어 들이닥친 헌병들에 이끌려 나트랑 사령부로 호송된 윌라드, CIA 고위층 앞에서 커츠 대령에 대한 기본 정보와 암살 작전 전반을 지시받고 임무 수행을 위해 떠난다. 넝강(The Nung river)을 따라 올라가는 여정이 전체의 3분의 2 정도 할애가 되는데, 해군 정찰선에 몸을 실은 윌라드 대위 주변으로 펼쳐지는 전장의 모습은 관객들에겐 매우 생소하다. 그동안 익숙하게 상상해온 전장의 모습들과는 차원을 달리한다.

코폴라 감독의 카메라는 강을 따라가는 여정의 풍광과 함께 전쟁에 임하는 인간 군상들의 광기와 부조리가 범벅이 되는 현장을 생생하게 비춰간다. 몇 주간의 우여곡절 끝에 드디어 도착한 강 상류에서 커츠와 대면한 윌라드는 극심한 정신적 혼란을 겪는다. 죽여야 하는 자와 삶에 공포를 느끼는 자의 치열한 내적 교감 과정이 영화의 클라이맥스에 해당한다.

어느 조직이든 사회이든 그런 인물들이 있다. 자신의 지위보다 역량이 출중하게 월등한 자. 상부를 포함한 주변으로부터의 비열한 견제 때문에 웬만해서는 도태되거나 희생되기 십상인 인물들이다. 미군 제5특전대 작전장교 커츠 대령이 그런 인물이다.

대개의 영화 평론 글에서 '명분 없는 전쟁에 회의를 느껴 밀림으로 잠적한 인물'로 그려지는 그는 그런 전쟁 회의론자이기보다는 오히려 미군이 월남전에서 지리멸렬한 이유를 알고 있는, 이 전쟁을 빨리 끝낼 수 있는 방법을 통찰하고 있는 주전론자에 가깝다.

정예화되지 못한 미군들과 결단력이 모자란 지휘관들이 이 전쟁을 망치고 있다는 확신이 월남군 대령 4명을 이중첩자라는 죄명으로 처단하게 되었고, 이런 일련의 독단적 지휘 행위가 상부의 심기를 거슬렸다. 전쟁 속에서 극단적인 광기와 공포를 체험했고, 그런 어느 순간 인내의 한계점을 넘어서면서 현실 속의 자신의 존재가 무의미해졌다.

새로운 자아에 대한 확신이 그로 하여금 부대원들을 이끌고 밀림 속에 자신의 왕국을 만들게 하였다. 부하들과 원주민들의 눈에 그는 전지전능한 신이나 다름없다. 그러나 그런 그의 왕국은 월라드가 당도할 즈음에는 죄의식 없는 살생이 만연한, 시체와 해골들이 쌓여만 가는 지옥도나 다름없었다.

커츠는 이미 스스로 통제 불능이 되어가는 자신의 모습에 공포를 느끼고 있었고, 누군가 자신을 가장 잘 이해해주는 이가 이런 자기를 끝장내 주기를 원하게 된다. 바로 월라드에게 그런 역할을 기대하고, 서로의 교감에 따라 월라드에 의해 죽음을 맞는다.

최후의 순간에 그의 입에서 흘러나온 '공포(horror)'라는 단어는 두 가지 면이 있다. 미군들에게 예방주사를 맞았다는 이유만으로 수많은 어린이들의 한쪽 팔을 아무런 죄의식 없이 잘라버리는 베트콩들의 정신세계와 맞닥트렸을 때에 첫 번째 공포를 느꼈다.

'The genius. The will to do that perfect, genuine, complete crystalline, pure(완벽하고 순수 무결하며 수정처럼 순수하게 그렇게 잘라낼 수 있는 천재성과 그 의지).'라고 표현한 그 공포였다. 두 번째는 통제 불능의 신이 되어가는 자기 자신과 이 왕국에 대한 공포였다. 누군가에 의해 이 통제 불능이 종식되기를 바라는 갈망이 윌라드에게 주는 그의 메모에 함축되어 있다.

'Drop the bomb, exterminate them all.'

(폭탄을 투하해서 여기 모두를 몰살시켜라.)

다양한 음향과 주옥같은 음악들이 최고의 영상미와 함께 전쟁의 참상을 판타지처럼 보여준다. 오프닝 신에서 흘러나오는 도어스의 〈The End〉는 지리멸렬한 전쟁에 회의를 느끼며 뭔가 새로운 임무에 목말라하는 윌라드 대위의 내면 분위기를 잘 나타내 준다.

바그너 오페라 〈니벨룽겐의 반지〉 중 〈발퀴레의 기행(Ride of Die Walkure)〉이 대형 확성기를 통해 흘러나오는 헬기 공격 신은 전쟁 영화 사상 최고의 명장면일 것이다. 아침 하늘을 가로지르며 저공 비행하는 헬기들과 공격 중에도 느긋이 커피를 마시는 킬고어 대령의 모습들이 베트콩 마을의 혼란과 공포의 모습들과 극명하게 대비를 이룬다.

라디오에서 흘러나오는 롤링스톤스의 명곡 〈Satisfaction〉은 보트 위에서 춤을 추는 병사의 모습과 딱 맞아떨어지고, 대형 가설무대에 내려앉는 헬기에서 내린 플레이보이 쇼걸들이 CCR의 〈Suzie Q〉와 함께 펼치는 쇼 공연도 명장면에 해당될 만하다. 광란에 빠지는 미군들이 황급히 이륙하는 헬기에 매달리다 강물에 떨어지는 광경들은 처연하기까지 하다. 관객 취향에 따라 호불호가 극명하게 갈릴 만한 작품이다.

아버지와 아들, 그 멀고도 먼 길

천리주단기

千里走單騎, 2005 / 일본, 중국 / 장이머우 감독 / 다카쿠라 켄

나관중 소설 『삼국지』에서 관우는 마지막까지 서주의 하비성을 지켰다. 결국은 세 가지 조건을 내세워 조조에게 항복하고 그 휘하에 잠시 머무른다. 원소의 맹장 안량과 문추를 베는 관우의 용맹과 그 인품에 반한 조조는 온갖 배려로 관우를 자신의 부하로 묶어두려 하지만 실패한다. 관우는 결국 탈출하여 허베이에 있는 유비에게로 돌아간다. 이 과정에서 관우는 조조 군사들이 지키는 5개 관문을 통과하며 6명의 장수를 베었다. 이 오관육참(五

關六斬)의 이야기가 곧 〈천리주단기〉 고사이다.

유비에게 충의를 지키기 위하여 '머나먼 거리(千里)'를 '혼자서(單騎) 달려 (走)' 간 삼국지 관우의 이야기가, 1800년 세월이 흐른 현대에 이르러 세계적 거장에 의해 또 다른 내용의 영화로 만들어졌다. 중국 장예모 감독의 중국-일본 합작 영화 〈천리주단기〉는 아들에 대한 마지막 사랑을 위하여 머나먼 여행길에 오른 아버지의 이야기를 다루고 있다. 오랜 세월의 단절과 불통으로 인한 가족 구성원들의 상처가, 여행이라는 긴 여정을 통해 치유되며 사랑이 복원되는 과정을 영화는 따뜻하게 그려낸다.

아내와 사별하고 일본의 한적한 어촌마을에 홀로 사는 어부 다카타는, 간암 말기로 죽음을 앞둔 아들의 원하는 바를 풀어주려 중국 윈난성으로 떠난다. 오랜 세월 부친에 대한 원망이 깊었던 아들을 위하여, 그동안 너무나 무심했던 이기적 아버지로서 해줄 수 있는 마지막 도리였다.

중국을 다니며 경극을 연구해온 아들은 중국인 배우 리쟈밍과 그의 공연 모습을 비디오로 찍기로 약속한 바 있지만 간암 선고로 그 약속을 못 지키게 됐던 것이다. 하지만 리쟈밍 또한 자유로운 몸이 아니었다. 사생아를 낳았다고 자신을 놀린 자에게 칼을 휘둘러 상해죄로 복역 중이었던 것이다.

중국에 도착해 이런 사실을 알게 된 다카타는 교도소 측에 간곡히 부탁한다. 죽어가는 아들을 위해 경극 공연 모습을 꼭 촬영하고 싶은데, 원하는 경극 배우가 그 교도소에 복역 중인 것이다. 중국 전통문화를 찍고 싶어 하는 일본인 사연을 들은 교도소 고위 관리는 이를 허가하고 임시 무대까지 만들어준다. 그러나 공연은 시작 초반에 중단된다. 당사자인 리쟈밍이 부모 없이 홀로 커가는 어린 아들 양양에 대한 걱정과 슬픔 때문에 연기 몰입이 안 된다는 것이다. 사생아 아들을 멀리 홀로 두고 감옥에 갇힌 아비의 심정을 이해한 다카타는 아들을 데려와 면회시켜 주겠다고 약속하고 리쟈밍의 시골 고향으로 떠난다.

비록 성사되진 않지만 죄수 아버지와 사생아 어린 아들을 만나게 해 주려 노력하는 과정은 오히려 다카타에게 치유와 깨달음의 기회를 제공한다. 초반에 다카타는 소통이 전혀 안 되는 중국 땅 시골에서 자신의 한계와 무기력을 절감해야 했다. 많은 사람들 속에서 자신만이 못 알아듣고 상황 파악을 못하는 환경이 너무나 낯설기만 하다. 철저한 소외를 느끼는 것이다. 비로소 다카타는 도쿄의 병실에 누워 있는 아들도 지난 세월 이런 이방인 느낌으로 살아왔음을 깨닫게 된다. 그동안 아들의 마음속 깊이 자리 잡았을 단절과 외로움의 고통을 비로소 절감하게 된 것이다.

오랜 세월 자신만의 세계에 함몰되어 망각하고 있던 부성애를 비로소 자각하게 되지만 그러나 이미 때는 늦었다. 병상의 아들은 곧 죽게 된다. 인생사가 그러하듯 아쉬움과 안타까움은 늘 뒤늦게 찾아온다. 경극 배우 리쟈밍 또한 어린 아들에게 자신이 얼마나 소홀했는지, 감옥 속에 갇히고 나서야 비로소 깨닫는 것이다.

일본인 아버지 다카타와 중국인 아버지 리쟈밍의 공통점은, 자신의 삶에만 함몰되어 살아왔다는 것, 가장 가까운 이들에게 너무나 무신경 무관심했다는 것이다. 두 부자(夫子)의 안타까운 사연을 지켜보며 관객들은, 사랑하는 감정은 결코 뒷전에 밀어둬선 안 되며 그때그때 표현해 둬야 한다는 평범한 진리를 새삼 깨우치게 된다.

영화는 주로 중국 윈난성의 유명 관광지 리장(麗江)을 무대로 촬영되었다. 유네스코 세계문화유산으로 지정되고 연간 수백만 명의 관광객들이 몰려드는 곳이다. 윈난과 쓰촨의 차(茶)를 티베트 고원의 말(馬)과 교환해오던 세계 최고(最古)의 교역로 차마고도의 중심 도시다. 윈난성 남단의 시솽반나(西双版纳)에서 시작되는 차마고도 전장공로(滇藏公路)는, 보이차(普洱茶)로 유명한 푸얼시(普洱市)를 지나고 이곳 리장에 이르러 절정을 맞는다. 계속된 개발 바람으로 문명화가 많이 되어 버렸지만, 도시 주변의 자연은 옛 모습 그대로를 많이 간직하고 있다.

멀리 보이는 옥룡설산과 그 위로 떠 있는 맑은 하늘, 초원과 호수 그리고 그 아래를 뱀처럼 휘감아 도는 도로 등, 리장으로 가는 길과 리장에 이른 후의 영화 속 전경들은 그림처럼 아름답고 서정적이다. 영화 오프닝과 엔딩 부분에서 주인공 다카타가 상념 속에 서 있는 일본 어느 해변의 정경과 함께, 어딘가로 떠나고 싶은 여행의 욕구를 콕콕 자극하는 영상들이다.

한 편의 영화와 함께 아름답고 낯선 이국땅을 여행한다. 스크린 속에서 우리와 전혀 다른 환경의 사람들을 만나지만 결국은 그들도 우리와 똑같은 내면임을 새삼 알게 된다. 그들을 통하여 나 자신은 물론 내가 사랑하는 사람들의 입장을 다시금 뒤돌아 생각해보게 된다. 두 시간짜리 영화 한 편으로 이보다 더한 호사가 어디 있을까.

아들의 유해와 함께 떠난 순례길

더 웨이

The Way, 2010 / 미국 / 에밀리오 에스테베즈 감독 / 마틴 쉰

꽉 짜인 진료 일정에 모처럼 짬을 낸 안과의사 탐이 친구들과 골프를 치고 있다. 몇 미터 떨어진 거리도 카트를 타야 할 정도로 걷기는 싫지만 그래도 골프는 좋아한다. 어프로치 샷 도중에 전화벨이 울렸다. 청천벽력 같은 소식이다.

"아드님 다니엘이 사망했습니다. 산티아고 순례길에서 폭풍을 만났어요."

명문대에서 박사과정을 준비해온 아들이다. 지 엄마가 세상을 떠난 후부터 방황하기 시작하더니, 넓은 세상을 보고 싶다며 여행을 떠났었다. 걱정이 되고 마음에도 안 들었지만 다 큰 아들에게 아비의 만류는 씨알도 안 먹혔다. 그런 아들이 피레네산맥을 넘다가 사고를 당했다는 것이다. 아들의 시신을 수습해오려고 홀아비 탐은 생전 들어보지도 못한 프랑스의 생장 피드포르라는 곳으로 떠난다.

국내에선 개봉된 적 없지만(아마도 배낭에 붙인 순례길 상징 조가비 마크가 일본 욱일기와 닮아서일 듯) 마틴 쉰 주연의 영화 〈더 웨이〉의 오프닝 장면이다. 산티아고 순례길 배경의 영화들 중에선 가장 많이 알려진 작품이다. 프랑스 국경을 출발해 스페인 북부를 한 달 이상 걷는 산티아고 순례길에선 수많은 이들의 무덤과 묘비를 만나게 된다. 첫날 피레네산맥 해발 1,230m 고지에서 만나는 영적인 분위기의 티바울트 십자가도 누군가의 죽음을 연상시킨다.

둘째 날 수비리를 향해 가는 산길에서 만나는 일본인 무덤도 순례자들의 눈길을 끈다. 2002년 8월에 이 길에서 숨을 거둔 64세 야마시타 신고씨의 무덤이다. 일주일쯤 지나 나바레테와 아소프라 사이 구간에서 만나는 제임스 윈터스의 묘비에 쓰인 글귀도 지나는 이들의 발길을 붙잡는다.

'나로 인해 슬퍼하지 마세요(Don't grieve for me now). 나는 자유로워요(I'm Free). 신이 인도해주시는 그 길을 따라가고 있어요(I'm following the path God laid for me). 신이 지금 나를 원했어요(God wanted me now). 그가 나를 자유롭게 해 줬어요(He set me free). 난 이제 자유로워요(I'm Free now).'

2009년에 눈을 감은 29세의 젊은이가 그의 죽음을 슬퍼할 가족과 친구들에게 남기는 위로의 말인 듯하다.

영화 〈더 웨이〉는 아들의 내면에 대한 이해나 교감이 없이 맹목적인 사랑만 쏟아왔던 남자의 이야기다. 아들의 죽음을 통하여 비로소 아들의 삶을 이해하게 되고, 자신 또한 새로운 시각으로 인생을 바라보게 되는 과정이 산티아고 순례길을 배경으로 아름답게 펼쳐진다. 순례의 출발점인 프랑스 국경 마을 생장 피드포르에서 아들의 시신을 화장하고 난 탐은 순례 첫날 사고를 당한 아들의 마음을 헤아리며, 아들이 못다 걸은 그 길을 대신 걸어 주기로 결심한다. 순례길 곳곳에 아들의 유해를 조금씩 남겨주고도 싶었다. 마침 순례에 필요한 모든 장비는 아들이 남긴 유물과 배낭 속에 고스란히 남아 있는 터였다.

산티아고 순례길을 걷는 이들에겐 도중에 누군가를 만나고 헤어지는 일이 거의 매일 반복되는 일상이다. 탐 역시 출발은 혼자 했지만 도중에 본인의 의사와 상관없이 세 명의 동료가 생기며 한 팀이 된다. 여기에 오게 된 이유도 각양각색이다. 탐과 제일 먼저 친해지는 네덜란드 수다쟁이는 뱃살을 빼기 위해 이 길을 걷고 있다. 곧 있을 친지 결혼식에서 친척과 지인들에게 말쑥한 모습을 보여주고 싶다고 말하지만 실은, 뱃살 때문에 잠자리를 거부하는 아내에게 사랑받고 싶은 마음이 더 크다. 그러나 걸어서 소모하는 에너지보다 순례길 분위기에 취해 하루하루 식탐으로 추가되는 뱃살이 두 배는 더 많다.

두 번째로 만나는 캐나다 여성은 담배를 끊기 위해 왔다고 말하지만, 실은 아픈 상처를 숨기고 있다. 폭력 남편과 이혼할 때 임신 중이었다가 낙태를 시켰었는데, 얼굴도 모르는 아가의 울음소리가 매일 들리며 환청에 시달려왔다. 부디 아가가 평온하게 잠들 수 있도록 기도하는 심정으로 왔고 자신 또한 구원받고 싶은 마음이 간절하다. 마지막으로 합류한 아일랜드인은 여행작가다. 오랫동안 유명 작가를 꿈꿔왔으나 잡지사에 글을 써 겨우 밥벌이하는 세월이 10여 년을 넘기고 있다. 글이 써지지 않아 슬럼프에 시달리다가 이 길을 걸으며 글감을 찾고 있다. 파울로 코엘료처럼 산티아고에서 좋은 작품을 남기며 대작가가 되고 싶어 매일매일 순간순간 순례길 풍경을 기록해 나가고 있다.

 각기 다른 환경에서 살아온 이질적이 4인이 부딪히고 화해하며 서로를
이해해 나가는 여러 에피소드들이 크고 작은 사건 사고와 함께 순례길 위에
서 이어진다. 누군가의 상처를 위로하며 자신의 상처가 치유되기도 한다.
상대의 아픈 내면을 통해서 자신도 몰랐던 스스로의 내면을 투영해 보기도
한다. 이렇게 등장인물들의 내적 변화를 보여주는 스토리 라인에 덧붙여 이
영화는 산티아고로 향하는 순례의 일상을 사실적이고 효과적으로 압축해
보여준다는 매력이 크다.

 세계의 여행자들이 들뜬 모습으로 모여든 생장 피드포르 정경에 이어, 첫
날은 성모상과 양 떼들이 교차하는 피레네산맥 풍광이 장엄하게 펼쳐진다.
저녁 늦게 도착한 스페인 첫 마을 론세스바예스의 알베르게에는 땀 냄새와
코골이로 가득한 공간에 수십 명이 단잠에 취해 있다. 순례길의 숙소 풍경
을 한눈에 보여주는 장면이다. 소몰이 축제의 도시 팜플로나를 벗어난 일행

은 주변 풍광이 파노라마로 펼쳐지는 '용서의 언덕' 페르돈 고개에 올라 '바람의 길이 별의 길을 가로지르는 곳'임을 실감한다.

찰톤 헤스톤 주연의 고전 영화 속 주인공 '엘시드'가 묻혀 있는 부르고스 대성당 장면과 럭셔리한 숙박을 앞둔 일행이 레온의 산마르코스 수도원 앞에 열 지어 선 장면은 순례길 도중에 만나는 대도시의 분위기를 잘 드러내 준다. 해발 1,530m에서 만나는 철의 십자가 '쿠르즈 데 페로'에선 조약돌 하나씩이 돌무덤 위에 얹힌다. 각자의 소망을 담아 주머니에 고이 간직해왔던 조약돌들이다. 바로 옆 만하린 알베르게 앞으로 '산티아고까지 222㎞. 예루살렘까지 5000㎞'라고 쓰인 이정표가 그들의 좌표를 말해준다. 여행작가의 꿈에 대하여 이야기 나누던 오세브레이로 고원 마을과 기나긴 여정의 막바지임을 알려주는 몬테 데 고조 언덕 그리고 도착한 산티아고 대성당에서의 그 유명한 향로 미사…. 이렇듯 영화는 한 달 넘는 순례길 여정을 단 두 시간에 함하는 듯한 감동을 선사해 준다.

'산티아고(San Tiago)'는 예수 열두 제자 중 첫 번째 순교자인 성인 야고보(Saint James)의 스페인식 이름이다. 그가 이스라엘로 돌아가기 위해 성모 마리아의 작은 배에 올랐던 곳이 스페인 북서 해안인 묵시아다. 주인공 탐은 마지막 남은 아들의 유해를 묵시아 바닷가에 뿌려주며 순례 여행을 마친다.

탐은 안과의사였다. 다른 사람들이 세상을 보다 넓게 잘 볼 수 있도록 도와주는 삶이었지만 정작 자신은 좁은 세계에 갇혀 살았다. 아들의 죽음을 통해, 아들이 인도해준 순례길 여행을 통해 깨달은 사실이다. 영화는 산티아고에서 돌아온 그가 다시 새로운 여행길에 나선 장면으로 끝을 맺는다. 모로코 어딘가를 걷는 그의 표정은 이전과는 다르게 밝고 여유로워 보인다.

파리, 텍사스

Paris, Texas, 1984 / 프랑스, 독일 / 빔 벤더스 감독 / 해리 딘 스탠튼, 나스타샤 킨스키

묵직한 한 줄 기타 음과 함께 어두운 스크린에 'PARIS, TEXAS'라는 붉은
색 자막이 뜬다. 서부영화에서 익히 봐왔던 거대한 바위산과 모래로 뒤덮인
황량한 사막이 화면 가득 열린다. 풀 한 포기 개미 한 마리 살 것 같지 않은
황폐와 건조, 그 사막 한복판에 멍하니 서 있는 사내의 얼굴이 클로즈업된
다.

흰색 와이셔츠에 넥타이를 맨 양복 차림이지만 머리에 얹은 빨간색 모자

는 지극히 촌스럽고, 삐쩍 마른 얼굴은 오래 안 깎았을 수염으로 온통 덮여 있다. 구겨진 양복 어깨 위는 하얀 모래 먼지들로 수북이 덮였고, 먼 곳을 바라보는 그의 눈빛엔 초점이 없다. 외진 시골에서 값싼 양복 차려입고 올라온 촌뜨기가 낯선 도시 복판에서 갈 곳 잃어 두려움에 떠는 모습이다. 완전히 넋이 나갔거나 실성한 듯하다.

물통에 남은 마지막 물 한 모금을 마시고 뒤를 돌아다본다. 야트막한 바위산 위에 독수리 한 마리가 굶주린 듯 남자를 내려다보고 있다. 먹잇감이어서 빨리 쓰러지기를 기다리며 따라오는 모양새다. 남자의 눈에 잠깐 공포의 빛이 스치더니 이내 다시 앞을 보며 황급히 걸어간다. 마음이 다급해진 듯 서둘러 걷는 사내의 모습은 스크린 왼쪽 구석으로 왜소해지고, 무참한 바위산의 위용이 점점 스크린을 압도해간다. 그는 어디로 가고 있는 걸까? 과연 이 위험한 사막을 벗어날 수는 있을까? 궁금증과 안타까움이 겹치는 모하비 사막 배경의 오프닝 신.

파리의 화려함과 텍사스의 황량함이 동시에 연상되는 기묘한 제목의 이 영화, 〈파리, 텍사스〉는 〈부에나비스타 소셜클럽〉이나 〈베를린 천사의 시〉로 많이 알려진 빔 벤더스 감독의 명작 로드무비다. 프랑스와 영국, 독일의 합작 자본으로 1984년에 만들어졌다. 칸 영화제 황금종려상과 영국 아카데미 감독상, 영국비평가협회 작품상 등을 받으며 개봉 당시 세계적인 주목을 끌었던 작품이다.

오프닝에서 넋 나간 모습으로 사막을 걸었던 주인공은 4년 전 행방불명

된 트래비스라는 사내다. 멕시코와 인접한 미국 텍사스 주 어느 외딴 마을에 탈진해 쓰러졌다가 누군가에게 발견되는데, 소지품에서 나온 연락처 덕택에 LA에 사는 그의 친동생에게 연락이 닿았고, 즉시 날아온 동생에게 인도된다. 동생의 집에는 주인공 트래비스의 8살 난 아들이 동생 부부를 엄마 아빠로 부르며 잘살고 있다. 트래비스의 아내 제인이 4년 전에 가출해 도망가면서 4살 난 아들을 시동생 부부에게 맡겨 놓았던 것이다. 부자간에 한동안 어색한 시간을 보내고 동생 부부의 배려로 평온을 되찾은 주인공 트래비스는 엄마를 만나고 싶어 하는 아들과 함께 아내를 찾아 나선다.

휴스턴 어딘가에서 겨우 알게 된 아내의 직업은 핍쇼(peep show: 여성의 방을 엿보는 쇼) 걸. 남자 쪽에서만 여성 쪽이 보이는, 특수 유리로 나뉜 두 방에서 부부는 4년 만에 재회한다. 처음엔 몰랐지만 대화를 나누다 결국은 창 너머 남자가 남편임을 알아챈 아내, 한때나마 행복했던 지난날을 회고하며 눈물짓는다. 아들에게 필요한 사람은 자신도 아니고 친동생 부부도 아닌 친엄마임을 확신하는 트래비스는 두 모자가 상봉하는 자리를 만들어주고 자신은 다시 어딘가로 홀연히 떠난다.

여행의 동선을 따라서 여러 여정들로 구성되는 대개의 로드무비들처럼 이 영화는 6개의 여정으로 구성된다. 트래비스가 사막을 배회하는 오프닝 신이 첫 여정이다. 시간적으로 보이기는 4분에 불과하지만 주인공 내면의 공황상태를 잘 드러내 준다.

실신해 있는 남자를 찾아온 동생과 함께 LA로 돌아가는 두 번째 여정에서는 그가 기억상실증과 실어증을 앓고 있을 만큼 과거에 큰 상처가 있었고, 그가 향했던 곳이 바로 프랑스 파리가 아닌 텍사스의 조그만 마을 '파리'였음을 암시해준다.

세 번째 여정에서는 동생 집에 살고 있는 아들과의 재회를 통해 한 아이의 아버지로 거듭나고 비로소 세상과 소통하게 되는 과정을 보여준다.

동생 부부의 호의를 저버리면서까지 아들을 위해 아내를 찾아 나서는 부자의 여행이 네 번째 여정이다. 아들의 눈썰미로 아내의 직장을 찾아내고는 핍쇼 룸에서 특수 유리를 가운데 두고 두 번에 걸쳐 나누는 부부간 대화가 이 영화의 클라이맥스이자 다섯 번째 여정이 된다. 이어서 아들과 엄마의 상봉이 이뤄지고 호텔 밖에서 이를 지켜보던 트래비스가 다시 어디론가 떠나는 엔딩 부분이 마지막 여섯 번째 여정이다.

트래비스는 품속에 늘 사진 한 장을 품고 다녔다. 바로, 어머니의 고향인 텍사스 주의 작은 마을 '파리'의 모습이 담긴 사진이다. 그의 존재가 비롯된 곳, 아버지와 어머니가 처음 만나 사랑을 나눴고 자신이 잉태된 곳이다. 오프닝 신에서 실성한 모습으로 사막에 서 있던 그가 가고자 했던 곳, 호텔 밖에서 모자의 재회를 지켜보며 다시 어디론가 떠나는 엔딩 신에서 그가 가고자 했던 그곳 역시 '파리, 텍사스'였을 것이다.

영화의 제목은 텍사스 주에 실제 존재하는 작은 마을 '파리'에서 따왔다. 구글 지도로는 텍사스 주 대도시인 댈러스에서 북동쪽으로 100마일 떨어진 지점에 위치한다. 프랑스 파리에 경의를 표하는 뜻으로 높이 15m의 모조 에펠탑이 세워져 있는 고풍스러운 시골마을이라고 한다.

　파리와 텍사스라는 두 지명의 이미지가 워낙 낯설고 이질적인 조합이라 관객의 머릿속엔 전혀 존재감이 느껴지지 않겠지만 '파리, 텍사스'는 영화 속 트래비스에겐 초라할망정 엄연히 현실 속에 존재하는 마음의 고향이다. 누구나 마음속 어딘가에 막연하게나마 이상향 하나쯤은 꿈꿔 오거나 품고 있을지 모른다. 목마를 때마다 갈망하는 포근한 안식처 말이다.

　두 시간 반이라는 긴 러닝타임 동안 내내 안타까운 한숨만 쉬게 하는 작품일지 모른다. 영화를 본 많은 이들의 머릿속에 특히 인상 깊게 남은 건 남녀가 재회하는 핍쇼 룸 장면일 것이다. 좁은 공간 가운데 칸막이 유리를 통해 비치는 두 사람의 구도와 표정이 붉은 색감의 화면 분위기와 어우러지면서 남녀의 지난 아픔과 외로움의 시간들을 절절하게 상기시켜 준다. 해체된 가족을 찾아 사랑을 확인하려는 한 남자의 외로운 여행에 관한 영화이면서,

'만날 사람은 꼭 만나게 된다'는 경구를 일깨워주는 영화이기도 하다.

결국엔 만나고 또한 사랑도 확인할지라도 현실은 현실로서 변함이 없다. 지난 시간은 이미 지나버린 것, 예전의 행복까지 복원될 수는 없다. 현실의 냉혹함이란 영화 속이나 현실 세계나 마찬가지일 터이고, 이 작품이 만들어진 40년 전이나 지금 시대나 역시 불변으로 우리 주변을 맴돌 것이다.

아포칼립토

Apocalypto, 2006 / 미국 / 멜 깁슨 감독 / 루디 영블러드

1492년 콜럼버스가 발을 딛기 이전의 아메리카 대륙은 어떤 모습이었을까? 수만 년 전 해가 뜨는 동쪽을 바라보며 베링해협 육교를 건너온 아시아인들이 오랜 세월 정착해 살아온 땅이다. 유럽 문명의 근간을 이루는 말(馬)과 철(鐵)은 아직 유입된 바 없는 원시 상태였지만, 나름대로 고도의 문명을 일궈가고 있었다. 2006년 개봉된 멜 깁슨 감독의 영화 〈아포칼립토〉는 콜럼버스가 도착하기 이전의 대륙의 모습을 그리고 있다. 530년 전 원시 대륙

의 밀림에 살았던 사람들, 가족과 함께 기어코 살아남으려 발버둥 치던 사람들의 이야기다.

유럽인들이 대륙을 밟기 전까지 중남미 여러 민족이 꽃피우던 문명은 찬란했다. 멕시코 남부 일대에는 100여 년의 짧은 역사이지만 아즈텍 제국이 막강한 세력을 유지하고 있었고, 인근 과테말라와 유카탄 반도 일대에는 비록 쇠퇴기에 접어들긴 했지만 장구한 역사의 마야 문명이 있었다. 페루 안데스의 쿠스코 주변에서는 잉카 제국이 수준 높은 문명을 꽃피우고 있었다. 수백만 명의 이들 앞에 어느 날 수백 명에 불과한 스페인군이 홀연히 나타났다. 생전 접해본 적 없는 갑옷과 말, 총과 대포로 무장한 소수의 이방인들에게 원주민 세계는 단숨에 무너져갔다.

마야 문명 쇠퇴기, 사냥으로 평화로운 삶을 살아가던 밀림 속 마을의 젊은 전사 '표범발'이 주인공이다. 오프닝에 아주 잠깐 낙원 속 행복의 시간이 보이고 어느 아침 지옥 같은 불행이 찾아온다. 숲속 마을에 마야족 노예 사냥꾼들이 들이닥치고, 마을 사람들은 처참하게 죽임을 당하거나 포로로 끌려간다. 태양신을 위한 인신 공양 제물로 바쳐질 이들은, 거대한 신전에 이르러 차례차례 산 채로 심장이 도려내지고 목이 쳐진다. 주인공 표범발은 그러나 최후의 순간에 구사일생으로 탈출에 성공한다. 영화 후반부의 길고 험난한 도피와 추격과정을 지나 주인공은 결국, 적들 몰래 숨겨뒀던 아내와 아이를 구출해내고 새로운 삶을 시작하며 영화는 끝난다.

'위대한 문명은 정복되지 않는다. 내부에서 스스로 붕괴되기 전에는⋯'이라는 오프닝 자막과 마야인들의 잔인함과 야만에 대한 리얼한 묘사 때문에, 일각의 거부감과 비판도 있었다. 감독의 역사 인식이 너무 서구 중심이라는 이유였다.

영화의 압권은 태양신에 재물을 바치는 인신 공양 장면이다. 광장에 수천 군중들이 열광하고 높다란 신전 위에선 재물로서 자신의 운명을 알고 있는 노예들이 죽음을 기다리고 서 있다. 저승사자 같은 제사장의 연설이 끝나고 노예 한 명이 산 채로 재단에 눕힌 채 날카로운 칼로 가슴이 열리고 심장이 꺼내어진다. 아직 파닥거리는 심장을 들어 하늘 태양신을 향해 높이 쳐들면 군중들의 열광은 극에 달한다. 심장을 도려낸 사체는 목과 몸통이 분리되어 재단 밑으로 던져진다. 높게 뻗은 계단은 핏물로 범벅이 되고, 계단 밑은 목 따로 몸통 따로의 사체들이 산을 이룬다.

당시 마야인들은 태양이 자신의 몸을 희생하여 인간을 보살피고 있다는 믿음이 있었던 모양이다. 저녁마다 서쪽 어둠의 세계로 들어가 달과 수많은 별들과 싸움을 치른 태양은 새벽이 되어 기진맥진한 채 동쪽 하늘로 피 흘리며 떠오른다는 것이다. 사람들은 혹시 태양이 죽어 다시 떠오르지 못하면 어쩌나, 밤마다 고심했나 보다. 아침에 검붉은 모습으로 떠오르는 태양신의 상처를 치유하고 영원히 매일 떠오르게 하기 위해선, 인간의 심장을 규칙적으로 제물로 바치는 게 도리라 믿었던 것. 다른 민족을 공격해서 포로로 잡아들인 자들이 이런 인신 공양의 재물로 쓰였다.

이런 풍습은 마야보다는 아즈텍 문명의 극명한 특징으로 알려져 있지만,

영화 홍보 글에서는 마야 문명으로 소개가 된다. 당시 사람들의 계층별 삶의 모습 또한 적나라하게 대비된다. 돌을 나르는 채석장 노예들과 마찬가지로 채석장 옆 빈민굴 지역에 사는 하층민들의 삶도 비참하긴 다를 바 없다. 시장에 교환 상품으로 내놓아진 노예들은 도살장 잡혀가는 짐승들의 슬픈 눈을 닮았지만, 이들을 사고팔거나 이를 구경하는 일반인들의 모습 또한 아수라 속 비참한 인간 군상일 뿐이다. 문명사회라는 당시 유럽 세계 어디에서나 볼 수 있었던 야만과 야수의 모습.

이 영화가 오래 기억에 남는 건 역시 라스트 신 영향이 크다. 마야 왕국 전사들의 추격을 피해 극한의 과정을 하나하나 헤쳐 나온 주인공 표범발은 결국은 아내와 아이를 구출해 안전한 밀림으로 다시 돌아간다. 그들 뒤로 비치는 해안가에선 십자가와 무기를 든 유럽인들이 배에서 내리는 장면으로 영화는 끝이 난다. 밀림 속에서 가족을 행복하게 해주겠다는 주인공 표범발의 다짐은 이후의 중남미 역사를 아는 관객의 눈에는 지극히 허망해 보인다. 얼마의 시간이 지나면 유럽인들의 창칼 앞에 무참하게 무너질 그들의 삶인 것이다.

라스트 신의 유럽인들은 콜럼버스가 다녀가고 30년 후 유카탄 반도에 상륙한 에르난 코르테스 일행인 듯하다. 이후 십수 년 만에 중남미 여러 문명은 무참한 종말을 맞이했고, 그 전후로 엄청난 수의 인디오 원주민들이 몰살되었다. 인구 500여만 명의 찬란했던 아즈텍 문명은 단 500명의 코르테스 군에 의해 일거에 멸망했다.

마야 문명도 같은 운명을 맞았다. 다시 10여 년 후, 이번엔 프란시스코 피사로가 168명의 군대를 이끌고 들어와 잉카군 7000명을 한날 한 장소에서 몰살시켰다. 찬란했던 잉카 제국의 역사와 문명 또한 속절없이 멸실되어갔다. 영화 〈아포칼립토〉 속 주인공 가족의 해피엔딩과 함께 아메리카 대륙의 슬픈 역사가 시작되는 것이다.

하루 여정에 담겨진 노년의 인생

산딸기

Wild Strawberries, 1957 / 스웨덴 / 잉마르 베르히만 감독 / 빅터 소스트롬

'사람들은 타인의 성격과 행동을 화제 삼아 비판하기를 좋아한다. 이 때문에 나는 자연스럽게 사회적인 활동을 멀리하게 됐고, 그로 인해 쓸쓸한 노년을 맞고 있다. 나는 평생을 힘들게 일해 왔다. 아내 카린은 오래전에 세상을 떠났다. 내가 완고한 학자라는 사실은 인정한다. 나 자신은 물론 주변 사람들을 종종 힘들게 하곤 했다.'

영화 화면이 열리며 노년 남자의 묵직한 내레이션이 시작된다. 책으로 꽉

찬 서재 책상에 앉아 뭔가를 쓰고 있는 노신사가 클로즈업된다. 관객에게 등을 보이고 앉은 그의 뒷모습에 노년의 외로움이 한 움큼 쌓여 있다. 그 옆에 엎드린 애견 한 마리가 쓸쓸한 분위기를 더해준다. 그의 이름은 이삭 보리, 78세다. 내일 고향 모교에서 있을 자신의 박사학위 50주년 기념식에서 명예상을 수상할 예정이다. 자고 일어나 내일 낮 비행기로 떠나면 된다.

오후 5시 행사 시간에 맞춰 낮 비행기로 가려고 했던 계획을 바꾸기로 했다. 아침 일찍 서둘러서 차를 몰고 가기로 마음먹었다. 간밤에 꿈자리가 워낙 사나웠기 때문이다. 남편 에발드와 다투고 나와서 이 집에 함께 사는 며느리 마리안느도 고향 룬드로 같이 가겠다며 따라나선다. 별로 사이도 좋지 않은 시아버지와 며느리가 한나절 여행길에 나서며 영화는 본론으로 들어간다.

스웨덴의 거장 잉그마르 베르히만 감독의 1957년 작품 〈산딸기〉는 노년의 하루를 담고 있다. 50년 의사 생활에 일밖에 모르며 평생을 멋없이 살아온 이가 하루 여행을 통해서 인생을 돌아다보는 이야기이다. 외관상으로는 주변 모두에게 존경받으며 성공적인 인생을 사는 듯한 노교수가 한나절의 여행에서 만나는 사람들과 상황을 통해서, 자신의 인생을 지배했던 그늘과 허상을 깨닫는다. 하루 동안의 여행을 통해 지나온 삶을 반추하고 치유에 이르는 형태의 로드무비 고전에 속한다.

그리 살가운 관계는 아니었을지라도 며느리의 솔직한 고백은 출발 초장부터 그에겐 충격이다. "아버님은 냉혹한 이기주의자예요. 타인의 말에는

귀를 막고 본인 생각만 따라가시죠. 노인 특유의 수완과 온화함으로 잘 위
장하고 계실 뿐이죠. 세상은 아버님을 위대한 박애주의자로 보겠지만 가까
이서 아버님을 보아온 저희들 눈을 속일 순 없어요. 그이도 아버님을 싫어
해요."

가족에 무심하고 자기만 아는 이기주의라니…, 스스로는 몰랐던 자신의
모습을 처음으로 마주했다. 그것도 여든이 다 된 나이에, 며느리의 입을 통
해서…. 더욱 놀라운 것은 며느리의 고백을 통해서 알게 된 아내로서의 며
느리의 외로움이었다. 오래전 죽은 자신의 아내 카린의 상황과 너무나 닮아
있고 그 원인은 바로 '남편들'의 무정함 때문이었다. 아들의 냉담하고 이기
적인 성격은 바로 아버지인 이삭 자신으로부터 대물림받은 것이었다. 자신

들밖에 모르는 철저한 이기주의자 남자 둘. 타인들에겐 철저하게 마음의 문을 닫고 오로지 자기 생각밖에 모르는….

그러나 그 하루 동안 며느리의 눈에는 새로운 변화가 나타난다. 오래 살면서도 몰랐던 시아버지의 진면목이 한나절 짧은 여행으로 비로소 마리안느의 눈에 들어오게 된 것이다. 매정하고 냉소적일 뿐이라 여겨왔던 시아버지 성격에 대한 그녀의 시각이, 조금씩 바뀌는 장면들이 영화 후반에 이어진다.

젊은 시절 추억이 서린 별장에 멈추어 회한에 젖는 이삭의 모습은 며느리가 그동안 알아왔던 냉혈한의 그것이 아니었다. 동승한 세 젊은이들을 대하는 이삭의 다정다감함도 그녀에겐 새로운 모습으로 비친다. 옛날 받은 은혜에 대한 보답으로 기름값을 기어코 안 받으려는 고향 주유소 주인 부부의 태도도 마찬가지다. 명예상을 수상하는 이삭의 모습은 그녀로 하여금, 너무나 당연하면서도 간과했던 이삭의 성취, 자기 일에 치열하게 매진했던 시아버지의 삶을 새삼 일깨우게 만든다.

이삭이 90을 넘긴 어머니를 만나는 광경에서 비로소 그녀는 시아버지의 성격과 인생을 이해하게 된다. 스스로 산송장이라 표현하는, 얼음장같이 차가운 어머니의 존재가 이삭의 성격을 태동시켰던 것…. 남편 에발드의 차갑고 이기적인 성격의 근원까지도 비로소 이해된다. 시아버지와 남편 모두 스스로에 의해 외로운 삶을 살아가는 가여운 희생자들이었던 것.

영화에서 이삭은 세 번의 꿈을 꾼다. 여행 떠나기 전날 밤 침대에서, 여행

도중 차 안에서 그리고 여정을 끝낸 마지막 날 잠자리에서다. 아침 산책에 나선 어느 날 인적 없는 집들만 늘어선 황량한 거리, 마부 없는 장례 마차, 그 안에 누워 있는 자신의 모습을 보여주는 오프닝에서의 첫 번째 꿈은 눈앞에 다가온 그의 죽음에 대한 암시이다. 자신의 냉담과 무심 때문에 외도를 하는 아내 카린을 만나는 두 번째 꿈에서는 이삭 자신의 인생이 꿈속 재판관에 의해 단죄된다. 그의 죄목은 '무능력', 사랑과 배려에 대한 무능력이다. 그런 죄목에 대해 내리는 재판관의 벌칙은 '외로움'이다. 지금 그가 겪고 있는 지독한 외로움….

비로소 그는 자신이 겪고 있는 노년 일상의 허무감과 고독감의 근원을 이해하게 된다. 죽음을 얼마 안 남긴, 인생 막바지에 이른 지금에야…. 이런 깨달음 뒤에는 아쉬움과 후회가 함께 하지만 알 수 없는 편안함도 뒤따른다. 하루 일정이 모두 끝난 그날 저녁, 잠자리에 누워 눈을 감는 그의 표정은 이렇게 복합적이다.

겉으로 보이기엔 누구에게나 존경받는 성공한 삶이었다. 정작 내면으로 들어가 보면 진정한 가족 간의 정도 나누지 못했고 어느 누구와도 따뜻한 사랑을 나누지 못했던 외로운 삶이었다. 그런 자신의 모습은 아들 에발드에게까지 대물림되고 그로 인해 아들은 물론 며느리까지 고통스러운 삶을 살아왔음이 인제 와서야 보이다니…….

그날 저녁 잠자리에서의 세 번째 꿈은 그런 자기를 만들어 준 부모와 만나는 여정이다. 첫사랑 사라의 손에 이끌려 들판을 지나고 어느 강가에 이르렀다. 저 멀리 한가로이 책을 읽고 있던 어머니와 낚시질을 하고 있던 아버지가 늙어버린 아들 이삭을 향해 손을 흔든다. 이윽고 잔잔한 미소를 짓는 이삭의 얼굴이 클로즈업되며 영화는 끝을 맺는다.

주인공 이삭이 여행 도중 들른 별장 옆 숲은 산딸기 밭이었다. 그곳에서 환상으로 만난 60여 년 전의 첫사랑 사라의 바구니에는 금방 따 넣은 싱싱한 산딸기가 가득했었다. 열매의 수명이 길지 않은 산딸기, 빨간 열매로 부풀어 올랐을 동안의 그 싱싱함은, 이삭의 젊은 날의 그것과 맞닿아 있을 것이었다. 젊음이란 육체적 나이의 축적 상태만을 말하진 않으리라. 생명이 유지되는 한 정신의 싱싱함을 잃지 않는다면 변치 않는 젊은 날이리라.

'아내와 가족, 가까운 모두에게 조금 더 마음을 열었더라면…. 좀 더 배려하고 사랑했더라면…. 이젠 다 소용없겠지만 앞으로 얼마 안 남은 마지막 시간 동안이라도….'

마지막 꿈을 꾸던 날 이삭의 마음이 이러했을 것이다. 인생의 어느 시점에 이르면 누구에게나 어느 날 갑자기 밀려올 수밖에 없는 그런 회한의 마음.

여행 끝에 자라난 내 마음속 나무숲

가을로

Traces Of Love, 2006 / 한국 / 김대승 감독 / 유지태, 김지수, 엄지원

'Guilt is perhaps the most painful companion of death.'
(죄책감은 아마도 죽음의 가장 고통스러운 동반자일 것이다.)
−가브리엘 코코 샤넬

　1995년 6월 29일 오후 6시 직전, 방송사 여행 다큐 제작 피디(PD)인 민주
는 서울 강남구 서초동 삼풍백화점에 있었다. 신혼가구를 알아보기 위해 지
하 커피숍에서 약혼자 현우를 기다리는 중이었다. 신혼여행 계획을 정성 들

여 짜 놓은 다이어리를 현우에게 선물하려고 막 포장을 마친 순간 '우지끈~ 쾅!' 하는 굉음이 울렸다. 주변 모두가 화들짝 놀라고 몇 초 후 세상은 아수라로 변했다. 천정이 내려앉고 바닥이 쪼개지면서 정신을 잃었다.

막 퇴근한 초임 검사 현우는 약혼녀 민주를 만나러 가는 길이었다. 현우 직장인 검찰청 앞에서 기다리겠다는 그녀를 억지로 등 떠밀어 인근 삼풍백화점 커피숍에 가서 기다리게 했었다. 백화점 앞 길 건너에서 신호 대기받던 중 믿을 수 없는 일이 벌어졌다. 엄청난 굉음과 함께 민주가 있을 그 백화점 건물이 눈앞에서 무너져 내린 것이다. 꿈속에 서 있는 느낌. 이후 그의 삶의 모든 건 바뀌었다.

유지태-김지수 주연의 영화 〈가을로〉는 삼풍백화점 사고로 연인을 잃은 한 남자의 고통과 치유에 관한 이야기이다. 사건이 있고 10년 뒤 여전히 민주를 못 잊고 힘겹게 살아가던 중견 검사 현우 앞으로 낯익은 다이어리 한 권이 배달된다. '민주와 현우의 신혼여행'이란 제목이다. 민주가 짜 놓은 일주일간의 국내 여행 계획이 아기자기하게 정리된 다이어리였다. 민주의 것임은 맞지만 어떤 경로로 자신에게 오게 됐는지는 모른 채 현우는 일주일 휴가를 내고 무작정 떠난다. 민주가 짜 놓은 다이어리 속 여정 그대로 현우 혼자 10년 늦은 신혼여행 길에 오르는 것이다.

첫 번째 여행지는 흑산도 인근의 작은 섬 우이도, 화면이 열리며 모차르트의 클라리넷 협주곡 선율과 함께 민주의 내레이션이 이어진다. '바다를 향해서 이 여행은 시작되는 거야. 바다 가운데에 사막을 가진 섬이 하나 있어. 모래 서 말을 먹어야 시집간다는 말이 있을 만큼 모래가 많고, 그 모래를 싣고 바다를 건너온 바람이 가득한 곳이 이 우이도야.'

한반도 서해안과 남해안을 동시에 아우르는 섬 여행을 시작으로 영화는, 7번 국도를 따라 아름다운 동해안을 거치며 강원도 태백, 정선, 영월까지 우리 땅 좋은 여행지 10여 군데를 관객 앞에 펼쳐 놓는다.

두 번째 여행지는 담양의 '맑고 깨끗하다'는 이름을 뜻하는 정원 소쇄원(瀟灑園)이다. '바람 소릴 들으며 다리를 건너면 맑은 물이 흐르는 아름다운 정원이 나와. 자연을 편리한 대로 뜯어고친 게 아니라 있는 그대로의 자연에 다리며 집들을 가만히 올려놨어. 자연과 인간이 서로 존중하고 교감하는 모습을 보는 것 같아.' 민주가 오래전 물가에 내려놓은 단풍잎 한 장이 개울물을 흐르고 오랜 세월을 흘러 현우의 손에 와 닿는 곳이다.

세 번째 여행지인 포항 내연산 큰 바위 아래는 둘이 함께 등산 중에 비를 피해 앉았다가 첫 키스를 나눴던 추억의 장소다. '잘 들어봐. 빗소리 좋지? 하늘 위에서 들으면 비는 아무 소리도 없이 내릴 거야. 우리가 듣는 빗소리라는 건 비가 땅에 부딪히고 돌에 부딪히고 집 지붕에 부딪히고 우산에 부딪히면서 내는 소리잖아. 그래서 우린 비가 와야지만 우리 주위에서 잠자고 있던 사물들의 소릴 들을 수 있는 거야.'

내연산 열두 폭포 중 가장 큰 연산폭포와 구름다리도 화면 가득 아름답게 펼쳐진다. 동해안 7번 국도를 따라 들른 평해의 월송정은 울창한 소나무 숲을 사이에 두고 동해 바다와 마주한다. '만 그루의 소나무가 십 리가 넘는 흰 모래와 어울려 절경'이라는 안내문이 있는 정자다. 관동팔경 중 가장 남쪽에 위치한 이곳에서 동해의 일출을 바라보던 현우는 세진이라는 이름의 한 여성과 마주친다. 죽은 민주와 연관이 있는 여성이지만 아직은 그런 인연을 서로 알 수가 없다. 서로 동선이 같은 걸 알게 된 둘은 잠깐 동안 현우 차로 함께 이동한다.

'동해바다랑 소나무 숲이 있어서 7번 국도가 아름답다고 들었지만요. 저런 어촌마을이 있고 그 안에 저렇게 사람 사는 모습들이 있어서 이 길이 더 좋은 거 같아요. 그래서 그런지 이 길을 가다 만나는 마을들은 꼭 그 이름을 한 번씩 불러줘야 될 것 같아요. 안 그러면 서운해할 거 같아서…. 병곡, 후포, 평해, 월송, 덕산.'

동해안 7번 국도를 달리며 운전석 옆에서 혼자 읊조리는 세진의 이 말들은 다이어리에 실려 있는 민주의 글 그대로다. 세진은 민주가 죽어가며 건네준 다이어리를 10년 동안 갖고 있다가 현우에게 보내준 여성인 것. 그러나 영화 결말에 밝혀지는 사실이라 아직은 세진도 이 남자가 민주의 약혼자임은 상상도 할 수 없다.

해가 서쪽으로 질 때면 산 위의 부처님 바위가 연못에 비친다는 울진의 불영사(佛影寺)는 다섯 번째 여행지였고, 3년간 자연 휴식년 중이라 입구는 막혔으나 소광리 금강 소나무 숲도 여섯 번째 여행지로 잠깐 등장한다.

태백선과 정선선 기차가 갈라서는 증산역, 정선 구절리 아우라지역, 민주가 가장 좋아했던 오대산 전나무 숲길과 인근 월정사, 이렇게 이어지는 강원도의 수려한 여행지들을 거치며 비로소 영화 속 세 남녀의 아픈 인연의 고리

가 또렷이 밝혀져 간다. 영월로 이어지는 막바지 여행길, 아름다운 선율 '성
모의 보석 간주곡'이 흐르며 동강 어라연(魚羅淵)이 화면 가득 펼쳐진다. 현
우가 등을 보이며 바라보는 서강 선돌의 경관이 한 폭의 그림처럼 그윽하다.

민주와 현우의 신혼여행지

  '새로 포장한 길인가 봐요. 예쁘죠? 전에 있었던 길들의 추억이 다 이 밑
에 있을 텐데……. 사람들은 이제 그 추억을 안고 이 새 길을 달리겠죠? 좋
은 길이 되었으면 좋겠다.'

엔딩 장면인 담양 메타세쿼이아 길에서의 민주의 마지막 내레이션은 하늘나라의 민주가 현우와 세진을 내려다보며 해주는 당부의 말일 것이다. '얘들아, 이제 그만 나를 잊어버리고 밝은 삶을 살아줘.'라는….

첫 여행지인 우이도 모래사막에서 현우에게 들려주는 민주의 목소리. '사막에서부터 여행을 시작하는 게 이상하다구? 그럼 이런 주문을 한 번 외워

보는 건 어떨까? '지금 우리 마음은 사막처럼 황량하다. 하지만 이 여행이 끝날 때쯤이면 우리 마음속에 나무숲이 가득할 것이다.'

마음속이 사막처럼 황량하다고 느껴진다면 어딘가로 여행을 떠나보자. 거창한 준비 없이 가볍게 떠나면 어떤가. 현우와 민주의 신혼여행 코스도 좋고, 가까운 주변이면서 익숙하지 않은 곳도 좋겠다. 일상을 벗어나 어딘가를 배회하다 길고 짧은 여행이 끝날 때쯤이면 우리 마음속에도 어느새 나무숲이 가득 들어차 있을 것이다.

1. 전남 **우이도**
2. 전남 **담양 소쇄원**
3. 경북 포항 **내연산 12폭포**
4. 경북 울진 **평해 월송정**
5. 경북 울진 소광리 **금강 소나무숲**
6. 강원 정선군 남면 **증산역**
7. 강원 정선군 **구절리 전나무숲**
8. 강원 평창군 **진부면 월정사**
9. 강원 **동강과 영월 선돌**
10. 전남 담양 **메타세콰이어 길**

민주와 현우의 신혼여행 경유지 10군데

소리꾼 가족의 한(恨), 길 위의 인생사

서편제

Seopyonje, 1993 / 한국 / 임권택 감독 / 오정해, 김명곤, 김규철

한국 영화의 역사는 〈서편제〉를 분수령으로 그 이전과 이후로 구분될 수 있다. 60년대 최고 흥행작 〈미워도 다시 한번〉 30만 이래 고만고만하던 극장 관객 수는 1993년 〈서편제〉 개봉 때 무려 100만을 넘긴다. 한국 영화 사상 최초의 쾌거였다. 이 동력이 발판 되어 몇 년 후 〈쉬리〉가 단박에 600만 관객을 끌어모으며 우리 영화 르네상스 시대를 열었고, 2003년 〈실미도〉에 이르러선 급기야 1,000만 관객 시대로 들어선다. 코로나 시대 미국 아카데

미 시상식과 넷플릭스를 통해 한국 영화의 위상을 세계에 알린 〈기생충〉과 〈오징어 게임〉의 탄생도 실은, 거장 임권택 감독이 30년 전 〈서편제〉를 통해 다져 놓은 토양 덕분일 것이다.

단성사 개봉 당시 김영삼 대통령 내외까지 청와대에서 관람했다며 연일 장안의 화제가 되었음에도 내게는 어쩐지 〈서편제〉가 관심권 밖이었다. 판소리나 우리 전통문화를 철없이 얕잡아 보며 시건방을 떨던 시절이기도 했고, '국뽕' 장단에 난리법석이구나 하는 괜한 의심도 한몫했다. 몇 년 후 비디오를 빌려와 집에서 뒤늦게 보았을 때의 놀람과 감동이 지금도 선명하다. 혈연은 아니지만 운명적으로 가족이 된 세 식구의 슬픈 이야기가 플래시백으로 이어지는 전개로 인해 쓸쓸하고 아련했다.

이전의 한국 영화에선 본 적이 없었던 독특한 촬영 기법들이 두 시간 내내 몰입도를 높였다. 무엇보다도 영상과 어우러진 음악, 음악과 어우러진 영상이 엔리오 모리코네 음악의 영화 〈미션〉을 다시 보는 듯한 감동을 불러왔다. 엔딩 부분에서 남매가 만나 노래하고 장단 맞추는 '심청가' 대목에선 화면 속 두 사람과 함께 나도 모르게 눈물을 쏟았다. 우리 가락 판소리에서 찐한 감동을 느꼈던 난생처음의 경험이었다.

영화의 시작은 전라남도 보성 땅, 1970년대 초중반으로 짐작된다. 읍내와는 동떨어진 채 야트막한 산들로 첩첩 둘러싸인 고갯길 외딴집으로 한 중년의 남자가 찾아든다. 표정으로 보아 굴곡진 인생을 살았음직하고, 눈빛에는 뭔가를 혹은 누군가를 찾는 듯 깊은 사연이 엿보인다. 사람들은 이 고갯길을 소릿재라 부르고 이 집은 소릿재 주막으로 불린다. 이곳에 소리꾼 아낙이 산다는 풍문을 듣고 찾아온 터였다.

임권택 감독의 93번째 작품인 〈서편제〉는 5부로 이어지는 이청준의 연작 단편 「남도사람」의 1부와 2부를 원작으로 하고 있다. 작가가 70년대 후반에 내놓은 1부 「서편제」와 2부 「소리의 빛」을, 영화 속 남주인공이자 전 문화관광부 장관이기도 했던 김명곤 씨가 각색해 시나리오를 만든 것이다.

유봉(김명곤 분)-송화(오정해 분)-동호(김규철 분), 서로 피는 섞이지 않았지만 아버지와 딸과 아들로 살아온 판소리 가족의 삶과 죽음의 이야기를 그리고 있다. 하룻밤 묵어간다며 소릿재 주막에 들른 남자는 유봉의 의붓아들 동호다. 사춘기 때 집 나가 혼자 살다가 결혼을 하고부터는 옛 가족이 그리워져 뒤늦게 찾아 나선 것이고, 이 주막집에 한때 유봉과 송화 부녀가 살았다는 풍문을 듣고 찾아온 터였다. 저녁식사 후 소리꾼 아낙과 마주 앉은 동호, 아낙의 구성진 판소리와 함께 어릴 적 기억들이 아련하게 소환되고, 그 옛날 판소리 가족의 고달팠던 삶이 하나둘씩 회상으로 이어진다.

엄마 등에 업힌 어린 동호가 비 오는 날 유봉과 송화의 뒤를 따라 갯벌과 숲길을 지나는 장면부터, 영화 속에는 남루한 가족이 정처 없이 유랑길에 나서는 모습이 자주 등장한다. 남도를 떠돌며 이 동네 저 동네 소리 품을 팔아 먹고사는 소리꾼 가족의 숙명이다. 영상 속 길 위의 풍광은 전형적인 로드무비에 걸맞게 너무나 아름답지만 인물들의 발걸음은 마냥 쓸쓸하고 처연하다.

예외인 경우가 청산도 황톳길 진도아리랑 대목이다. 시골 밭 사이로 꾸불꾸불 이어지는 돌담길을 걸으며 세 식구는 흥겹게 노래하고 덩실덩실 춤춘다. 한동안 밥벌이를 의존했던 약장수 부부에게서 쫓겨난 직후라 즐거울 기분이 전혀 아닐 상황이었건만, '사람이 살면은 몇백 년 사나. 개똥 같은 세상이나마 둥글둥글 사세'로 시작되는 아버지 유봉의 선창에 송화와 동호 모두 저절로 흥이 나 장단 맞추는 것이다. 가족의 즐거운 한때를 보여주는 유일한 장면이다. 멀리서 다가오는 인물들을 향해 카메라를 고정시켜 놓고 5분 넘게 한 번에 찍은 이 롱테이크 장면은 우리 영화사에 최고의 명장면으로 꼽힐 것이다.

그들이 걸어왔던 400m 돌담길은 30년이 지난 지금은 세상 많은 이들이 즐겨 찾는 관광지가 되어 있다. '서편제길'이라는 이름도 붙어 있다. 영화에선 농사 끝난 뒤라 온통 흙으로만 뒤덮였던 단색의 밭과 밭 정경이었지만 지금은, 계절에 따라 노란색 유채꽃과 청보리 또는 코스모스가 만발하는 천연색 길로 꾸며진다.

세 식구의 춤사위 발자국에 흙먼지 풀풀 날리던 그 황톳길도 말끔한 포장길로 바뀌어 있다. 아름다운 주변 풍광에 취해 저절로 발걸음이 느려진다고 하여 '슬로길'이다. 전남 완도군 청산도를 제주올레처럼 해안 따라 한 바퀴 빙 둘러 잇는 '슬로길'은 모두 11개 코스에 17개 길로 구성되어 있다. '서편제길'은 1코스를 구성하는 4개 길 중 3번 길이다. 완도항에서 뱃길 따라 50리인 청산도항에 내리면 남쪽으로 1.5km, 걸어서 20분 걸리는 위치다.

영화의 하이라이트는 역시 남매의 재회 장면이다. "소릴 쫓아 남도 천지 안 돌아본 데가 없는 위인이오." 장님이 되어 있는 누이 송화를 앞에 두고 동호가 아는 체 없이 노래를 청한다. "들을 만한 데도 없이 천하기만 한 소리요." 이어지는 심청가 한 대목, 누이의 소리와 남동생의 장단이 어우러지며 서로의 한을 풀어내는 장면이 6분간 이어진다. 그 옛날 부친 유봉이 남매를 가르치며 갈구했던 득음의 경지, 한의 경지에 이른 소리와 장단이다. 노래 중반부터 송화의 눈에 맺히는 물기로 보아, 그녀도 이미 앞에 앉은 이가 그토록 오랜 세월 그리워했던 남동생 동호임을 알아차린 듯하다.

김명곤과 오정해 두 배우와 여러 명창들의 판소리 외에도 가수 김수철이 작곡한 연주 음악 두 곡이 영화의 장면 장면들을 오래 기억에 남게 한다. 심청가 후반부에 '아이고 아버지 여태 눈을 못 뜨셨소.' 하는 대목부터 오버랩되는 〈천년학〉은 이전 여러 장면에서 반복해 흐른 바 있고 영화 〈서편제〉를 대표하는 주제 음악이다. 동호가 유봉을 박차고 떠날 때 흘렀던 아련한 멜로디의 〈소리길〉 또한 헤어지는 남매의 애틋한 심정을 잘 표현하고 있다.

영화는 장님인 송화가 눈 내리는 날 어린 소녀를 앞세워 어딘가로 떠나는 장면으로 끝난다. 빨간 옷을 입은 이 아이가 혹시 송화의 피붙이인지 궁금해하는 관객들이 많았다. 임권택 감독은 정성일 씨가 출간한 대담집 『임권택이 임권택을 말하다 2』에서 그 아이가 누구인지 상관없다고 말한다. '판소리가 완전히 시들어버린 한겨울 같은 세상을 가고 있지만, 언젠가 저런 어린 생명력처럼 불씨로 남아서 살아낼 것'이라는 기대와 희망을 표현했다는 말이다.